Pedagogical Support in Special Needs Education

発達支援の場としての学校

子どもの不思議に向き合う特別支援教育

東村知子／麻生 武 [編著]

ミネルヴァ書房

目　次

序　章　特別支援教育の「専門性」とはなにか
　　　　　──障がいのある子どもの母親たちの声………東村知子…1

1　「専門的な方法」がもたらす困難……1
2　親の声と教師の声……3
3　特別支援教育の「方法」と「専門性」……6
4　支援の3つの視点……8
5　私たちの願いと本書の構成……11
6　おわりに──ごく普通の人間についての理解を問い返す……13

第Ⅰ部　子どもという存在からのメッセージ
　　　　　──特別支援学校小学部の事例から

第1章　激しい自傷行為を音楽で緩和する……………高橋　浩…17

1　はじめに……17
2　Aくんについて……18
3　落ち着けない日が続く──第1期（4年生4月）……21
4　Aくんが落ち着いて過ごせるための試行錯誤
　　　──第2期（4年生5〜6月）……23
5　あえてかかわらない──第3期（4年生7〜9月）……26
6　落ち着いていられることが多くなる──第4期（4年生10〜12月）……27
7　暗室から廊下へ，そしてみんなの中へ
　　　──第5期（4年生1〜3月）……29
8　おわりに
　　　──自傷行為をしなくてもすむようなコミュニケーションを……31

i

第2章　泣き叫びの激しい子どもに安心感を育む …高橋　浩… 33

1 はじめに…… 33
2 Bくんについて…… 33
3 バスの中での叫び声…… 36
4 3学期から始まった学校内での混乱…… 38
5 Bくんが泣き叫ぶときの原因と理由…… 39
6 解決へ向けての仮説と対応…… 41
7 具体的に取り組んだ内容…… 43
8 Bくんに見られてきた変化…… 45
9 おわりに
　　──「いま子どもにとって必要な対応は何か」を考える…… 49

第3章　名前を呼ばれて「ハイ」と応じるようになるまで
　　　　………………………………………………後藤真吾… 51

1 はじめに…… 51
2 入学当初のCくんの様子…… 51
3 入学までの様子──保育園，療育教室の引き継ぎ資料より…… 53
4 Cくんを知るための取り組み…… 56
5 私たちが出会ったCくんの様子…… 59
6 取り組みを進めるうえで大切にしたこと…… 62
7 1年を終えてのCくんの変化…… 65
8 おわりに──子どもの将来像をどう描くか…… 67

第4章　「お母さん，明日はこんな勉強をするんだよ」
　　　　──相手に伝えようとする力の育ち
　　　　………………………………大城徳子・後藤真吾… 69

1 はじめに…… 69

目　次

　　2　Dくんについて……69
　　3　大人からの働きかけを受け止める——1・2年生……71
　　4　絵や写真カードによる指導と発音指導——3・4年生……78
　　5　音声やジェスチャーでやりとりする——5・6年生……79
　　6　おわりに——相手に伝えようとする力の育ち……85

第5章　第Ⅰ部のまとめと考察
　　　　——子どもの「パニック」をどう受け止めるか
　　　　………………………………………………麻生　武…87

　　1　はじめに……87
　　2　子ども自身に委ねる……87
　　3　「パニック」の意味を読む……91
　　4　学校空間に誘う……98
　　5　待ち受けるさまざまな困難……101
　　6　「いま・ここ」でなされるコミュニケーション……105

第Ⅱ部　子どもたちにとって教員はどのような存在なのか
　　　　——特別支援学校小学部・高等部，特別支援学級の事例から

第6章　「イヤイヤ」から"ピース"へ
　　　　——人とのかかわりを楽しめる子どもに……後藤真吾…111

　　1　はじめに……111
　　2　入学までの家庭での様子……111
　　3　体験入学および一日入学の様子……114
　　4　保育園での様子——引き継ぎ資料からの抜粋……117
　　5　養護学校入学当初の様子……119
　　6　学校での取り組みの概要……120

  7 Eちゃんの変化をうながしたもの……126

  8 おわりに――子どもの変化を家庭と確認し合う……128

第7章　"ここが居場所だよ"
――学校全体での支援体制づくり……………山口有子…129

  1 はじめに……129

  2 Fちゃんについて……130

  3 支援の目標と計画……132

  4 Fちゃん自身の変化……134

  5 周囲の人々や環境の変化――Fちゃんとともに生きる……140

  6 おわりに――学校全体での支援体制づくり……142

第8章　「ぼく，友だちと何を話していいか，わからないんだ」
――周りの生徒との関係の中に絡め取られるまで
……………………………………………………大城德子…145

  1 はじめに……145

  2 家族構成と生育歴……146

  3 高等部1年生のころの様子……147

  4 Gさんとの出会い――高等部2年生・1学期……150

  5 「友だちがほしいんだ！」……156

  6 「喫茶G」開店！――2年生2・3学期……159

  7 「え？　怒ってるの？」――3年生1学期……160

  8 おわりに――周りの生徒との関係の中で……161

第9章　第Ⅱ部のまとめと考察
――子どもという存在にどう向き合うか……東村知子…163

  1 かかわりの工夫と特徴……163

  2 かかわりの意味とその背景……166

3　子どもの変化から考える……175
　　4　コミュニケーションと他者性——実践からの示唆……179

第Ⅲ部　特別支援教育をめぐる4つの「謎」

第10章　よい先生／悪い先生とは……191
　　1　通常学級と特別支援学校は何が違うか……191
　　2　学校のルールと教員による考え方の違い……193
　　3　親と教員のずれをどう解消するか……198
　　4　必要なのは「時間」と「余裕」……206

第11章　特別支援教育では何を育てるべきか……211
　　1　人と一緒にいられる力……211
　　2　数や言葉をどう教えるか……216
　　3　生きる力につながる学びとは……225

第12章　特別支援教育はインクルージョンに反するか……233
　　1　特別支援学校の存在意義と課題……233
　　2　制度に頼らないインクルージョンの可能性……240

第13章　障がいの軽い子どもたちを特別支援学校でどう支援するか……245
　　1　自己認識を深めるためのかかわり……245
　　2　乳幼児期に必要な体験をやり直す……250

終　章　専門家とマニュアルを越えて
　　　　　──子どもの不思議に向き合う………………麻生　武…255
　　1　特別支援教育の「専門家」?…… 255
　　2　専門家とは何か…… 256
　　3　教育現場にも「専門家」は存在するか…… 257
　　4　教育の現場に「専門家」が不要な2つの理由…… 259
　　5　目の前の子どもからの出発…… 262

序　章
特別支援教育の「専門性」とはなにか
―― 障がいのある子どもの母親たちの声 ――

東 村 知 子

1　「専門的な方法」がもたらす困難

　本書では，4名の教師による7本の実践報告にもとづき，特別支援教育の課題と，私たちが考えるアプローチを明らかにしていきます。

　約10年前に特別支援教育がスタートするとき，障がいのある子どもの親たちは大きな期待を寄せました。私が当時参加していたある地域の障がい児の親の会では，「これを機にわが子の教育の可能性が大きく広がるかもしれない。だから自分たちももっと理解を深めておきたい」という声が上がり，メンバーのお母さんたちが主体となって地域の特別支援学校の先生や専門家を招いた学習会を企画しました。準備のために何度も開かれたミーティングの場での，お母さんたちの熱気にあふれた議論のようすを，私は今でも覚えています。

　それから10年が経過し，「特別支援」や「発達障がい」という言葉はたしかに定着しました。大きな書店に行けば，特別支援教育に関するさまざまな本が並んでいます。特別な支援を受ける子どもの数は年々増加し，少子化にもかかわらず教室が足りず，各地で学校が新設されるほどです。学校には特別支援教育コーディネーターが置かれることになり，個別支援計画の作成やケース会議などで，先生たちはますます多忙になりました。

　では，障がいのある子どもに対する日々の教育実践は，どれぐらい変わったのでしょうか。多くの親があのとき期待した通りのものになってきたのでしょうか。残念ながらそうはなっていないのではないか，というのが私たちの正直

な思いです。制度がつくられ，障がいの特性や支援方法に関する研究も進み，知識をもった親や教師が増えました。にもかかわらず，あまりうまくいっていないとしたら，それはいったいなぜなのでしょうか。

　本書では，この疑問に対する，私たちなりの一つの答えを示してみたいと思います。誤解をおそれず簡単にいえば，発達障がいに関する知識が広まり，特別支援教育にある種の「専門的な方法」が求められるようになったがゆえに，かえって実践が困難になってしまっているのではないかというのが私たちの考えです。

　特別支援教育への転換を機に，学校や教師の「専門性」が，これまで以上に求められるようになりました。その求めに応じるように，近年，障がい特性に合わせ，子どもにわかりやすい環境を提供することによって，子どもの学校生活への適応をスムーズにしようというアプローチが登場し，注目を浴びています。私たちも，それぞれの子どもにあった支援を行うことが大切であるという点に異論はありません。ですが，そうしたアプローチで前提とされている専門性，つまり，誰でもできるようにマニュアル化された方法，ある種のトレーニングを中心とする教育を行うことこそが特別支援教育の専門性であるという風潮には，疑問を感じています。とはいえ，障がいのある子どもの親からすれば，そうした専門性さえ，今の学校は十分ではないと感じられているようです。後で詳しくみるように，保護者の中には，「方法がちゃんとあるのに，学校の先生はそれすらしてくれないし，やろうともしない。子どもに学習もさせず，ただ遊ばせているだけではないか」と不満を感じている人も少なくないのです。

　本書では，このようなお母さんたちの不満の声に応え，しかもマニュアル化されたトレーニング方法ではなく，その子どもの「発達」を捉え，子どもたちの「生活世界」を豊かにするような支援のあり方を探っていきたいと思います。「方法」ではないアプローチを目指しつつ，「方法があるならちゃんとしてほしい。きちんと学習させてほしい」という保護者の声に応えるというのは，一見矛盾するように思われるかもしれません。しかし，そこにこそ本書のねらいがあります。そのようなアプローチを志している4名の教師たちの実践報告を

たたき台として，私たちの考える特別支援教育の専門性を明らかにすることが，本書の目的です。

本章の残りの部分では，私たちが特別支援教育の現状と課題をどのように捉えているのかを，もう少し明確にしておきたいと思います。そのためにまず，冒頭で紹介したお母さんたちが，特別支援教育の今をどう見ているのか，その声を聞いてみることにしましょう。

2　親の声と教師の声

（1）母親たちの思い

わが子が受けてきた学校教育や教師に対するお母さんたちの思いは，次の3つの声に集約されます。

「先生は，子どもを『○○障がい』という枠にはめようとしているように見える」
「先生は，自らの専門にこだわり，親がこうしてほしいと言っても受け入れようとしない」
「先生に親としての思いを伝えようとしても，なかなか理解してもらえない」

障がいの「枠にはめようとしている」とは，たとえば「自閉症（自閉スペクトラム症）だから，こだわりが強い」，「ダウン症だから，頑固だ」のように，教師が子どもの障がいによって，一面的で固定的な見方をしているように見えるということです。先生の子ども理解は，非常に表層的なものにとどまっていて，個々の子どもの発達レベルや課題を十分に捉えられていないのではないか，と母親たちは感じています。

そうした学校での先生のかかわりを見かねて，こんな方法もあるのではないか，具体的にこういうふうにしてほしいと伝えても，それがなかなか受け入れられないとお母さんたちは言います。さらに，「○○くんは△△障がいだから，

それは難しいのではないか」と、子どもの障がい名や障がい特性が、親の求める支援ができない、あるいはしない言い訳に使われているような気さえするそうです。少し調べてみれば、子どもの特性にあった、より効果的な方法がありそうなものなのに、先生は自分の今までのやり方にしがみついて、それしかやろうとしない。もしかしたら、ただ惰性的にその日その日をこなせればよいと思っているのではないか。お母さんたちは、大事なわが子の教育をいい加減にしてもらいたくない、と憤りすら感じているのです。

このような先生とのやりとりが積み重なっていくにつれ、親の中に、学校に対する不信感とあきらめが生まれてきます。それをあらわしているのが、最後の「なかなか理解してもらえない」という言葉なのです。

親が学校に求めているのは、その子自身をしっかりと見て、いろいろな新しい方法を積極的に勉強して取り入れ、もっとがんばって教育をしてほしいということです。しかし、現実には、そうした親の願いになかなか聞く耳をもってもらえないどころか、教育への意欲を疑わざるをえないような先生すらいる、とお母さんたちは感じています。

（2）教師の声から浮かびあがる「ねじれ」

私たちは、このようなお母さんたちの要望に応えられていないことが、すなわち今の特別支援教育の問題だと、単純に考えているわけではありません。こうした声はたしかに、特別支援教育の現状のある側面を言い当てているでしょう。しかし、精一杯まじめに支援に取り組んでいる先生もたくさんいるはずです。たんに先生の努力が足りない、意欲が足りないといってすませることのできない問題が、そこにはあると思うのです。そこで今度は、親の声に対する教師の側からの意見にも、耳を傾けてみましょう。

お母さんたちは、教師が子どもを障がいの枠にはめようとしていると言います。しかしそれは、裏を返せば、教師が障がいの特性をふまえた上で対応しようとしているということかもしれません。たとえば「こだわりは、自閉スペクトラム症の特徴の一つである」というのは、教科書にも載っているような「正

しい」知識なのです。ですから，教師は障がいに関する専門的な知識にもとづいて，その子どもを理解しようとしているだけなのかもしれません。あるいは，教師も子ども自身がもつ力や課題を見極めようとしているものの，親のわが子に対する見方とのあいだにずれがあり，そのために，親は，教師には子どもの本当の姿が見えていないと感じているということもありえます。

　2つ目の意見についてはどうでしょうか。教師は，自身の経験にもとづき，自分なりに考えて子どもにかかわっています。そうしたかかわりの背景には，これまで積み重ねられてきた障がい児教育の伝統や歴史があります。その一方で，新しい方法も次々に開発されており，そのすべてを追いかけるような時間的余裕は，おそらく今の先生にはないでしょう。このように，親にこの方法をやってほしいと言われても，すぐに「そうしましょう」と言えない事情が，学校にはあるのかもしれません。

　とくに現在では，障がいに関する専門的な知識や情報に誰もが簡単にアクセスすることができるようになっています。障がいのある子どもの親も，インターネットで調べたり，親の会で他の親と交流したり，専門家の講演を聞きに行ったりして情報を取り入れ，さまざまな方法についての知識を持っています。同じ親のあいだ，教師のあいだでも，考え方の違いや隔たりがあります。そうした多様な考え方や方法の中でどれがベストであるかは，実際にやってみなければわかりません。そもそも本当によかったかどうかを判断するには，子どもが社会に出てどのような生活を送るかを見極める必要がありますし，何をもって判断するのかも難しい問題です。こうした現状を考えると，教師があるやり方にこだわっているように見えるのは，見方を変えれば，親が別のやり方にこだわっていることでもありうるのです。

　このように，先に見た親の不満の声は，教師から見ると，鏡のように反転します。そもそも立場は違っても，目の前にいるこの子どもを育てたいという願いは，親も教師も同じはずです。同じ願いを抱いているにもかかわらず，どういうわけか「ねじれ」が生じてしまっているのです。

3　特別支援教育の「方法」と「専門性」

（1）「誰でも誰に対しても使える方法」はあるか

　このねじれこそが，私たちが考えたい特別支援教育の問題です。いったいなぜ，そのようなねじれが生まれてしまうのでしょうか。別の角度からいいかえれば，お母さんたちはなぜ，いま学校でなされているより「もっとよい方法があるはず」と思うのでしょうか。なぜ目の前の先生の専門性は十分ではないと感じるのでしょうか。この問いに答えるためには，特別支援教育の「方法」と「専門性」について検討することが必要になります。冒頭で述べたように，「方法」および「専門性」に対して私たちが抱いている前提こそが，このようなねじれを生み出しているのではないかと思われるからです。

　まず，「方法」の問題から考えてみましょう。障がいのある子をもつ親たちは，また親だけでなく学校の先生，そのほかの大多数の人々も，障がい児教育には何らかの方法があるはずだと信じているのではないでしょうか。障がい別のさまざまなトレーニング法が知られるようになっている現在では，それもやむをえないことかもしれません。もちろん，子どもの障がい特性を知り，わかりやすい環境を提供することは必要です。しかし，私たちが少し立ちどまって考えたいのは，そのことがあたかも「方法」であるかのように多くの人に理解され，広がってしまうという点です。「方法」というからには，「○○障がい」という限定つきではあっても，誰でも，誰に対しても使えることが何よりも重要になってきます。しかし，あたりまえのことですが，たとえ同じ障がいの診断を受けていても，子どもは一人ひとり違います。そしてそれは先生も同じです。ベテランもいれば若手もいます。単純に経験年数を積めばいいというものでもありません。たとえ経験が少なくてもセンスのいい先生はいますし，教育は人間同士のいとなみですから，相性が合う，合わないということもあるでしょう。「誰でも誰に対しても使える方法」というのは，いわば幻想でしかないのではないでしょうか。

私自身，もし「これで，子どもは絶対に変わります」という方法が存在するならば，どれほどよいかと思います。しかし，さまざまな方法や技法が開発されても，そうした方法をただあてはめるだけではうまくいかない，あるいは，あてはめることさえできないということを，身をもって感じている先生や保護者も多いのではないでしょうか。

（2）一人ひとりに合った方法を考えるための「理論」

　もう一つは，特別支援教育や発達障がいの「専門性」の問題です。ADHDのある男性が書かれた以下の文章は，私たちが考えたい問題の核心を端的に指摘しています。この方は，薬に依存するようになり，サポートを求めて発達障がいの専門家に相談したときのことを次のように述べています。

> そこでわかったのは，発達障害の専門家は「発達障害を持つ人が直面する問題の専門家」ではないということだ。障害の症状や原因についての概要は話せても，僕が直面していた問題，つまり依存からどうやったら抜けられるのか，乱れた生活リズムの乱れはどうやったら直せるのか，そして究極のところ，僕はどんな将来を目指して進んでいけばよいのか，こうしたことについて，なんの有効な手立てを示せなかった。（矢島, 2007）

　たしかに，障がいに関する知識は広まり，定着しました。そのことによって，私たちは，障がいに詳しいことが専門性だと思い込んでしまってはいないでしょうか。しかし，ここで語られているように，そうした知識だけでは，障がいのある人々が直面する問題をともに解決していくことはできないのです。それどころか，先ほどのお母さんの声にもあるように，障がいに関する知識を手にすることで，かえってその子どもが見えなくなるという弊害すら起きているかのようです。とはいえ，障がいについて詳しく知っていることが専門性ではないといわれても，それ以外にどんな専門性があるというのか，それはどうやって身につけたらいいのかと思う方もいるでしょう。

　本書での議論を通して，そのような専門性のあり方と方法についての考えを

明らかにしていきたいと思います。私たちは，特別支援教育における方法というものがもしあるとすれば，それは，基本的に，一人ひとりの教師が，一人ひとりの子どもに合わせてオーダーメイドで作っていくものだと考えます。したがって，明らかにしなければならないのは，一人ひとりに合った方法を考えるうえでの土台となる考え方，すなわち実践に即した「理論」なのではないでしょうか。教師がどんな方法をとり，何をするかにだけ目を向けるのではなく，そこにどのような意味があるかを問うことが大切であり，その意味こそが，教師の専門性なのだと思います。

　私は，現場の先生から話を聞く中で，とくにベテランの優れた実践をされている先生は，ある「理論」にもとづいて教育をしているのではないかと考えるようになりました。ここでいう理論とは，個々の具体的な実践の根幹，あるいは底流にあって，それを支えているものです。そしてそれは，教師一人ひとりの受けてきた教育や経験の蓄積によって形成されてきた実践知です。ただし，教師からすれば，経験上こうすればうまくいくと思われることを実践しているのであって，その根底にある自分の考え方を明確に意識しているわけではないということも多いのではないでしょうか。そこで本書では，そのような考え方をできるだけ言葉にして取り出していきたいと考えています。

4　支援の3つの視点

　では，本書で明らかにしていく教師たちの「理論」とはどのようなものでしょうか。詳しくは，後の各章を読み進めていただかなければなりませんが，ここでそこに含まれる基本的な視点について簡単にふれておきたいと思います。本書に登場する4名の教師のあいだには，アプローチや考え方に若干の違いもありますが，私たちが支援を考える際の基本的な視点として，①コミュニケーション，②子どもと教師の関係（教師が子どもにとってどのような存在としてあらわれているか），③意味への着目，の3つを挙げることができます。

序　章　特別支援教育の「専門性」とはなにか

（1）コミュニケーション

　私たちが実践を考えるうえでもっとも重視するのは，「コミュニケーション」です。本書に登場する子どもたちの多くは，他者とのコミュニケーションが成り立ちにくい子どもたちです。そのような子どもとどのようにコミュニケーションをとっていくか。それは，子どもにコミュニケーションの仕方を教えることによってできるのではありません。コミュニケーションの仕方を教えることも，やはりコミュニケーションによってはじめて可能になるからです。

　私たちは，子どもの問題行動と呼ばれるものも，与えられた課題をしようとしない拒否も，パニックも，すべて子どもからのコミュニケーションであり，それは教師とのコミュニケーションを切り開く手がかりになると考えます。おとなが理解できない反応をするから，コミュニケーションができないとあきらめるのではなく，こちらの受けとめ方次第でそれはコミュニケーションになりうると捉え，試行錯誤のやりとりをくり返していくことが，子どもの発達をうながし，ゆくゆくは学校での豊かな学習活動を可能にすると私たちは考えています。

（2）子どもと教師の関係

　私たちは，教育という営みにおいて，教師が子どもにとってどのような存在としてあらわれているか，どのような存在となりえているかということが重要だと考えます。事例に登場する子どもたちは，何らかのかたちで教師に「ノー」を突きつけます。それはかかわりの拒絶であったり，原因のわからないパニックであったり，課題がしたくないという拒否であったり，とさまざまです。学校での教育は，子どもが教師のはたらきかけを受け入れてはじめて成り立ちます。その最初の段階で「ノー」という子どもたちに対して，私たちはどうすればいいのでしょうか。教師はまず，子どもがこの人の言うことは受け入れてみよう，この人の言うことはちょっとやってみようと思えるような存在にならなければなりません。しかし，あらためて考えてみると，それはもっとも難しいことかもしれません。というのも，大多数の子どもたちは，教師がとくに意

識しなくても，最初から当然のように教師のはたらきかけを受け入れるからです。しかし，なぜそうするのかと考えてみると，それ自体が不思議に思えてくるのではないでしょうか。

　事例報告を読んでいただければわかるように，本書の教師たちの実践は，子どもと出会い，関係を築いていくプロセスに，もっとも大きな労力をかけています。そのあとの教育がうまくいくかどうかは，その部分に尽きるといっても過言ではないのかもしれません。

（3）意味への着目

　（1）のように子どもの行動（（2）で述べた拒否も含む）や教師からのはたらきかけをすべてコミュニケーションとして捉えるということは，つねにそこに何らかの「意味」を読み取ろうとするということです。子どもの行動（や拒否）の意味を読みとることで，教師ははたらきかけ方を考え，そのはたらきかけを子どもがどう受けとめ，反応したかを見ることで，自分のはたらきかけの意味を知ります。

　「意味」という言葉は非常に広く，あいまいに感じられるかもしれませんが，子どもの行動を理解するうえで大切なのは，意味であって原因ではないと私たちは考えています。もし明確な原因があるならば，それをできるだけ取り除けばいいのであり，そういう方法が有効になるでしょう。たとえば，パニックの原因となる感覚刺激を取り除くというように。しかし，人間は原因だけで動くのではありません。刺激は，ある意味をもつものとして受けとめられることによってはじめて，行動を形成する一つの要因となるのです。

　ここでいう「意味」はまた，子どもの発達にとっての意味でもあります。私たちは，子どもが何かができるようになればそれでよしとする，あるいは，何かができないときにできないこと自体を問題とするのではなく，できるようになることが子どもの生活にとってどのような意味をもつか，あるいはできないことはその子の発達の何を表しているのかを考えることが必要だと考えます。そうした意味をどのようにとらえ，その結果どうかかわろうとしているかを明

らかにすることによって，私たちが障がいのある子どもを育てるうえで何を大切にしているのか，子どもの発達をどのようにとらえているかを示すことができると思います。

5　私たちの願いと本書の構成

　前節の3つの視点からなる支援は，先に述べた親の声に応えるものになるのではないかと私たちは考えています。とはいえ，本当にそうなりえているかどうかは，本書を読み終えたあと，読者のみなさんに判断していただくしかありません。たとえ容易には納得できない部分があるとしても，本書が，特別支援教育の過去と現在，そして未来について，保護者，教師，障がいのある子どもにかかわるさまざまな専門家の方々のあいだで新たな対話を生み出し，それぞれの現場で自らの実践について振り返るきっかけになるとすれば，私たちにとってこの上ない喜びです。

　本書は3部構成になっています。第Ⅰ部では，特別支援学校小学部に通う4名の子どもたちの事例を取り上げます。子どもたちの障がいはさまざまですが，どの子どもも自傷行為や泣き叫び，パニックなど，かかわる者を戸惑わせるほどの激しい「拒否」を示していました。登場する3名の先生たちもそれぞれに個性的で，アプローチの仕方も一見大きく異なります。しかし，その根底にあるのはいずれも，目の前の子どもと徹底的に向き合い，子どもとのコミュニケーションのチャンネルを粘り強く開いていこうとする姿勢です。「問題」に見える行動は，子どもという存在が全身で発している「メッセージ」なのです。先生たちはそれを文字通り全力で受け止めながら，自分たちからのメッセージも何とかして子どもに伝えようと奮闘します。このような抜き差しならないやりとりこそが，あとから振り返ったときに子どもの重要な変化につながっているのではないかということを，子どもたちと先生のかかわりの記録は教えてくれます。

　第Ⅱ部では，特別支援学校小学部，高等部，特別支援学級という，異なる場

で育つ子どもたちの事例を紹介します。ここで取り上げる子どもたちと先生のかかわりも三者（組）三様ですが，共通するのは，子どもをとりまく環境を変えることによって，子ども自身の変化を生み出している点です。子どもの障がいに起因すると考えられがちな「問題」も，じつは，子どもと環境との「接点」において生じています。ですから，支援を考えるうえで，子ども自身への働きかけと同時に環境を変えていくという視点は欠かせません。つまり障がいのある子ども自身に何らかの能力やスキルをつけることを目指す個体主義的なアプローチには，限界があるということです。また，ここでいう「環境」には，もちろん先生自身も含まれます。先生が子どもたちにとってどのような存在になればよいかという問いに，あらかじめ決まった「正解」はありません。どれだけ激しく拒否しても動じることなく立ちはだかる大人，一対一で徹底的にかかわってくれる大人，友だちとの橋渡しをしてくれる大人。その子どもがいま必要としている存在になることが求められるのです。

　第Ⅲ部は，4名の教師と2名の研究者による座談会のかたちをとり，事例報告では語られなかった特別支援教育の「舞台裏」に，さまざまな角度から光を当てていきます。そこから見えてくるのは，教員の専門性とは，けっして一人ひとりの教師自身の能力に還元することができないものだということです。「完璧な知識とスキルを備えた教師」が「未熟な子ども」を教えることが理想の教育だという思い込みは，いったん捨てる必要があるのかもしれません。教師，親もまた個性をもった一人の人間であり，子どもとともに時間をかけて成長していきます。ある子ども，ある親，ある教師がある場所で出会い，限られた時間を共有してお互いの人生にかかわっていく，そのような人同士のいとなみとして教育をとらえ直すことが必要なのではないでしょうか。

　終章では，特別支援教育の「専門性」の問題について，あらためて正面から考えていきます。「専門家」という存在は，教育の現場にそぐわないどころか，教育といういとなみそのものをゆがめてしまう危険すらあります。教師に求められるのは，特別支援教育の「専門家」になることではなく，一人ひとりの子どもについての"専門家"になることなのではないか。これが，本書全体を通

して私たちが伝えたい一つのメッセージです。

6　おわりに――ごく普通の人間についての理解を問い返す

　私たちは「京都発達臨床研究会」のメンバーであり，本書で取り上げる事例はすべて，月1回の研究会の場で報告・議論され，季刊誌『発達』に掲載されたものです。この研究会を母体として，これまでに5冊の本が編まれてきました。その初期の一冊，『からだとことばをつなぐもの』に，本書の編者の一人である麻生が，「京都の精神」という言葉を記しています。

　　（この研究会の成果をまとめた）いずれの書物においても，生活の場のなかで生きるごく普通の人間についての理解を問い返すことによって，障害のもつ意味を発達論的に深く考えていこうとする姿勢を読みとっていただけるように思います。そこに私の言う「京都の精神」が息づいていることは，読んでくださった方には理解していただけたと思います。(麻生, 2003)

　この研究会に後から参加したメンバーである私が，「京都の精神」を引き継ぐことができているかといえば，まだまだ難しいというのが正直な思いです。しかし，障がいや，障がいのある子どもとその親について考えることは，私たちのあたりまえの前提や常識，先ほどの文章でいえば「生活の場のなかで生きるごく普通の人間についての理解」を問い返すことになるということは，強く実感しています。本書の議論が，障がいのある子どもの学校教育の問題にとどまらず，次の世代を育てていくというより広い営為と，人間の発達というより深い学問的な問題を考えるための種を，一粒でも残せたらと願っています。

〈引用文献〉
　麻生武　2003　はじめに　麻生武・浜田寿美男（編著）　からだとことばをつなぐもの　ミネルヴァ書房　pp.1-5.

矢島総司　2007　なぜ薬に依存していったか，そしてどう抜け出したか　高山恵子（編著）えじそんくらぶ（著）　おっちょこちょいにつけるクスリ――ADHDなど発達障害のある子の本当の支援　家族の想い編　ぶどう社　pp. 128-135.

注

　障がい名について，以下の章の記述や第Ⅲ部の座談会での発言に「自閉症」や「軽度発達障がい」という古い名称が出てきますが，事例当時のものであること，また現場では今でも用いられている名称でもあることから，そのままにしています。なお，「自閉症」のDSM-5にもとづく新しい障がい名は「自閉スペクトラム症」（Autism Spectrum Disorder）です。

　「養護学校」「障害児学級」についても，本来であれば「特別支援学校」「特別支援学級」と記述するべきですが，障がい名と同様，そのままにしています。ご理解いただければ幸いです。

第Ⅰ部
子どもという存在からのメッセージ
―― 特別支援学校小学部の事例から ――

第1章
激しい自傷行為を音楽で緩和する

高橋　浩

1　はじめに

　はじめて養護学校に勤務したとき，もっとも衝撃を受けたのが，自分の頭や身体を傷つけようとしている子どもたちの存在でした。そのときの力は，半端なものでなく，とても真似ができるようなものではありません。自らの手で頭部や耳を叩いたり，手や腕を噛んだり，頭を床に打ち付けるという，常識では考えられないような行動でした。

　これまで，3名の厳しい自傷行為をもつ子どもの担任をしてきましたが，そのたびに思うことは，「どうしてこんなことをしないといけないのだろう」，「自傷行為に一番悩んでいるのは本人ではないのか」，「何とかして，こんな悲しいことをしなくてもよくなる方法はないのだろうか」といったことでした。

　自傷行為への対応として，学校では，頭部などを保護するための帽子を作る，その行動を近くにいる人が押さえる，気分転換をさせるといったことが多く行われてきました。実際に私もそうした対応を行ってきました。しかしそれらの対応は，さらなる自傷行為を誘発したり，逆に依存を強めたりしているのではないかという不安を，私は感じてきました。

　頭部の保護帽子を作ったために，それまで以上の力で頭を打ちつけるようになる子どももいます。また，頬や耳など保護が難しい場所への自傷行為が目立ってきました。力づくで押さえようとすると，満身の力で振りほどこうとし，状況は修羅場のようになってしまいます。毎日がパワートレーニングで，子どもが大きくなるにつれ力負けしてしまいます。難しいのは離れるタイミングや

離れ方です。失敗すればさらに激しい自傷行為を誘発し,「自分はいったい何をしていたのだろう」と悲しくなってしまいます。気分転換のために,教室から出たり,散歩に行ったり,揺さぶりで遊んだりすることもあります。これはこれでいい方法だと思うこともありますが,そういう対応がいつもできるわけではありません。本人の意識の中に,「自傷行為をすれば,何かしてくれる」といった思いが芽生えてくる可能性もあります。そのうち,その回数がどんどん増えていき,対応しきれないで,結局悲しい思いをさせてしまう結果になることもあります。

　こうしたことを考え合わせると,目の前で自傷行為を繰り返す子どもに対してどのように対応していけばよいのかわからなくなり,思わず立ちすくんでしまうようなことが,私にはありました。今回紹介するAくんの担任になったときには,正直なところ,どうしようという思いがありました。だからといって逃げてしまったり,ごまかし的な対応をしたりするのでは,解決になりません。自傷行為に本当に悩んでいるのは,本人なのだろうから。自分で自分の身体を傷つけることは,悲しく深刻な問題です。だからこそ,慎重で適切な対応が求められるのではないでしょうか。

　「自傷行為をしてしまう自分に負けないAくんになってもらうため」,「自傷行為をしなくても自然に生活できるAくんになってもらうため」,そのための取り組みを始めることにしました。

2　Aくんについて

（1）プロフィール

　10歳男児。家族は,父,母,姉の4人。脳性まひ。水頭症によりシャント（脳液をぬく管）を使用。生後5か月でけいれん発作があり,てんかんと診断を受けています。現在も抗けいれん剤服薬中です。また,早期より理学療法の訓練を受けています。いつごろから自傷行動が見られるようになったかは明確ではありませんが,1歳すぎにはおかしな行動として,母親は意識していたと

のことです。視覚的には、光の変化ははっきりとらえていますが、強度の遠視があり、あまり見えていないだろうとのことでした。聞こえについては、とくに問題はないとの判断だったようです。現在は家庭よりスクールバスで通学。座位姿勢保持は可能ですが、四つばい、立位姿勢保持、歩行はできません。言語による表出は見られず、声で感情を表現しています。声かけに対する理解の程度についても確定できません。重度の知的発達の遅れがあり、発達段階は1歳未満と推定されています。頭部への衝撃のため網膜剥離を起こし、最近手術を受けました。環境の変化に敏感で、喜怒哀楽を表情や行動の中にはっきりと表すことができます。

(2) 見られる自傷行為

Aくんの自傷行為には、左耳を叩く、爪を立てて左耳付近をひっかく、頭部を床に打ちつける、車椅子のヘッドレストへ頭を打ちつける、かかとを床に打ちつける、といったものがあります。自傷行為の原因としては、不満や不安が考えられますが、突然始まることが多く、原因を特定することは難しいと思います。便秘や鼻炎などで不快な状態のときには、自傷行為につながりやすくなる傾向が見られます。いったん始まると自分で止めるのは難しくなり、止めようとするとよけいに興奮し激しくなる傾向があります。長く続いていると本人もどうしようもなくなるのか、つらそうな顔になり涙を流すことがあります。

(3) 私が担当するまで（1〜3年生）の経過

入学時より、自傷行為が頻繁に見られ、なんらかの不快感や不満によると考えられることもありましたが、すごく機嫌よくしていても、突然自傷行為が始まることもよくありました。そのつど、気分を変えるために、抱っこしたり、散歩に行ったりすることで対応してきました。とくに、給食のときに自傷行為が起こることが多く、ほとんど食べられない、あるいは給食を食べる教室に入れないという状況もありました。排泄指導の際にも、便器に座ったりするとたんに怒り出して自傷行為をするということもよくありました。

第Ⅰ部　子どもという存在からのメッセージ

　4年生になるまでの3年間にも，いろいろなかかわりや取り組みがなされ，いくつか「いいかな」という対応も見つかりましたが，いつも有効だといえるようなものではありませんでした。3年間で行った対応を担当者からの聞き取りを中心に整理してみると次のようになります。

　まず，保護帽や耳当てを作るという対応ですが，それでも帽子の上から強く叩いたり，隙間に親指を突き立てたりして傷つけてしまいます。保護することが難しい頬や首筋を強打することが多くなりました。かといって，帽子を外すと頭部を打ちつけてしまいます。以後は，安全を考えて帽子を脱がせるということはなくなりました。

　次に車椅子にベルトをつけて落ちないようにする対応も行いました。すると，動きを制限される不自由感もあってか，自傷行為になったときには，背もたれに背中や後頭部を強打させるような行動が目立ってきました。ブレーキをかけていても，その衝撃で車椅子が移動していくほどでした。それでもベルトを外すと車椅子から落ちてしまうので，外すことはできませんでした。

　自傷行為は，トイレに行きたいときの意思表示ではないかと仮定し，始まったらトイレに連れて行って座らせるという対応も行いました。その結果，活動時間のほとんどをトイレで過ごすことになったり，便器に座っても激しい自傷行為を起こしたりすることが増えてきました。5回に1回程度の割合で「おしっこ」が出ることがありましたが，対応が頻繁で長時間に及ぶこと，トイレで暴れているうちに出てしまっていると思われる様子があること，繰り返し行っていると，トイレに行けない状況のときには，さらに強い自傷行為となっていくこと，などの理由から，かならずしも適切な対応とはいえないと判断しました。

　気分を変えるために，散歩に行くこともしました。抱っこして散歩に行くと，たしかに落ち着けるような様子が見られることもありました。しかし，暴れている状態で抱っこすることは大変ですし，不安定な姿勢で危険もあります。落ち着いたかなと思っていても突然興奮することもあり，予想外のときに起こるためにやはり危険性があります。もういいかなと思って帰ってきても，またすぐに怒ってしまうことも多く，リスクが大きい割には，あまり有効な対応とは

なりませんでした。また，身体が小さいうちはこうした対応も可能ですが，重くなってくるととてもできるものではありません。

あやすようにタッピングしながら，歌を歌いかけるということも行いました。ときにはそれで落ち着くこともありましたが，ほとんどの場合は効果がありませんでした。興奮して自傷行為を起こしている場合，歌や中途半端なタッピングは，あまりキャッチできていないように感じました。逆に神経を逆なでしているのではと感じることもありました。

3　落ち着けない日が続く —— 第1期（4年生4月）

4年生になり，私が担任となりました。クラスは子ども7人で，教師が5名でした。3名の教師が前年度からの持ち上がりでした。事前に前年の担当者より，話は聞いていたのですが，実際に学校が始まってみると，その激しさは想像以上でした。車椅子は大きくスイングし，座椅子に座ると後ろへひっくり返ってしまいます。教師が後ろから支えるようにして座っていると，胸に痛烈な殴打を受けてしまいます。下手にかかわると，とたんに自傷行為が始まります。どうしたものかと，5人で顔を見合わせるところから始まりました。

まず，前年度までの対応の確認と，椅子作りを行いました。床で座っていると頭をすぐに床に打ちつけてしまうので，安全面を考えると椅子に座ることに慣れておく必要があると考えたからです。それまで使っていた椅子は不安定だったため，作り替えることにしました。椅子作りのポイントは，丈夫で安定性に優れていること，クッション材を多用し，衝撃を吸収できること，反り返りが激しいので，腰を落とし，ベルトで固定して，安定性を向上させることといったものでした。はじめて座ったときは，なじまない椅子のため，怒ってしまうことが多かったのですが，次第に慣れていきました。しかし，自傷行為に椅子だけで対応するのは，不可能だと感じました。衝撃は吸収されるものの，激しく動き回り，身体への負担も大きなものになる可能性があったからです。ただ，椅子のおかげで，身体を保護する対応をする必要がなくなり，Aくんにか

表1-1　取り組み内容の概要

第1期	座椅子の製作 前年度までの取り組みの確認 いろいろな声かけの仕方
第2期	トーンを落とした声かけの仕方 昼休みのエアベット 遠足でのヘッドフォン 布団でグルグル巻き
第3期	朝の会・帰りの会でのヘッドフォン 昼休みは一緒にゴロゴロ 布団から寝袋へ
第4期	ヘッドフォンからカセットデッキへ 寝袋からテント，暗室の利用
第5期	暗室から廊下へ，廊下からみんなの中へ 音楽もあまり聴かずに過ごせるようになる

かわりやすくなりました。

　また，前年度までの対応の確認を行い，保護帽や耳当てはこれまで通り使用し，車椅子はクッション性の高いものに作り替えることになりました。気分を変えるための抱っこや散歩については，根本的な対応にならないだけでなく，できる場合とできない場合があり，本人を混乱に導くと判断し，できるかぎりその場で対応していくこととしました。トイレに連れて行くという対応についても，因果関係が明確でなかったことと，授業にほとんど参加することができなくなるため，やめることにし，基本的にはその場面で状況に合わせて対応を工夫していくことになりました。

　歌とタッピングは，その場で対応でき，リスクも少ないことから，しばらく続けて様子を見ることにしました。私が以前担当していた子どもで，自傷行為はもっているのですが，カセットの音楽を聴くことで落ち着ける子どももいたので，音楽の有効性については，期待できると考えたからです。実際に2人で外へ出て，カセットの音楽を聴くことがあったのですが，気候もよく気持ちのいい天気だったこともあってか，うれしそうに音楽を聴き，一緒に歌うかのように声を出す様子が見られました。音楽が好きなんだなと感じさせてくれた出来事でした。

それでも4月は，教室が変わり，学校にいる時間帯も長くなり，担当の先生も変わるという中で，落ち着けない日が続いたという印象です。とくに，朝の会や帰りの会は，あわただしくしていることもあってか，落ち着けません。朝の会はクラス全員が車椅子に乗り，大きな机を囲んで座るのですが，机の近くに近づくだけで，怒って頭を叩き始めます。

4　Aくんが落ち着いて過ごせるための試行錯誤
── 第2期（4年生5～6月）

（1）声かけのトーン

4月は，対応として優しくかかわったり，厳しくかかわったり，共感的にかかわったり，いろいろなかかわり方を試してみましたが，それでおさまるというよりも，そうしたかかわり方が余計に自傷行為を助長させているように感じました。どうも感情を込めたかかわり方は，Aくんの感情に余分な刺激を与えているようでした。

そこで，できるだけ感情を交えないかかわり方を工夫しました。できるだけトーンを落とし，余分な言葉かけは省き，「やめとき」という単純な言葉を，感情を込めないで投げかけました。これは他の言葉かけよりもAくんに入りやすかったようで，自傷行為がおさまっていくことも多かったと思われます。言葉の意味を理解しているとは，考えにくかったのですが，声の調子やタイミング，余分な声かけがなかったことが，伝わりやすかったのではと考えています。

このころ，結局はAくん本人が，自分で解決していかなければならない問題なのだなと，考えるようになりました。いろいろな条件を整えて，微妙な対応で解決していけるようになったとしても，そういう状況をいつも用意できるわけではないので，よけいな混乱を引き起こしていくことが懸念されました。

（2）昼休みのエアベッド

自傷行為が起きたときには，「がまんしなさい」というような対応が続いた

第Ⅰ部　子どもという存在からのメッセージ

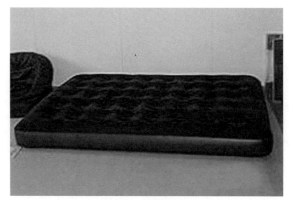

図1-1　エアベット

ため，ストレスもあるのではないかと，昼休みはエアベッドの上で思い切り一緒に遊びました。機嫌よく過ごすことはできるのですが，うまくかかわり続けなかったり，かかわりを止めたりすると自傷行為が生じるということが続きました。今となっては，このかかわりが本当に必要だったのかどうか，疑問に思っています。どちらかといえば，ふだん負担を強いているAくんへの罪ほろぼしのような意識が私の中にあって，自分のためにしていたような気もしています。

（3）遠足でのヘッドフォン

　5月には，その後の対応を決定づけていく大きな出来事が2つありました。

　その一つは遠足です。楽しいはずの遠足ですが，Aくんにとっては，新しい場所ということもあり，激しい自傷行為が続くことが予想されました。音楽は比較的好きなので，音楽を聴きながら参加できないものかと考えました。

　小さな音量では，キャッチしにくいようですし，雑踏の音や，突然の音に敏感に反応して怒り出すことが多かったので，ヘッドフォンを使うことにしました。ヘッドフォンを使っても外すことはありませんでした。どんな音楽を使うかについては，音楽療法でいわれる同質の原理に基づいて，Aくんの気分に応じた曲を選曲しようとしました。普段の活動の様子を見ていると「スターウォ

ーズのテーマ」などがぴったりかなと思い，聴かせてみたのですが，思いっきり怒ってしまいました。そこで，家でよく聴いているという「おかあさんといっしょ」のテープをかけてみました。すると，途端に表情がほころび，手を振ったり，声を出したりしながら，全身で喜びをあらわしてくれました。

遠足当日は，ほとんど怒ることなく上機嫌で過ごすことができました。遠足としては，音楽を聴きながらの参加でよかったのかどうか，疑問が残りましたが，一日快適に過ごすことができたことの方が，私にはうれしかったのです。

（4）布団でグルグル巻き

もう一つは，宿泊訓練でのことです。学校にはじめて泊まるということもあってか，暴れまわってつらそうなAくんでした。とてもみんなと一緒に寝ることはできなかったので，別室に移り，私と2人で寝ることにしました。別室に移ってからは落ち着いたのか，疲れ切ったのか，すぐに寝てしまったのですが，朝4時ごろに起きてきて，自傷行為を起こし，何をやってもおさまりません。30分間，2人とも汗びっしょりになりながら対応していたのですが，これ以上どうしようもなくなり，とりあえずAくんを車椅子に座らせて，側にあった掛け布団で顔だけ出してグルグル巻きにしました。そのときの私には，Aくんを守るために，そうするしか方法が見つかりませんでした。

巻き終わった瞬間，Aくんの表情は一変しました。安堵感に包まれたような表情でうれしそうにこちらを見ているのです。今までの格闘は何だったのでしょうか。それから1時間，布団に包まれて，楽しく過ごしました。それまで外すことのできなかった帽子も外すことができ，私にはこれまでとは別人のように感じられました。暑くなってきたので，布団をタオルケットに変えても，落ち着いて過ごすことができました。朝食が始まるまで，外へ出て楽しく過ごしました。

ヘッドフォンにしても布団にしても，いい面があるのですが，簡単に学校生活の中に取り入れることはできませんでした。いくら落ち着くからといって授業中や給食のときにヘッドフォンをつけて音楽を聴いているのは，抵抗があり

ました。そういう意味では，6月は何かうまく工夫できないものかと悩んでいた時期でもあります。ヘッドフォンや布団に頼ることなく，落ち着いて過ごすことができるようになればいいのですが，そこに至るまでの取り組みの道筋を考えなければなりませんでした。

5　あえてかかわらない──第3期（4年生7〜9月）

（1）ヘッドフォンと布団の使い方

　ヘッドフォンによる対応については，自傷行為になりやすい朝の会と帰りの会が始まるまでの，10分程度聴くことにしました。外すときには，曲の終わりに合わせるよう心がけました。様子をよく見ながら，タイミングよく外さないと怒ってしまいます。うまくいけば，外すときに頭をコンと叩く程度で，比較的安定して外すことができていました。慣れてくれば，ヘッドフォンを使わずにカセットデッキからの音楽を使うようにすること，必要以上に音楽に頼らないようにすること，などを以後の方向性としました。

　布団による対応については，授業の時間を1時間それに当てることにしました。布団の何が，Aくんを楽にしたのか，本当のところはわかりませんが，圧迫感や閉鎖感のようなものではないかと考えました。そこで，段階的に身体に密着した感じから，空間の広がりへと展開していくことにしました。最初は，個別対応ができないときは布団のかわりにタオルケットでつつみ，個別では寝袋の中に入り込むところから始めました。次は小さなテントを使い，その後，暗幕の閉まった教室で過ごし，その幕をだんだん開けていくことで，普通の環境へと展開していく流れを以後の方向性と考えました。

　ヘッドフォンで音楽を聴いている彼は，別人のようでした。意気揚々と腕を振り，ときどき楽しそうに声を出したり，笑ったりしていました。私がいかにがんばっても，Aくんとこれほど楽しく遊ぶことはできません。私は音楽とヘッドフォンに負けたような気持ちになりました。音が外に漏れてこないので，どの曲のどんなところを聴いて楽しんでいるのかわからなかったのですが，あ

えてわかろうとしなかったのは，音楽に負けてしまった自分の口惜しさが背景にあったように思います。

　寝袋は車椅子に座る必要がないので，中で自由に遊びながら楽しく過ごせました。とても暑い時期だったのですが，エアコンのついている教室で温度調節をしながら行いました。座ったり転がったりしながら，楽しそうによく動きました。寝袋の中で手を動かすと布が動くのも面白かったようです。ときどき，ヘッドフォンと併用することで，音楽に合わせた動作を寝袋の中でするようになり，楽しみ方も広がっていったように思います。

（2）昼休みはいっしょにゴロゴロ

　7月まではエアベッドを廊下に出したりしながら，そこでの遊びを続けていたのですが，9月からは，それを使わずに音楽だけをかけて，教室で過ごしていくようにしました。エアベッドで遊ぶことでAくんを落ち着かせているつもりでいたのですが，どうもそうした遊びはAくんを興奮させてしまう傾向があると感じたからです。何もなくてもAくんなりの遊びがあるのではないかと考えました。それ以降，昼休みはとくにかかわらずに，私も彼と同じように気持ちのトーンを落として，彼の側でゴロゴロしながら過ごすように心がけました。こういう状況では，20分程度であれば，怒らずに過ごせることが多くなってきました。

6　落ち着いていられることが多くなる──第4期（4年生10〜12月）

（1）寝袋からテント，暗室へ

　寝袋を使っての授業は，6回で終わり，テントへと移行していきました。テントの中には，安全のため，エアベッドを入れました。テントを使うようになって，2回目までは，数回頭を叩くことが見られましたが，3回目以降はほとんど叩くような様子も見られなくなりました。頭を叩くことを忘れてしまったような印象だったので，3回目の途中で保護帽をとりました。そのことによる

第Ⅰ部　子どもという存在からのメッセージ

図1-2　テント

影響を何ら受けることなく，遊びを続けていました。

　テントの中での遊びはエアベッドをバウンドさせて遊ぶことが中心ですが，その振動がテントに伝わり，テント全体がゆれることがとても面白いらしく，よく遊んでいました。また，手を伸ばせばテントに当たるので，テントを太鼓のように叩いたり，揺らしたりする遊びもよくしていました。そうした遊びを見つけたこともあってか，3回目以降は，一度も頭を叩くことはありませんでした。

　暗室へスムーズに移行することも考え，テントと音楽の組み合わせを2回行いました。1回目は普通にテントで遊びながら気に入った音楽をかけました。2回目は，テント遊びをしながら，部屋を暗くして音楽をかけました。テントを使った活動は，計5回実施し，12月からは，暗幕を閉めて刺激を少なくした教室での過ごし方を課題としていきました。部屋を暗くするだけで遊びが少なかったので，音楽はつねにかけるようにしました。

　初回は音楽に興味を示すよりも教室内をゴロゴロ転がって遊ぶことが多かった印象ですが，2回目以降は，音源となっているカセットデッキの所へ行き，そこで手遊びや声を出して遊びながら過ごすという状況が続きました。私のかかわり方としては，特別にAくんと遊ぶのではなく，彼と同じようにゴロゴロして過ごすように心がけました。昼休みにはそのような過ごし方をすでに始めていたので，自然に取り組むことができました。暗室になり，十分観察ができ

ていたわけではありませんが，頭を叩いている様子を見ることはありませんでした。

となりの教室では，音楽を使った歌遊びをしていました。本来，Ａくんもそこに参加していたのですが，雑然とした雰囲気の中，自傷行為が強く生じてしまい，とても参加することができませんでした。しかたなく一人だけ別な活動をしてきたわけですが，この時点で，目標として，歌遊びの授業に落ち着いて参加できるようになることをめざしました。そこへ向けての取り組みは，3学期から始めることとしました。

（2）ヘッドフォンからカセットデッキへ

9月後半には，帰りの会の前でも，ほとんどヘッドフォンを使うことはなくなっていました。近くでカセットデッキをかけているだけで，同じように楽しめるようになってきていたからです。そうすると一緒に歌を歌うこともでき，私にとっても楽しい時間となりました。

10月以降は，帰りの会が始まっても，落ち着いていられることが多くなり，あれほど存在感の強かったＡくんを，他の先生も気にすることがなくなっていました。そのころの彼は，手をいろいろに組み合わせたり，振ったりして一人で遊んでいることが多くなりました。「デデデデデデ」と声を出したり，「ウァッパ」というような声を出しては笑ったりする様子もよく見られるようになりました。

帰りの会に比べ，朝の会では，興奮することもありました。12月になっても，朝はヘッドフォンを使わないといけないことが，1週間のうち2回程度の頻度でありました。きっと何らかの原因があるのだろうと思いますが，結局よくわからないまま，2学期の取り組みが終わりました。

7　暗室から廊下へ，そしてみんなの中へ──第5期（4年生1〜3月）

1月の初回から，カーテンを開けて，暗室ではなく昼休みの延長のような状

態からスタートしました。とりたてて怒るようなこともなく，淡々と時間が過ぎていきました。そこで廊下へ出て遊ぶことにしました。もともと廊下は好きな場所なので，何の抵抗もなかったようです。みんなが歌遊びをしている教室の入り口まではもう少しでした。

　2回目は廊下から始めました。私は何もせずに，様子をじっと見ていました。何となく自分から歌遊びの教室へ入っていきそうな気がしていました。思った通り，しばらくすると，あれほど苦手だった授業の中へ自分で入っていったのです。出てくることはありませんでした。ただし，みんなの近くへ行くことはなく，教室の隅で遊んでいました。他の教師には，Aくんが入ってきても気にしないでほしいと伝えていたので，Aくんに関係なく授業は進行していきました。このときにみんながAくんに注目したり，何らかのアプローチがあったりすると，彼は怒らざるをえなかったのではないかという気がしています。

　3回目のスタートは，最初から教室にいました。私はAくんの側にはいましたが，Aくんのことは気にせずに，みんなと同じ歌遊びの活動をしました。この日のAくんは1回目，2回目とはちがってゴロゴロ移動することも少なく，私の側から離れることなく，相変わらずの一人遊びを続けていました。

　4回目，5回目の授業は，みんなと同じ場所へ行き，音楽遊びの授業に参加しました。いつ自傷行動が起こるかとハラハラしながら，ずっと見ていたのですが，結局，2回とも一度も自傷行動は見られませんでした。あれほど苦手だった音楽遊びの授業に自分から参加しているように感じられ，感動しました。どの程度，授業を意識できているかはわかりませんが，明らかにその環境を楽しめるようになっていました。

　帰りの会での特別な対応はなくなっていました。帰り支度ということもあり，忙しいので，いつのまにかカセットデッキをつけるのも忘れていました。それほど，自然にみんなと一緒に待てるようになっていたのです。ときどきは頭を叩き始めて，始まるかなと思うこともありましたが，そこですっと終わってしまうことがほとんどでした。朝の会では，落ち着けない様子がときどき見られますが，「やめとき」の声かけや，手の動きを少しセーブするだけで，すっと

元に戻れるようになってきました。以前は，テーブルが近くにあると頭を打ち付けてしまうので，距離をとっていたのですが，テーブルの側に行くことも平気になり，落ち着いてテーブルの上に置いたおもちゃに手を出すこともありました。

8　おわりに──自傷行為をしなくてもすむようなコミュニケーションを

　本人にとっても自傷行為はつらいことであり，「できればしないで過ごすことができるようになれば」という思いから，このような一連の取り組みを行いました。学校生活では，いろいろな人がかかわっていくため，すべての時間で実施したわけではありません。事例紹介の中にもあるように，中心的に実施したのは，「朝の会の前の時間」，「昼休み」，「帰りの会の前の時間」で，これは毎日ありました。また，授業の時間枠で週1回，水曜日の午後のクラブの時間に40分程度，実施しました。

　Aくんにとって，音楽を感じ取ることができ，それを楽しめるようになったことが，今回の変化に重要な役割を果たしていたと考えています。しかし，ただ音楽が鳴っているだけでは，ほとんど聞くことができませんでした。今回利用したヘッドフォンは，音楽をしっかり聴くことができるという点で，非常に有効であったと思います。

　また，自傷行為を起こしたときに，手で動きを止めようとすると，それに反発して余計に興奮してくる状況が見られましたが，布団などを使って包み込むことで，自傷行為に至らなくてすむようになったことも，今回の取り組みのヒントになりました。

　一見すると，ずいぶん強引なやり方で，教育活動としては不適切に感じられるかもしれませんが，3学期にはヘッドフォンやタオルケットなどを使うこともほとんどなくなり，音楽に合わせて声を出したり，おもちゃなどをつかんで遊んだりする様子も見られるようになってきました。

　しかし，まだまだ，気持ちに不安定な部分が見られ，本人も微妙なところで

調節しているように感じられます。けっして自傷行為がなくなったわけではなく，何とか調整できる部分が増えてきたというのが現状であると認識しています。

「学校でできても，家庭でできなければ意味がない」ということで，音楽やヘッドフォン，寝袋やタオルケットなど，家庭でも実際に利用しながら進めてきましたが，学校ほどの変化が見られていないことも事実です。本人にとって，家庭と学校は違うものであり，区別していることも十分考えられます。家庭生活の充実に向けては，さらに取り組みが必要と考えています。そのための手がかりとして考えているのが，コミュニケーションの充実です。円滑なコミュニケーションにより，自傷行為をしなくてもすむようになればいいなと願っています。たしかに，自傷行動は難しい問題ですが，あえて問題にしすぎない対応を考えることも重要ではないかと考えています。今後は，音楽の嗜好や楽しみ方を確認しながら，コミュニケーションの向上を目指して取り組んでいきたいと思います。

第2章
泣き叫びの激しい子どもに安心感を育む

高橋　浩

1　はじめに

　私とBくんとの出会いは，彼が小学5年生のときでした。転居のため夏休みが終わった2学期に，一般校の特別支援学級より私のクラスへ転校してきました。私が勤務する学校は，肢体不自由児を対象とする特別支援学校です。小学部から高等部まであり，全校で在学生100名ほどの中規模程度の学校です。ほとんどの児童・生徒がスクールバスか保護者の送迎により登校してきます。当時，私が担任するクラスには5名の児童が在籍していましたので，彼は6人目の児童になりました。

　初対面のときは，表情も生き生きとしており，呼びかけに対しても，しっかり「はい」と答えることができ，素直で子どもらしい明るさをもった男の子という印象でした。楽しい雰囲気のときには，大きな声で笑ったり笑顔を振りまいたりして，あっという間にみんなの人気者になりました。

2　Bくんについて

（1）家庭での育ちの様子

　Bくんは双子の兄として生まれました。心停止状態で生まれてきたため，脳性まひとなりました。首はすわっていますが，一人で座ることはできません。身体の緊張が左右で違い，背中が曲がっていく側わんが見られます。床での移動は，寝返りと手這いにより行います。ただ，スムーズに動くことができない

ため，自分で移動することはかなりの負担となります。主たる移動方法は車椅子ということになりますが，身体に存在する運動まひのため自分で動かすことはできません。身体を支える力も十分ではないため姿勢保持のためパットやベルトを利用しています。他の移動手段として，SRCウォーカーというものを使っています。これは赤ちゃんが使う歩行器を大きく発展させたような器具で，鞍にまたがり透明なテーブルに身体をもたせかけるようにした状態で，足で蹴って進みます。足もけっしてスムーズに動かすことはできないのですが，この歩行器だと自分の力で進んでいることが実感でき，本人にとっては大好きな遊びともなっています。

　Bくんは，両親と双子の弟の4人家族です。弟は身体面，知的面に発達の遅れはなく，一般の小学校に通っていますが，不登校の傾向があります。家を新築しての引っ越しでした。お母さんの話によれば，新しい住宅地ということもあり，周りにまだ家はあまりなく，そのためご近所とのつきあいも少ないそうです。Bくんは小さいころよりてんかん発作があり，服薬を続けています。担当医より，Bくんは「前頭葉にはっきりした脳波異常があり，情緒が不安定になるのはそのためなので，本人ではどうすることもできない」という説明を受けたそうです。そのため家族は彼が不安定にならないよう，好きなことをさせる対応を続けてきました。家に帰るとBくんは大好きな「電車でGO」のテレビゲームをずっとしたり，休日には大好きな電車を見るために駅のホームで4～5時間も過ごしたりするということもあるそうです。両親のBくんに対する愛情は深く，本当に大切に育てていこうとしている様子がよく伝わってきました。

　Bくんにとっては，家庭はとても居心地のいい場所だと考えられますが，不機嫌になることも多いそうです。とくに不機嫌になる原因としては，寝不足があるそうです。うまく眠れなかったときは，食事も食べず朝から泣き叫んでいるそうです。お母さんは寝不足のほかに，Bくんの機嫌の悪さは，月の満ち欠けにも関係しているのではないかとおっしゃっていました。「おもしろいつながりの付け方をするんだな」と思いましたが，細かく確認はしていません。

（2）学校での様子

　家庭での排泄は，すべて紙おむつを利用しており，トイレに行くことはありませんが，学校ではトイレで排泄をする練習をしています。本人にトイレに行くか行かないかを確認し，トイレで介護用のトイレチェアに座り排泄します。毎日のデータの中から出そうな時間帯がわかってくると，タイミングよく出せることも多くなり，成功率は7割程度だったと思います。毎日の繰り返しの中で，彼にとって学校のトイレは，他の場所とは区別された特別な場所になっていきました。

　前の学校との引き継ぎの際に大きな課題になっていたのは，食事です。とにかく偏食が激しくて嫌なものは頑として食べようとしません。たまに調子のよいときには，同じものでもすっと食べたりすることもあり，介助する側としては，戸惑うとともに，対応の難しさを感じさせられました。あまりしつこく食べることを強要すると，機嫌が悪くなり，泣き叫びに至ることがあります。前の学校では，ほとんど給食は食べていなかったそうです。お母さんの話では，彼がまだ療育センターに通っていた3～4歳ごろ，無理矢理食べさせられることも多く，それがトラウマになったのではないかということでした。実際に転校してきたころは，少し無理をして食べただけでも，すぐに嘔吐してしまいました。

　前の学校では，学校へ行くのを嫌がり毎朝大変だったそうですが，本校に転校してからは，それがなくなったそうです。彼が何より楽しみにしているのがスクールバスに乗ることで，学校はバスに乗っていく所ということで，嫌ではない場所になったようです。「学校へ行くのを嫌がらなくなって，本当に楽になりました」とよくお母さんが話してくれていました。

　学校生活は，当初通常の流れの中では，本当に落ち着いて楽しみながら学習することができていたため，前の学校の先生から聞いていた「泣き叫びが激しくて対応が難しい」という話がよくわからないでいました。ただ，家庭の都合でバスに乗らないで学校に来たときや，参観でいないはずのお母さんが学校にいたとき等に大声で泣き叫ぶことがありました。「予想外のことに対してうま

く気持ちを切り替えることができないのかな」とも思い，慣れてくればそういうこともなくなるのではと，そのときはあまり重視していませんでした。ときどき，怒ることはあっても，何となく気持ちを切り替えながら過ごせていたので，あまり気にすることなく，日々を過ごしていました。しかし転校して4か月目，12月に入ったころより彼の様子が少しずつ変わってきました。それ以降，いろいろな場面で，激しい泣き叫びが見られるようになってきます。「泣き叫び」とは，そのときの彼の状態を表した表現で，彼にとっては追い詰められた究極の表現方法なのかもしれません。それはBくんにとっても，周りにとっても大きな負担となってきました。「その負担を少しでも軽減していくことはできないだろうか」ということで，試行錯誤の中，さまざまな取り組みを行いました。「何がよくて何がよくないのか」もわからないことが多く，十分な考察はできていませんが，自分なりに取り組み整理していったことを報告します。

3　バスの中での叫び声

（1）暗幕をかぶせる

　12月初旬，バスの介助員さんより，「Bくんの叫び声に他の子が怒ったり泣いたりしている」との報告を受けました。いつもそうなのではなく，まだ稀だけれども，声が大きいため他の子が嫌がっているとのことでした。大きな声で叫ぶことが当たり前になったり，癖になったりしてはいけないと思い，対応には短期集中が必要と考え，行き帰りのスクールバスに同乗することにしました。よく様子を見ていると，スクールバスのドアが開くときに大声で「キャーッ」と叫んでいました。いったん興奮してしまうと3分程度その状態が続きます。ドアが開くのがおもしろいのか，そのときの音がおもしろいのかわかりません。そのときの声は，怒った声ではなく喜びの声でした。

　いったん声を出して興奮してしまうと，何を言っても何をしても火に油を注ぐようなもので，余計に長引いてしまいました。いろいろ話をして解決しようとすることが，逆にBくんを刺激してしまっていると感じました。刺激してし

まうのがよくないと考え，刺激を遮断してはどうかと，学校にあった暗幕の切れ端をバスに持ち込み，興奮して叫んだときに頭からかぶせるようにしました。教室では，興奮しすぎたときに別の静かな教室へ行って気分転換させると，また復活できることがよくありました。できればその方法がいいと思ったのですが，バスの中では無理なので仕方なく考えた方法でした。暗幕かぶせの方法は，抜群の効果があり，一瞬でテンションが落ち，気持ちが切り替わりました。本人も嫌がることなく，それなりに楽しんでもいたようなので方法としては悪くはなかったのかもしれません。しかし叫ぶたびに暗幕をかぶせるような対応は，ずっと継続できるものではないだろうし，それが当たり前になってしまったら，その効果もなくなってしまうのではとも考えられました。何より見た目の印象がよくありませんでした。

（2）ゆっくりと静かに話しかける
　実際には，叫び声を上げてからの対応では無理があります。いったん気持ちが上がってしまうとなかなか落ちてこないからです。それよりも，叫び声を上げさせないためにはどうすればいいのかを考えることにしました。たとえば，ドアの見えない所に座席を移動させる方法も考えましたが，どの座席からもドアは見えました。「間に衝立を置く」，「ヘッドフォンをつける」なども考えましたが，どれも効果的とは思えませんでした。対応策を考えながら，ドアが開くときのBくんの様子を観察していたところ，開く前から期待して気持ちを盛り上げ，開いた瞬間にピークに達して叫び声を上げている様子が見られました。その間，彼はドアが開くであろうことに集中していました。この集中をかき乱すことができれば，大きな叫び声に至らないのではと考え，盛り上がり始めたころにゆっくりと静かに「Bくん，これからドアが開くけど大きな声を出さないようにできるかな」と話しかけることにしました。テンションを上げさせないためには，下を向いている方がいいかなと思い，椅子の横に座って下から話しかけるような心配りもしました。
　この方法での成功率は8割程度でしたが，効果的だったと思います。ちゃん

と約束通り静かにできたときは，きちんと褒めてあげることができました。本人にもがんばりがわかりやすい方法だと思いました。数日繰り返し練習した後，介助員さんにドアが開く前に「静かにしていてね」と声をかけてもらうようにお願いしました。その後の様子は，ときどき叫び声を上げることはあっても，さほど気にならなくなったとのことでした。

(3) まわりの子どもたちの理解

今回のバスの中での取り組みと，Bくんの様子の変化がどのようにつながっていったのか詳細はわかりませんが，叫び声を上げる回数は減り，叫んでも声は以前より小さくなり，時間も短くなったとのことでした。一番よかったのは，まわりの子どもたちにBくんのことを理解してもらえるようになったことです。介助員さんに「うるさい」と怒っていた子が，「Bくん，声を出さなかったね」と介助員さんに声をかけてくれるようになりました。声を出してもみんなが気にもしなくなると，本人の気持ちもおさまってきたように思います。それ以降，ドアの開閉に伴う苦情はなくなりました。

4　3学期から始まった学校内での混乱

バスでの対応に追われた2学期が終わり，Bくんにとっては新居で迎えるはじめての長期休みになりました。冬休みの期間，家庭で特別変わったことはなかったらしいのですが，なぜか3学期の始業式からイライラしているようで，落ち着きがありませんでした。声をかけてもすぐに怒ってしまって，変に声をかけられないような状態のときもありました。家庭での生活と学校とのギャップを感じたためなのか，自分で納得できないまま登校してしまった影響によるものなのか，前日の睡眠不足によるものなのか，他に原因があるのか，よくわかりませんでした。この微妙に不安定な状態が3学期の間じゅう続くことになります。

どんなときに学校で不機嫌になるのかを担任として考えてみました。明らか

に不機嫌になるのは、学校で母親や弟を見かけたときです。「おかあさん、おかあさん」という言葉を繰り返しながらどんどんテンションが高くなり、大声で泣き叫ぶところまで簡単にいってしまいます。一人で遊びながら自分で勝手に興奮して収まりがつかなくなり、大声で叫んでしまうようなこともありました。また、「トイレ行こうか」、「給食行こうか」、「車椅子から降りようか」など、こちらが何かを提案したときに、それに反発するかのように「トイレいくのいらん」と怒り出したり、「車いすおりない」といって泣き出したりすることもありました。ただしそうなるのは全体の1割程度で、ほとんどは素直に「はい」と言ってくれます。ただ、突然反発モードにチェンジするので、対応には困りました。

　他には、給食前の休み時間（この時間は教師が連絡帳を書いているため、子どもはたいてい一人で遊んでいる）に機嫌が悪くなることが多かったです。その前の授業ではとっても機嫌よく楽しめていたのに、その時間になると不安定になります。もしかすると次の給食が苦手なので、その影響もあるのかなと思われました。

　しかし、それ以外にも不機嫌になる場面はいっぱいあり、原因を特定できないことの方が圧倒的に多かったです。あまりにも原因がわからないので、お母さんに前日の睡眠状態を問い合わせたり、月の満ち欠けでは今はどういう状態なのかを調べたりもしました。

　結局、3学期はよくわからないまま混乱のうちに終わりました。

5　Bくんが泣き叫ぶときの原因と理由

（1）考えられる「原因」

　4月になり新年度を迎え、Bくんも6年生に進級しました。5年生のクラスは6名の児童を4名の教員で担当していましたが、全員がそのまま5年から6年へ持ち上がりました。おかげで、これまでの指導の流れをそのまま継続することができました。Bくんの様子も3学期に比べると泣き叫びの頻度は減りま

したが，不安定な状態は続いていました。

　Bくんが泣き叫びに至る原因としては，先にも記載したようにいろいろあります。突然お母さんが来たり，遊びながら気持ちが高まっていったり，「ごちそうさま」を言ったのにさらに食べさせられそうになったり，「～に行こか」と誘われたりしたときなどによく見られました。それ以外にも，そのときの場面や状況，している活動が原因となることも多かったです。原因がわかるときは，その原因に対応していくことで泣き叫びに至らないよう工夫していくこともしました。参観のとき母親は隠れて参観していましたし，みんなで遊んでいても一人テンションが上がっていくときには，遊びを中止することもありました。給食のときは「ごちそうさま」の後，無理に食べさせるのはやめることにしましたが，嫌なメニューだとすぐ「ごちそうさま」と言うようになってしまいました。また，「～に行こうか」や「～しようか」を言わないようにもしましたが，逆に行った先で余計に怒ってしまうこともありました。

　それが原因なのだろうなと考えられることはいろいろありましたが，同じことがあっても泣き叫びが見られないこともよくあり，ストレートにつながっているものではないと感じました。原因によっては，対応したり取り除いたりできないことも多く，取り除くことが彼にとって本当によいことなのかという疑問もわいてきました。

（2）彼にとっての「理由」

　そこで彼にとっての泣き叫びに至る理由という側面からも考えてみることにしました。多くの場合，彼の中に「嫌だ」という思いがわき上がり，それが限界を超えたときに泣き叫びという表現（行動）に至っているようでした。環境や状況に対して，自分の思いを受け入れてもらえないことが，「嫌だ」という思いが噴き出す一番の理由でした。しかし，原因がわからないまま突然「嫌だ」という思いが膨らんでいったこともよくありますし，ハイテンションになったときに，最初は喜びの声だったのが，それが突然「嫌だ」という気持ちにスイッチすることもありました。

「嫌だ」という思いを持つことは，ごく当たり前の感情であり，けっして悪いことではないと思いますが，Bくんの場合,「嫌だ」という思いが簡単に泣き叫びにつながってしまい，本人にとっても周りにとっても大きな負担になっていました。またそれは，「困った子」「対応の難しい子」という印象にもつながっていました。

6 解決へ向けての仮説と対応

（1）怒りの根底にある不安感

自分たちの場合はどうなのかと考えてみると，日常生活で嫌なことなどいっぱいあるわけで，「まぁいいか，しかたないかな」と思ったり，「やらなきゃ，がんばらなきゃ」と思ったりしながら，それなりに対応しているのだと思います。いちいち気にしたり怒ったりしている方がよっぽど大変です。そう考えると，「Bくんは大変な毎日をすごいエネルギーを使いながら過ごしているんだな」ということがよくわかります。

Bくんはなぜ「嫌だ」という思いに簡単に反応してしまうのでしょうか。その要因として，私は彼の中にある「不安感」を考えました。「嫌だ」という気持ちを受け流すためには，自分の中に余裕のようなものが必要で，それがないと簡単に反応してしまうのではないでしょうか。なんとなく不安感があるときには余裕もなくなっていきます。不安なときは「イライラ感」も出てきて，思わず余計に反応してしまうことがあります。

不安感を取り除き，安心感を与えていくことが，心の余裕を生み出し，「嫌だ」という思いに過剰に反応してしまうことを防ぐのではないかと考えました。

（2）安心感を生み出す工夫

彼の不安感はどこからきているのか，生育歴によるものか，前頭葉の機能によるものか，いろいろ原因はあると思います。では，具体的にはどのように対応していけばいいのでしょうか。原因に対応しようとしても，無理なことが多

いです。自分たちにできることを考えていたときに浮かんできたことは，もっと身近なことでした。たとえば，気持ちのいいスキンシップを大切にすること，いつも見ていることを伝えていくこと，Bくんのことを好きだよと伝えていくことなどです。わからないことからくる不安もあるだろうと考え，できるだけ丁寧にわかりやすく伝えていく努力をするようにしました。こちらが話している途中で怒り出すこともあるので，話すタイミングや話し方にも注意を払いました。話し方については，彼の側で静かにゆっくりと話しかけていくことが効果的でした。

　さらに，安心感を生み出すにはどうすればいいか。わかることによって安心できる面もあると思いますので，理解力を養うことも大切だと思います。また，自分にもできるという自信が，安心感や余裕を生み出していくとも考えました。そのためには，達成感を味わえる活動を増やしたり，そこから生まれる楽しみを味わえたりできるよう丁寧に対応していく必要がありました。

　加えて，調子のよいときにちょっとだけがまんさせる活動を意図的に取り入れ，がまんできたことをきちんと褒めてあげるようにしました。褒められることは嬉しいようで，ちょっと得意そうな表情になることもありました。

　次に「イヤ」という言葉ですが，この言葉を口にし，発するようになっていくとその言葉に自分で反応し，高まっていくような様子が見られました。「イヤ」「イヤ」を繰り返しながら言うたびに声が大きくなり，表情が険しくなっていきます。その言葉を発することが，興奮へとつながっていく悪いパターンとして定着しているようでした。そこで調子のよいときに小さな声で「いやです」という練習をし，「わかったよ」で答えていくようにしました。

　私：トイレに行きますか？
　Bくん：イヤン。
　私：(静かな口調で) わかったよ。行かないから。いやですって言える？
　Bくん：(小さな声で) いやです。
　私：わかったよ。じゃあ行かないことにするから。しっかり言えたね。
というような感じで会話を交わしていきました。

7　具体的に取り組んだ内容

（1）不安感を取り除くために行ったこと

　まず行ったのは，スキンシップです。Bくんが比較的機嫌のいいときに，唐突に行いました。機嫌の悪いときに慌ててスキンシップしても受け入れられないだろうし，スキンシップ自体が嫌になるおそれもあると考え，機嫌のよいときにすることにしました。彼の要求に応じる形ではなく，あえて唐突にしたのは，要求に応じられない場合に対する配慮に加えて，たんなる遊びではなく，「Bくんのことをいつも見ているよ。Bくんのことが好きなんだよ」というメッセージをさりげなく伝えたかったからです。耳元でひそひそ話をするように「Bくん，好き好きしてもいい？」と声かけをして「はい」と言ってくれたら頬をすり寄せて好き好き遊びを2～3回します。その後，「ありがとう」とお礼を言って終わります。これを1日に1～2回，時間を決めずに行いました。
　給食はBくんの苦手な場面です。給食前になると彼の中に何となく緊張感が高まり，不安感が広がっていっているのを感じました。そういうときに「給食行こか」と声をかけると「イヤ～」という言葉が返ってきて盛り上がり，泣き叫びにつながるパターンになります。給食は彼にとって否定的キーワードになっていたので，わかりやすく伝えるためにも否定的な話から入るのではなく，肯定的なキーワードを使った話から入るようにしました。
　たとえば，「Bくんは魚が好きですか」（Bくんは魚が大好きです）という彼にとっては肯定的な質問には「はい」と答えてくれます。そこで「じゃあ，先生はパンが好きだけど，Bくんは？」（じつはBくんはパンが苦手です）と続けると，「好き」と答えてくれます。少し気持ちが前向きになっていると，何となく前向きに考えてくれます。「じゃあ，いっしょにがんばって食べに行こうか」というふうに話を展開していくと，給食に混乱なく行けることもありました。それでも本人に余裕のないときはうまくいきません。いかに気持ちの余裕を持つことが大切かがわかります。

（2）安心感を育むために行ったこと

　Bくんは応答の形であれば，それなりに答えることができるのですが，「イヤ」という思い以外，自分から思いを伝えにいくようなことはあまりありませんでした。そこで自分から積極的に声をかけたり，かかわったりできるようになることで，自信や達成感，安心感へとつながっていくのではないかと考え，取り組むことにしました。

　①あいさつ

　登校したらすぐにSRCウォーカーに乗り換え，自分で移動しながら小学部すべての教室を，「おはよう」とあいさつして回りました。最初は声が出なかったり，小さな声だったりしましたが，自分からあいさつすることで，いっぱい言葉が返ってくることがわかったのか，だんだん生き生きとしたあいさつができるようになりました。どの教室へ行っても，あいさつだけで終わることはなく，いろいろ話をして褒められて帰ることが多かったので，コミュニケーションを楽しめることにもつながっていきました。

　②グループ学習

　授業については，突然怒り出すことが多いため，グループ学習は難しいかなとも考えましたが，あえてその場面での学びを重視していくことにしました。彼は5名のグループ学習の一員となりました。実態のずいぶん違う5名で，授業そのものはかなり進めにくかったのですが，少なくとも1時間に3回ずつはそれぞれの課題に応じた質問を投げかけ，うまくできたときにはみんなの前で褒めました。これもすぐに効果が現れ，授業中（約50分）ほとんど怒らなくなりました。ここでは，みんなと同じように褒められる自分を，素敵な存在として認められるようになったからではないかと考えました。

　褒めることは大切ですが，褒めすぎはよくありませんでした。下手をするとテンションがどんどん上がっていき，何で褒められているのかもわからなくなることもありました。静かにさりげなく，きちんと褒めてあげるように心がけました。

　③給食

一番難しかったのは、給食でした。好き嫌いが激しく、食べないと思ったものは頑として食べませんでした。何とか食べてもらわないと困ると思い、いろいろ策を弄したのですが、こと給食に関しては、非常に警戒心が強く、ほとんどごまかしは通用しませんでした。少しでもたくさん食べさせないといけないという、こちら側の緊張感のようなものが、Ｂくんにも伝わっているように感じました。そこで思い切って食べなくてもいいやと思うようにしました。そう割り切ることで緊張感もとれていったと思います。

その代わりに力を入れた指導は、給食の準備やかたづけで、できるだけ一人でさせるようにしました。彼も食べることから離れて何か集中できるようなものがあった方が、気持ちが落ち着くようでした。こうすることで給食の時間に泣き叫ぶということはなくなってきました。落ち着いて過ごせるようになってきたら、今度は食事の量を少しずつ増やしていく取り組みに移行していきました。そのときに気をつけたのが、肯定的な話から入るようにすることです。好きな物を食べているときに「もう終わりにする？」と聞くと、Ｂくんは「食べる」と言ってきます。そのときに、「えらいね、Ｂくんは。こんなにたくさん食べられるんだ。すごい」と、食べようとする態度を褒めるようにしました。調子に乗ってくると、「ごはんは食べませんか？」（じつはごはんが嫌いです）との声かけに、「食べる」と言ってくれることもありました。ただ、食事中のやりとりはとても増えましたが、量は思ったほどは増えませんでした。やはり、給食は難しかったです。

8　Ｂくんに見られてきた変化

（1）いったん落ち着く

こうした取り組みを続けてきた中で、Ｂくんにも変化が見られるようになってきました。5年生の3学期には1日に5、6回は泣き叫んでいたのですが、6年生の1学期の終わりごろには、一度も怒らない日も増え、1週間に1、2回程度、それもあまり強くない形に変わってきました。訓練や学習にも意欲的

に取り組めるようになり、友だちや先生とのコミュニケーションも深まってきました。昼休みにはクラスのみんなでボール遊びをしたり、体育館でSRCウォーカーに乗って遊んだりしました。以前は盛り上がりすぎてパニックになっていた遊びですが、このころは回りの様子を見る余裕もでき、落ち着いて楽しめるようになりました。

　2学期には、参観でお母さんが来ても落ち着いて授業に向き合うことができました。生き生きと学校生活を送っているBくんの様子を見て、お母さんも安心されたようでした。取り組みについてはすべて説明し、家庭と連携しながら進めたため、家での様子も変わってきたとのことでした。このままうまく落ち着いていってくれるかなと思っていたのですが、思わぬところからまた泣き叫びが始まりました。

（2）再び、バスでのトラブル

　12月になったころ、バスの介助員さんから「バスを降りるときに怒って大変なんです」という報告を受けました。たしか去年も同じような時期にバスでトラブルがあったなと思いながら、行き帰りのバスに同乗してみることにしました。Bくんはバスが動き出すとすぐに、うなるような声を繰り返し出していました。どうもバスのエンジンの音をまねして声を出して遊んでいるようで、回転数が上がるに従って彼の声も大きくなり、テンションも上がっていきました。テンションが上がったところから、「ママ好き」「パパ好き」と繰り返し言うようになりました。はじめは小さめの声だったのが、だんだん大きくなり気持ちも高まっていきます。次第に声に余裕がなくなり、だんだん怒り出して「ママ嫌い」「パパ嫌い」にスイッチしていきました。私にはどうも彼の頭の中で、何かストーリーのようなものが展開しているように感じられました。「ママ嫌い」という思いが高まったところでお母さんがバスに迎えにくるため、バス停に停車した途端、激しい泣き叫び状態になってしまいました。

　バスの中でのことなので、どのように対応したらいいのか迷いました。学校の中でもだんだん余裕がなくなってきているのが感じられるようになりました。

また以前のようになってしまうのではないかと不安になりました。

　バスのエンジンの音を聞きながら，自分のイメージの世界で盛り上がり，ストーリーが展開していっているようなので，最初の部分でなんとか自分の世界に入り込まないようにできないものかといろいろ試しました。一番効果があったのは，模型のバスを持たせたことです。バスが発車する前に「Bくん，これ持っててくれる？」とミニカーのバスを手渡しました。エンジンの音から自分の中だけでイメージを膨らませるのでなく，バスを手に持つことで，手に持っているバスでイメージを膨らませることに変えていけるのではと考えたからです。

　たしかに15分程度はそれでうまくいきましたが，ずっとは続きませんでした。そこでいろいろなミニカーを5台程度準備し，気持ちが高まってしまう前に「ありがとう，次はどれにする？」と声をかけて車を取り替えました。難しかったのは，Bくんが降りるバス停の手前にあるアップダウンの激しい広い道でした。エンジンがひっきりなしに回転数を上げたり落としたり，大きな音になったり小さくなったりします。そこの道だけは，何をしても自分の世界に入って楽しんでしまいます。

　「パパ好き」「ママ好き」の始まりが遅くなるため，バス停に着くころの興奮度は少しましになりましたが，怒りやすい状態でした。他の方法はないものかといろいろ探っている間に，Bくんの状態が変わってきて，何となく静かになってきました。原因はまったくわかりませんでした。すごく怒っていても，何気ない言葉で突然気持ちが切り替わったりすることがBくんにはあるので，自分なりにそういう気持ちの切り替えに役立つものを見つけていったのかもしれません。

（3）もう一度，丁寧な取り組みを

　12月はこのように少し不安定な状態で終わることになり，3学期がどうなるのか不安でした。前年の3学期の例があったからです。冬休みを終え，登校してきたBくんは，状態としては悪くなかったのですが，余裕がなく敏感になっ

ている感じでした。激しくはないのですが，時折大声を出したりすることもありました。

　3学期には卒業式もあります。特別な環境であり，保護者の方もたくさん来られ，周りの人の服装もいつもとは違います。突然そのような状況におかれたとき，Bくんはどうなるのだろうかと心配になりました。

　そこで今から何か新しい取り組みを考えるよりも，今までしてきたことを丁寧にしていくことにしました。この時点で気づいたことは，2学期に彼が落ち着きを見せ始めて，彼に対する対応がなおざりになっていたなということです。問題のあるときには一生懸命取り組み，それがなくなってくると取り組みも減少してくること，これはある程度当たり前のことであり，必要なことなのかもしれないのですが，彼にとってはまだ，取り組みが十分ではなかったのではないかと考えました。

　途切れがちだった朝のあいさつ回りも復活し，好き好きごっこや昼休みの遊びにも丁寧に取り組んでいきました。この時期，さらに楽しく会話することや「なぞなぞごっこ」のようなこともしました。この取り組みは京都発達臨床研究会でのアドバイスを受けて始めたものです。研究会では認知発達と情緒発達のつながりを指摘していただきました。楽しい会話やなぞなぞを始めたのは，考える力を育てるのにいいのではないかと考えたからです。楽しい会話では，何でもない会話に笑いを加えていきました。笑いながら会話していると不思議と楽しくなり，話も盛り上がっていきました。なぞなぞと言っても「〜したのは誰だ？」というような単純なものですが，友だちの名前や先生の名前を答えてくれました。どちらも楽しい時間を過ごすことができ，ここからも余裕が生まれてきたのではないかと考えています。

（4）再び，落ち着いて過ごせるように

　新たに加えていった取り組みも含め，こうした活動の中で，落ち着いて過ごすことのできるBくんに戻ってきました。もしかするとバスの中の出来事も，私たちの対応の不十分さから出てきたものなのかもしれません。力がついてき

たらOKなのではなく，その力を彼が使いこなしていくために，また，その力を定着させていくためにも，さらなる余裕が必要であり，さらなる自信が必要なのだろうと思います。

　3月に入るころには，心に余裕もでき，苦手な給食でさえ半分以上食べられるようになりました。役員会で来ていたお母さんに突然出会っても，何事もなく過ごすことができました。卒業式の課題は，「最後まで落ち着いて参加することができる」から，「呼ばれたときにしっかり声を出して答える」，「身体を傾けないでまっすぐ座る」，「校歌を大きな声で歌う」といったものに変更されていきました。

9　おわりに――「いま子どもにとって必要な対応は何か」を考える

　これまでしてきたBくんへの対応は，特別なものでした。特別な対応をしすぎると，それができなくなったときに混乱するということも考えられます。それをいつまで続けるのかと指摘されることもあります。たしかに卒業すれば環境も担任も変わります。しかし，それでも彼にとって必要なことであれば，新しい環境においてもできるだけやり続けなければいけないと思いますし，必要がなくなってきたら止めていけばいいことだと思います。

　中学部になって外部からの転入生も増え，クラスは2クラスになり，担任も教室もがらりと変わりました。指導の方法も中学部ではクラス担任制から教科担任制に変わります。小学部のときのようには動けなくなることも予想されます。いろんな人とのかかわりが増えることが，Bくんにとってプラスになるのかマイナスになるのかわかりません。思春期の影響も大きく受けることでしょう。こうしたことにスムーズに対応できるような余裕をしっかりつけて，中学部へ送り出すことができたかと問われると，きっと足りないだろうと思います。2学期，調子がいいからと特別な対応をさぼってしまったことの影響は大きいかもしれません。

　これからも気を引き締め，子どもたちの特別なニーズに対応しながら，一人

ひとりが生き生きとした学校生活を送っていけるよう援助を提供し続けていきたいと思います。

第3章
名前を呼ばれて「ハイ」と応じるようになるまで

後 藤 真 吾

1 はじめに

　自閉症という診断を受けたCくんが入学したのは，本校が新設の特別支援学校として開校した1年目でした。滋賀の特別支援学校では，入学するまでに教育相談で学校体験をしていることが一般的です。学校もこのときに具体的な子どもの様子を知ることができます。また，入学が決まった子どもたちについては，前年度末に「一日入学」を実施して新入予定児童だけの授業を行い，その際の子どもの様子の観察を行います。また，保護者とも面談をして入学に向けての詳細な聞き取りを行います。こうして，入学までに児童の様子や雰囲気を把握して学級編成を行い，入学式を迎える心構えができます。しかし，Cくんたちの場合はこうしたことがないまま，引き継ぎ資料だけで入学式を迎えることになりました。
　本章では，入学後の観察からはじめて，Cくんをどのように理解し，どのようなことを考えて取り組みを進めてきたのか，そしてそのことを通してCくんの様子がどのように変わってきたのかということを，1年間を振り返る中でまとめてみたいと思います。

2 入学当初のCくんの様子

　両親に伴われた入学式ではじめて出会ったCくんは，かっちりとした体つきで，目がクリッと愛らしい男の子でした。よく動き回り，その行動はやや神経

質な印象を持ちました。野菜などの偏食があるものの，ご飯や肉類などには食欲もあり，家庭ではおやつを隠していても見つけ出して食べてしまうということもあって，太りぎみの傾向にありました。

　はじめてのことや自分のつもりと違うときは，泣きながら頭を叩く自傷行為が頻繁に見られ，地団駄を踏んだり寝そべったりということもよく見られました。

　手をつないだり身体に触られたりすることも極端に嫌がり，教師が抱きしめようとしようものなら振り払うようにその腕からすり抜け，泣いて自分の頭を叩いて怒りました。

　Cくんのクラスは，1年生3名，2年生1名の男の子ばかり4名で，担任は3名（男2，女1）でした。学期当初はクラスだけで取り組みをすすめていましたが，ほどなくして同じ低学年グループの課題が似た兄弟クラスであった隣のクラスと一緒に取り組みをすすめることになりました。隣のクラスは，1年生女子1名，2年生男子1名，3年生の男子2名の4名で，担任は3名（男1，女2）でした。Cくんの学習集団は，着替えや給食などの日常生活指導についてはクラス単位で取り組んでいましたが，その他の朝の会や学習などの取り組みについては2つのクラスで合同して取り組むことになり，少し大きめの集団が基本となりました。

　Cくんの様子はクラスでの取り組みのときも合同での取り組みのときもとくに大きな差はなく，自由時間には教室から抜け出してひとり廊下で寝そべったりウロウロしたりしていることが多かったものの，集団から大きく逸脱してしまうということはありませんでした。

　引き継ぎ資料によると，5歳11か月に実施した新版K式発達検査2001の結果は，姿勢・運動3：1，認知・適応2：7，言語・社会1：8，全体では2：3というものでした。これらの結果は実際に出会ったCくんの様子とも重なるものでしたが，少し不思議だったのは生活の中で模倣をしていると思える姿がほとんどみられなかったことです。「バイバイ」のときに手を振って見せると，掌を自分に向けて手をヒラヒラさせる仕草を見せることが唯一模倣のような行

動でした。こうした姿は，Cくんの対人面での関係のとりにくさを象徴しているように思われました。

3　入学までの様子──保育園，療育教室の引き継ぎ資料より

　保育園や療育教室からの引き継ぎ資料は，チェック表のような体裁のものであり，項目が分けられてそれなりにわかりやすくという工夫はされているのですが，いずれも断片的であったり，チェックされている内容に項目間でやや矛盾するものがあったりとCくんの状態像を把握するには十分なものとはいえませんでした。ただ，保育園の先生の方で欄外にCくんの様子を具体的に記入してもらっているところがいくつかあり，むしろそうした書き込みの方がCくんの様子を知る手がかりとなりました。以下に引き継ぎ資料からわかったことを項目ごとにまとめてみたいと思います。

（1）基本的生活習慣
　朝や帰りの身支度では，連絡帳やタオル，コップ，水筒，カバン，帽子などを決められた場所に置いたり，取りに行ったりすることをしていたようです。保育士さんは，それらのことを「一人でできるはずだ」と思っていたようです。しかし，実際には「保育士の目が届かないと，フラッとその場を離れて違うところに行ってしまう」ので呼び戻すことが必要だったようです。その際，カードを使っての指導も行われていましたが，カードで手順を示しても一人ではできず「保育士がやり終えるまで側についてカードを渡していかないといけない」という状況だったようです。
　排泄については，療育教室からの記述では，「小便は自立。大便は処理が難しい。自らトイレへ……かなり定着」とありましたが，「保育園では大便はしたことがない」ということでした。療育教室の資料には「『トイレ行きます』が言えると，よい」という記述もあり，課題と考えられていたようでした。しかし，Cくんは発語がなかったので，身ぶりやサインなどでの意思表示をして

くれるとよい，ということだったのではないかと思います。

　食事は，「偏食があるものの食べることは好き」だったようで，「『いただきます』が待てなくてつまみ食い」をしてしまっていたようです。「白ご飯が大好き。お餅は大嫌い。混ざり物も嫌い。サツマイモは嫌いだが小さくすると食べられた」ようでした。園では「お代わりは一回だけと決めている」ということでしたので，大好きなご飯のことだと思われますが，具体的には記述がないためわかりませんでした。

　「手先の不器用さがあり，ナイフやフォークを使って食べるようにするが，うまく扱えず必ず手で摘み食べる。一度口の中に入れたものを手で少しとり，再び口の中に入れる」ということを繰り返しながら食べるという食べ方。「そのうちそのまま指についた物を服でなする」ようにして手を綺麗にする。汚れた手は「おしぼりを使うようにしているが難しい」ということでした。

　着替えは，「ほぼ自分でできるようになっている」と記されていました。「服が汚れても気にならないときがある反面，手洗い時に靴下の上に水が一滴落ちただけで履き替えたくなるなど，少し濡れただけでも気になるときもある」というように，こだわりのようなことが見られていますが，生活全般を通して見ると「こだわりは強くない」ということでした。

（2）身体・健康面

　「内股が擦れている」ほか，「順調に体重が増えており」，肥満の傾向にありました。療育教室の資料には「運動が好き」とありますが，園では「体操，リズムは気に入ったところでは一瞬近いような動きを示すことがあるが，真似ることはほとんど見られず，笑顔で見ている」と記されています。こうしたことから，よく動き回っていたことがうかがえますが，課題に沿った活動への参加は難しかったようです。また，園の資料には，「けがの手当はかなり抵抗する」と記されていますので，普段と違う変化への適応ということにも難しさがあったことがうかがえます。

（3）言葉・コミュニケーション

　「有意味語はなく声の調子で伝えている」とか，「自分の好きな遊びの場合は『もっとやって』『もう一回』『したくない』などの意思表示を首を振ることで表している」という記述が見られることから，要求については，発語そのものはないものの保育士が本児の気持ちを推測できる関係にはあったことがうかがえます。ただ，「注意すると余計にする。静かにというと余計にうるさくする」などと記されています。Cくんの発達的な状況を考えると，わざと反発しているというのではなく，保育士の意図が本児にうまく伝わっていないことが推測され，理解面の難しさがうかがえました。

　また写真カードによるコミュニケーションも取り入れられていたものの，「日常のことだとカードを使わなくてもことばで動ける」とか，「初めてのことの活動には入れない」とか，「要求はクレーン」という記述が併せてあることからカード自体はほとんど役立っていなかったことがわかります。

　模倣については，「細かな模倣は無理」という記述がある一方で，「身体表現は真似てそれらしくはできる」，「カード利用時，教師の口真似をするかのような時がある」という記述もあるため定かではありませんが，身体・健康面での記述などと合わせて考えると模倣自体はできていなかったと考えられます。ただ，保育士がそれらしく感じられる場面がエピソード的にはあったことから，いわゆる兆しはあったようです。

（4）対人関係・社会性

　友だち関係や社会性については，「おとなが側にいないと集団の中で一斉行動に取り組むことは難しい」ということが基本になっていますが，「楽しい？時に近くにいた子の身体を平手で叩くことがある」とか，「友だちが泣いていると顔をのぞきにいく」，「『あとで』ということばで待つことができるようになってきた」，「援助があると順番が待てる」などの記述と併せて，「弱いが，表情も出てきている。にまっと笑う。おいおい怒り泣き」ということも記されており，他者への意識が育ってきていることがうかがえます。

その他には,「突然することもあるので理由がわからないこともある。自分のしたい遊びができない活動が続いた時に突然悲しくなったりして自傷(頭を叩く)があるように思える」ということや,「うれしくなって突然両手で突き飛ばすことがある」,「長い髪の毛の子を突然引っ張ることもあった」,「他人の服を噛むこともある」,「唾を吐くことがある」,「無断で出て行くことがある」などと記されており,具体的にどのような状況でどの程度の頻度であるものかがよくわからないのですが,困った行動と考えられているようでした。

また,「音楽は好き,電車の本が好きで図書館にも良く行く」,「本を本児の手元に置いて数回読むと気になるようで自分から手にとり見ている」,「興味のある絵本等のおはなしはあるようだが,ストーリーを楽しむのではなく,気に入ったページを広げ指でトントンとたたく。説明したり話をしようとしてもそれは嫌がり手で制止する」というように保育士からの働きかけに対してはやや拒否的ではあるものの,絵本や音楽には興味を持っていそうだということがわかります。

4　Cくんを知るための取り組み

入学に際して,文書と療育教室担当者との面談による引き継ぎを行いました。そして私のクラスではさらにそれらを踏まえて,入学してから1か月あまりを,教師が子どもたちの様子を知り,子どもたちに学校というところがどういうところかを知ってもらうための特別な期間としました。ここでは,①朝の会や帰りの会,着替えやトイレ,身支度などの基本的生活習慣を中心とした教室での取り組み,②午前中の活動としての校内や校外への「散歩」の取り組み,③給食時の食事の様子の観察,④午後の「みる・きく」の取り組みが中心でした。教員全員が同じ視点を持てるように日課は変えず,主に担当する子どもを1週間から2週間程度で代わり,各々の教員がすべての子どもとかかわるようにしました。担当する教員によって子どもの様子がちがうということもあり,視点を共有しながら幅広く子どもの様子を捉えることができたように思います。

表3-1　Aくんの週時程表（日課の区切りの時間については目安）

時間	月曜日	火曜日	水曜日	木曜日	金曜日
9：00〜9：20	登校（下足，教室移動等）					
9：20〜10：05	日常生活指導（更衣，トイレ，お手伝い活動等）／朝の会（あいさつ，呼名，手遊び，読み聞かせ等）				
10：05〜11：00	散　　歩				
11：00〜12：20	おんがく遊び	からだ遊び（散歩）	ふれあい遊び	からだ遊び	せいかつ遊び
12：20〜13：30	給　　食				
13：30〜14：10	クラス活動（「みる・きく」等）		日常生活指導／帰りの会	クラス活動（「みる・きく」等）	
14：10〜14：50	日常生活指導／帰りの会		スクールバス 発14：25	日常生活指導／帰りの会	
14：50〜15：10	スクールバス　発15：10			スクールバス　発15：10	

（1）教室での取り組み

　教室では，連絡帳や給食セット，水筒を鞄から取り出して決められた場所に片付けて着替えるなどの身支度をしてから検温を行います。次に椅子に座って，呼名を中心とした朝の会をした後，トイレに行くなどの日課があります。この時期は，まず何をどんなふうにするのかということをしっかりと子どもたちに伝えるために，一人でできそうなことであってもほぼ一対一であえて一緒にするようにしました。Cくんもはじめはかかわられることを拒むような様子が見られましたが，具体的にやって見せることから始めて，徐々に一緒にしながら手渡したものを片付けたり指示だけで片付けるようにしたりして，数日から数週間かけて一人でもできるようにしていきました。持ち物を片付ける場所は，連絡帳はここ，給食セットはここというように場所を決めて皆が同じところに片付けるようにしていたため，Cくんも，教師から教えられることと併せて，すでに置かれたものと見比べることで間違わずに片付けられるようになりました。

　検温では，抱きしめられることが苦手で頭を叩いて怒ったり泣いたりしてな

かなかおとなしく測ることができませんでしたが，教師はＣくんの様子に動じることなく時間をかけても毎回最後まで計り終えるようにしました。また，Ｃくんにも終わりが意識できるように「ピッピッ」と終わりを知らせる体温計を用いることで，徐々にかかわることを嫌がらずに検温できたり自分から準備できたりするようになっていきました。

（２）散歩

　散歩は，晴れた日には校庭や校外の外周りに出掛け，雨の日は校内で行いました。ここでは，自分たちの学校がどんなところなのかを体験的に知ることと，皆で一緒に行動することを大切にし，クラスでまとまって活動するようにしました。はじめの２週間ほどは台車に枠がついたような「お散歩車」に乗っての散歩で，校内を見て回ることから始め，その後は校舎内外の手つなぎ散歩から学校周辺地域への手つなぎ散歩へと範囲を広げていきました。ここでは，「手つなぎ」ということと「教師が主導的に歩く」ということを大切にしました。これは手をつないで一緒に歩調を合わせて歩くことによる身体レベルのコミュニケーションを意図したものでした。Ｃくんは，お散歩車を使わなくなったときに散歩車を見かけては乗りたがり，少し心残りだったようですが，それ以上に愚図ることもなく，手つなぎ散歩に移ることができました。はじめは，自由が制限されるからか手をつなぐことを嫌がりましたが，散歩では手をつなぐものとして取り組みを進めたことで，Ｃくんもそうするものとして受け入れていったように思えました。また，校内散歩でたびたび意図的に保健室に行っていたことは，年度始めの内科や眼科などの検診をスムースに受けることができた下地になったと考えています。

（３）給食

　給食はランチルームでクラス毎にテーブルを囲んで食べます。偏食があったり食べ方が気になったりというような子どもの課題によって，Ｃくんのように一対一で介助がしやすいように教師が横に着いたり，友だちと食べられるよう

に子ども同士でまとまって座ったりします。食べ始めは皆が揃ってから「いただきます」をします。食べ終わった子どもから「ごちそうさま」をして，ランチルームにある洗面所で歯磨をします。自分で磨いた後は仕上げ磨きをしますが，このときCくんは顎の下を手で支えられることがくすぐったくて苦手で，なかなか上手く磨かせてくれませんでした。歯磨を終えるといったん自席に戻って，Cくんは同じくらいに食べ終わる友だちを待って，教師と友だちと一緒に教室に戻ります。

（4）「みる・きく」の取り組み

午後の「みる・きく」では学習教室に移動してお話を聞くかビデオを見るのですが，その際，自分の椅子を持って教室移動をするようにしました。場所が変わっても自分の椅子を持ち込むことで変わらない環境を演出すること，道具を運ぶことで学習への動機付けにすることを意図したものでした。はじめは途中で投げ出していましたが，分かち持って一緒に最後まで運びきることを習慣化することで，一人でも運べるようになりました。以後，教室を移動する際には自分の椅子を持っていくということが定着しました。

5　私たちが出会ったCくんの様子

1か月あまりの取り組みを終えて，自分たちの眼で確かめたCくんの姿がありました。ここではその様子について本校で使っている課題表の項目に沿って見ていきたいと思います。

（1）基本的生活習慣

トイレは活動の節目で行くようにしていたのですが，誘ってもしたくないときは首を振って拒否をして，行きたいときは自分から行くこともできていました。排泄は立ってすることができますが，ズボンやパンツを全部下げてお尻を出してしています。腰を突き出すように促そうと後ろから触れると，このころ

はまだ働きかけの意図が理解できなかったり身体を触られることに抵抗があったりしたためにかえって腰が引けてしまいました。また，私は確認できなかったのですが，しばしば，わざと便器の外にするということがありました。

　着替えは，気が散ってしまい活動が続かないので側について促すことが必要でした。一つずつ手渡すとズボンの前後を間違うことはありませんでしたが，Tシャツやトレーナーの前後をときどき間違うことがありました。靴の左右についても間違うことはありませんでした。

　食事は，保育園のときと同じように一度口に入れたものを出したり，半分かじって出したりするのでよくこぼしていました。ただ，こうしたことは食べ物を確かめているのか食べ始めに多いような印象でした。偏食もあり，白ご飯はよく食べるもののイモ類，豆類などの野菜をはじめとして苦手なものは多くありました。「いただきます」が待てずに食べ始めてしまったり，好きなものは他の人のものでも手を出したりということがよくありました。はじめはスプーンを使っていたのですが，家で練習箸を使っているということもあり，しばらくして学校でも練習箸を使うようにしました。スプーンのように手の返しをしなくても練習箸だとピンセットのように摘むだけなのでうまく使えていました。しかし，こぼれても汚れても気にせず食べ散らかす食べ方の問題や，偏食のため好きなものを選り分けようとして箸を持たない方の手が出てしまうことはよくありましたので，左手は食器を持つように指導しました。

　砂や落ちている髪の毛やカーペットの糸くず，また給食のときにはストローの袋などを口に入れていることがよくありました。出させるとすぐに出すのですが，気が付くとまた新しいものを口の中に入れているといった具合でした。また，服の袖を噛んでいるということも日常的によく見られることでした。こだわり行動の一つのようにも思えました。

（2）身体機能

　肥満の傾向にありましたが，身体を動かすことをとくに嫌がる様子はありませんでした。皆と歩調を合わせて歩いたり走ったりすることを楽しんでいる様

子がうかがえました。30〜45分程度の散歩も遅れたり嫌がったりすることなく歩けています。ジャングルジムのような大型遊具遊びでは一番高いところに登ることにこだわっている様子で、本来は登るようになっていないところを両手で身体を支えながら足元を確かめるように登るのですが、見ていてハラハラするものでした。注意すると一旦は降りるのですが、目が届かないとまた登っているということの繰り返しでした。

（3）認知・認識

　毎日繰り返していることについては、「○○を持ってきて」の指示に体温計や椅子などを持ってくることができていました。

　校庭の遊具では、とにかく高いところに登ろうとしますが、教室でも窓や手洗いの台の上に登ろうとすることが多く、ときにはそこでおしっこをして教師の反応をうかがっているかのような行動も見られました。水道での水遊びも頻繁に見られ、水を勢いよく出して袖をぬらしていることが常でした。ただこのときは、引き継ぎ資料の様子（p.54）とは違って、袖がぬれていても着替えさせるまで自分から脱ごうとすることはありませんでした。

　Cくんの特徴的な行動の一つに匂いを嗅ぐということがありました。食事のときに顕著に見られますが、着替えのときなども一旦匂いを嗅ぐような仕草をしてから行動に移るというものです。嗅いだことで、止めてしまうということはないのですが、こだわりというよりは習慣のようになっている印象がありました。

（4）言語・コミュニケーション

　「オイ」や「ヤー」など発声のみで、発声される音も限られていました。後期喃語のような音節の連なる発声（「マンマン」など）もありませんでした。口真似をさせようとしても、口をパクパクさせるだけで声は出ませんでした。要求は手差しで、拒否は泣く、わめく、頭を叩く自傷など直接的な行動によるものでした。

（5）社会性

　遊びは一人遊びであり，水遊びや砂遊び，高い所に登る遊びなど感覚，感触的な遊びが主でした。「お散歩車」に乗ることも好きでしたが，押し手になることは誘っても続きませんでした。ごく初期には教室から抜け出して廊下に一人でいることが多かったのですが，ほどなくして皆と一緒の場にいられるようになりました。散歩の際に手をつなぐことが苦手で離そうとしたり，抱きしめられて自由にならないことが苦手ですり抜けようとしたりすることも日常的に見られました。同様にくすぐり遊びも苦手で，楽しむというよりも堪えているという様子で，怒ってしまうこともありました。ただ，その場から逃れようとすることはなく一緒に活動することはできていました。

6　取り組みを進めるうえで大切にしたこと

　長めの出会いの期間が終わり，いよいよ連休明けくらいから徐々に本来の週時程表（表3-1）に沿った学習に切り替えていきました。このころから先述した兄弟クラスであるもう一つのクラスと合同で授業を進めることが基本となっていきました。

　1年生のCくんについては，①学校生活を中心とした生活習慣を身につける，②「学習の構え」を育てる，③頼りになる大人を発見し，疎通性のある対人関係を築く，ということをねらいとしました。本節では，個々の授業について何をしたかということではなく，授業をはじめとした学校生活全般において，どのようなことを大切にしながらCくんへの取り組みを進めてきたかということをまとめてみたいと思います。

（1）一緒にすることを大切にする

　言葉の理解が十分でなく，はじめてのことには抵抗があるCくんでしたが，誰でもはじめてのことはわからないということで，まずは具体的に手取り足取り一緒に活動することを通して，何をどうするのかということを教えていくこ

とから始めました。実際には身体に触られたりかかわられたりすることはあまり好まなかったCくんでしたが，教師が意図的に繰り返しかかわることで状況を体験的に理解することができていったようでした。とくに，Cくんが一人でできることもあえてかかわるようにしました。これは，できているからよしとするのではなく，Cくんにとって余裕の持てる状況でかかわることで他者に気付き，働きかけを受け止められるようになることを意図してのことでした。

（2）問題行動への対応

引き継ぎ資料の中でもいろいろな問題行動が指摘されていましたが，入学後も自傷やツバ吐きなどが見られました。Cくんのこうした行動は，普段と日課の流れが違っていて状況がわからないときや，食事のときに苦手なものを食べるように勧められてその場から逃れたいときなどによく見られました。そのため，それは直面する状況から逃れるための手段として獲得した誤学習による要求行動と考えられました。そこで問題行動そのものを制止したり禁止したりするのではなく，問題行動の背景にあるCくんの置かれている状況を考え，Cくんがどうしたらいいかわからないときには一緒に活動することでわかる状況に変えていきました。回避的な状況ではすることを示し続けながら，問題行動には取り合わずCくんが課題に向かうのを援助したり見守ったりするようにしました。これまでの方略が通じなくなったCくんは，一時的に混乱したようで自傷が一見ひどくなったように見える時期もごく短期間ありましたが，それを乗り越え，何をするのかがわかってくると，自傷などの問題行動はめっきり目にしなくなりました。

（3）教室のレイアウト

教室はできるだけ簡素にし，無駄な装飾などもなくしています。囲うような仕切りは設けず広く見渡せるようにし，机や椅子，棚は，子どもの活動の動線を考えて配置するようにしています。着替えなどで使う場所は床を高くして場所そのものに意味を持たせるようにしています。また，教室の中が楽しい場所

であれば子どもらは教室から出ていかないというこれまでの経験から，教室を閉め切ることで子どもの出入りを制限するということはしませんでした。Cくんについてもそのことで困ったことになったということはありませんでした。

（4）学習教室への移動

　基本的に学習はホームルームでは行わず，別の教室で行うようにしました。これは，学習内容毎に教室を分けることで，学校全体を学習空間として構成するという意図がありました。また，学習毎に教室を移動することは学習への動機付けにもなると考えました。校内散歩で学校全体を子どもたちに体験してもらったことはその布石でもありました。また，学習室は何のしつらえもないようにしておいて，学習の内容に合わせてその都度設定を行うようにしました。先々，学習への動機付けとして子どもと一緒に準備や片付けをすることを意図したものでした。その手始めが自らのイスを持って学習教室に移動することでした。これは比較的早く定着し，行事のときなども日頃の経験が生かされ，大きな混乱もなく参加することができました。Cくんは，次の学習の教室に先に行って待っているということもできるようになりました。

（5）お手伝い活動

　一緒に生活するということから，子どもたちにもできそうな活動は教師がやってしまうのではなく，お手伝い活動に取り入れるようにしました。Cくんの場合は，モノを運ぶことやモノの出し入れなどが基本になるお手伝いを考えました。日常的には，「保健室に健康観察表を出しにいく」，「みんなの連絡帳に新しいページを差し入れる」，「配布プリントのあるときは教師が折り畳んだプリントを受け取ってみんなの連絡帳のポケットに入れる」などです。

　本校では，給食の牛乳の紙パックをリサイクルするために，パックをハサミで切り開いて洗って乾かすところまではクラスでしなければなりません。それで私が給食後に作業をしていると，水あそびが好きなCくんが覗き込んできてやりたそうにするので，水洗いを分担してもらうことにしました。洗い方が悪

いとやり直しです。そのうち，今度は切りたそうにするので，私が洗う方に回りました。しばらくすると，全部任せられるようになり，ときどき雑なやり方を注意しなければならないときもありますが，食後の牛乳パック洗いがCくんのお手伝いになりました。どのお手伝いもいつもあるとは限りませんが，お手伝いのないときも「きょうはないよ」と伝えると，とくにこだわる様子もなく納得してくれます。このことで，Cくんはお手伝いをただたんにパターン的にやっているのではないことがわかります。

7　1年を終えてのCくんの変化

(1) 基本的生活習慣

　トイレではまだお尻を出してすることは続いていますが，以前のように身体を触られることを嫌がって腰が引けてしまうようなことはなくなり，指導がしやすくなりました。

　着替えも，気が散って促されないとできないということはなくなり，ひとまとまりの行動としてできるようになっています。

　給食については，ゆで卵やスイートコーン，グリンピースなどの豆類は食べられないとか，イモ類はできれば食べたくはないというような偏食は残っていますが，以前のようにまったく手をつけないということはなく，量を減らすと努力をして食べるようになっています。皆と一緒に待てたり手づかみも少なくなったりとマナーもよくなってきています。

　服の袖を嚙むこだわりや，頭を叩く自傷行為なども目立たなくなってきています。相変わらず遊具では高いところに登っていますが，終わりを告げるだけで帰ってくるようになり，活動の切り替えが自分でできるようになってきました。

(2) 認知・認識

　入学当初の，わざと便器を外しておしっこをしたり高いところに上っておし

っこをしたりということはなくなってきています。頻繁に見られた水遊びもあまりしなくなり，しても促されると止めて次の活動に移れるようになっています。

連絡帳に新しい用紙を挟むお手伝いは，自分の身支度が終わると自分からすることが多くなりました。また，用紙を机から取り出す際に，ファイルと用紙の数を対応させて取りだすような工夫も見られるようになりました。そして，必ず自分のファイルを最後に仕上げて終わるというのがCくんの決め事でした。

特徴的だった匂いを嗅ぐという行動についても，皆無ではないものの，気にならない程度になってきています。

（3）言語・コミュニケーション

表情がわかりやすくなり，笑顔も多くなりました。泣くときも声を出して悲しそうに泣くようになりました。自傷行為は思いを通そうとするときには見られますが入学当初のように長引くことはなく，教師の様子が変わらないと見ると自分なりに気持ちを切り替えて課題に向かうことができるようになっています。

以前は曖昧な手差しでしたが，要求の指差しが見られるようになりCくんの思いがわかりやすくなりました。また，入学当時から模倣がほとんど見られないのが気になっていましたが，9月の中ごろになって，私が帰りの会のときにいつも使っている「おわり」のサインをしたところ，Cくんがとても曖昧な感じだったのですがそのサインの模倣らしきことをしたのです。おやっと思ったのですが，たしかに模倣のように思えました。このころの前後から教師の顔や様子をとてもよく見るようになっていました。それからしばらくして冬休みの少し前に朝の会で呼名をしたときに，いつもは挙手だけなのですがこのときは「アイ」と発声を伴った返事をしたので驚きました。その後はこうした返事が定着しています。1月後半の連絡帳にはお母さんから次のようなメッセージがありました。『1週間ぶりの学校でしたが嫌がらず学校に行けてよかったです。この間，家で一緒に過ごすことが多かったので気づいたこと。「リンゴ」を「リ（ン）ゴ」と発音している。「おしっこ」を「オチコー」と言って股のあ

たりをポンポンと叩いて知らせる。「ほしい」を「ホチチ」,「ママ」を「マムー」です。発音が悪くてなかなか聞き取るのが難しいのですが……。』
　学校では，まだ自発語は聞かれなかったのですが，以前のようにただ口をパクパクさせるだけではなく,「あそんで」とか「おんぶ」とか，やってほしそうにするときに真似させると似たような発音をすることが多くなりました。

(4) 社会性
　教師の傍に寄ってきて遊んでほしいというような様子を見せることが日常になりました。ただ，遊び方が毎日同じパターンにはまっていることが気になるところです。
　移動の際に教師の袖を持ちにきたり，遊んでほしそうに膝の上に乗ってきたりすることは以前から見られた様子ですが，一方的な感じが少なくなりこちらの様子を見ている感じになってきました。相手に掌を向けて"バイバイ"ができるようになりました。手つなぎ散歩では自分からつなぐようになりました。抱きしめられることにも抵抗はなくなり，喉を触られることは一番の苦手で極端に嫌がりますが，年度終わりごろには，仕上げ歯磨きのときなどは構えてガマンできるようになってきました。

8　おわりに——子どもの将来像をどう描くか

　将来の学習の基礎となる低学年期が重要なことは，経験的な実感としてあります。また，対人面での育ちが将来の社会参加の可能性を広げることもまた経験的手応えとしてあります。その低学年期のはじめの学校生活を考えるときに，次のようなことを大切にしてきました。
　学校生活において，まず子ども自身がわかって行動できるということが大切だと考えています。そのために，まず自分がどのような状況にいるのかを教えていくことが必要だと思います。さらに頼れる大人や友だちを発見していくことが大切になると思います。散歩をはじめとして私たちはできるだけ皆でひと

まとまりになって活動するようにしました。教師を頼りにし、皆の動きを見ながら行動するようになったＣくんの様子を見ていると、今後の学習の手がかりが得られたように思います。

　あわせて、持っている力を出し切れるような学校生活であることが大切だと考えています。そのためには子どもの持っている力がどのようなものであるかを見極めることが必要になりますが、その点では発達的な観点から子どもの姿を捉えていくことが大切だと思います。このことに私たちは多くの時間を費やして、保育園などから引き継がれたことが実際にはどういったことなのかを見極めていきました。また、課題の設定については、たんに段階的にやさしいものから難しくしていくということではなく、なるべく今その子が持っている力を駆使した結果として「できた」という成就感が生まれるようなものを考えました。子どもが少し頑張らないとできなかったり、辛くても踏ん張らないとできなかったりするような課題です。そのような課題を教師が一緒になって取り組んだり見守ったりすることでできたという経験を重ねられるようにしていくことが、大切なのではないかと思っています。

　さらに社会参加のイメージとしては、一人で生きていくというのではなくて、自分でできないことは他人に助けられながらともに暮らしていけることをイメージしています。他者との分かち持ちの生活です。

　Ｃくんの１年間を振り返ると、他者へ気持ちを向けたり、他者の働きかけに応じたり、かかわりを求めたりという姿がずいぶんと多くなり、表情が豊かになったことと合わせて、拙いながらもコミュニケーションの用をなす発語も見られるようになってきました。これらの姿は保育園時代にすでに兆しが見られていたことでもありますが、これまでに述べてきたようなことを大切にして取り組みを進めてきたことが大きくかかわっていたのではないかと考えています。こうした変化が、Ｃくんの今後の成長の中で次の変化のための礎になることを期待するものでありますが、この点については継続的に成長の姿を見続けることで確かめていきたいと思っています。

第4章
「お母さん,明日はこんな勉強をするんだよ」
―― 相手に伝えようとする力の育ち ――

大城徳子・後藤真吾

1 はじめに

　私(大城)は,初任で滋賀の養護学校に赴任し,初任者指導教諭の後藤とともに元気に動き回る1年生ばかり7名のクラスの担任になりました。Dくんは,そのうちの一人です。学生のころから,養護学校にいる子どもたちとかかわる経験がありましたが,はじめの2か月ほどは,Dくんのあまりに激しい他傷,自傷を目の当たりにして「なんて大変な子だ,私に担任が務まるのだろうか」と正直なところ不安でいっぱいでした。しかし,今では人とかかわりたい気持ちがいっぱいの,笑顔がステキな男の子に成長してくれました。発語のなかったDくんですが,6年生になった今,思いを言葉で伝えようとする姿も見られはじめています。Dくんがどのように混乱を乗り越え,パニックを克服し,人とやりとりする力を培っていったのか,ご両親の協力を得て就学前の様子から振り返り,私が担任した1・2年生と5・6年生を中心にまとめてみたいと思います。

2 Dくんについて

(1) 生育歴
　妊娠時とくに異常はなく,在胎38週の,正常出産でした。一人歩きは12か月でした。2歳ごろに熱性けいれん発作が一度ありましたが,その後発作,服薬

はありません。

　家族構成は，両親，祖母，姉の5人家族です。

（2）就学前の様子
①家庭での様子

　母親からの聴取によれば，乳児期はあやすと笑い，「マンマンマン」の発声があり，愛想のいい方ではないものの，障がいを疑うことはありませんでした。しかし，一人で歩き始めたとたん，抱っこを嫌がるようになり，自分の思う方へ突進していってしまうので，目を離せなくなりました。「マンマン」も言わなくなり，母親はDくんの名をそれまで以上に呼び，後を追うようになりました。このころから，上の子とは違うと気づき始めたそうです。1歳半健診で，療育教室を紹介されました。3歳半ごろになり，トイレトレーニングを始めようとしたころ，パニックがとても激しくなりました。お尻を拭かれることをいやがり，トイレのたびにパニックを起こしました。また，睡眠のリズムがバラバラだったので，夜9時には家中の電気を消して布団に入れ，起床時間を守って起こすことを徹底的に取り組んでいったことで，徐々にリズムが整っていきました。なにかにつけ働きかけるとたちまちパニックになり，30～40分続きました。物を壊したり他傷行為をしたりするため，大人がずっと抱きかかえていなければなりませんでした。ガラスを何枚も割っていました。パニックは一日に何度かありました。

　要求は手を引っ張って伝えていましたが，「お母さんというより，便利な物を使っている」ように感じられたそうです。療育相談で「とにかく母親がいないとだめ，というくらいに関係をつくるように」とアドバイスを受けたので，パニックのたびに暴れ引っ掻くDくんを受け止め，抱きしめるようにしていたそうです。このころは目立つ程の生傷が絶えませんでした。父親はダメなことはダメだと伝え，厳しくしつけようとしましたが，成果は上がりませんでした。母親と父親は「ふつうのことがふつうにできるようになってほしい」という目標を持ち，また姉に淋しい思いをさせてはいけないと，協力して子育てにあた

ってこられました。

②発達相談の記録（療育教室の発達相談員）

新版K式発達検査（5歳7か月）

姿勢・運動　2：11／認知・適応　1：7／言語・社会　0：11／全領域　1：7

③地域の療育教室

1歳10か月〜6歳3か月まで，週に1日通いました。母親からの聴取によれば，朝の会から帰りの会まで，落ち着いて集団に参加できるということはなかったそうです。気分の乗ったときには少し活動に入れますが，手帳へのシール貼りはできなかったようです。

④保育園の記録から（4歳4か月〜6歳3か月）

園生活全般については「クラスに籍はあったが，活動に参加するということはほとんどなく，保育者の方も本児のペースに合わせて無理にほかの子らに合わせるようなことはしなかった。普段と違った環境が苦手なため，大きな行事のときはほとんど参加せず，職員室に引きこもってしまっていた」と書かれています。

食事に関しては「食事は家でも園でも一番困っていた。偏食が激しく，無理に食べさせようとしたり，タイミングを外してしまうとひどいパニックになる。だから，毎回机の上に食事は置いておき，本児が食べたそうにすればそのまま食べ，おかわりを要求すれば可能な範囲で与えていた。でも，そういうふうに食事ができたのは1年のうちほんの2〜3か月ぐらいで，『絶食期』がかなり長く続いた」と書かれています。

3　大人からの働きかけを受け止める——1・2年生

（1）小学部低学年期の教育課程

本校小学部の教育課程では，知的障がいの児童を低学年（1・2年生）と高学年（3〜6年生）に分けてクラス編成しています。低学年期は，

表4-1　低学年グループの週時程表

校時	時間	月曜日	火曜日	水曜日	木曜日	金曜日
1	9：00〜	朝の会・日常生活の指導（持ち物の整理・着替え・排泄等）				
2	9：45〜	クラスあそび				
3	10：30〜	ふれあいあそび		素材あそび	遊具あそび	
4	11：15〜	給食・歯磨き等				
5	13：40〜	あそび		日常生活の指導・帰りの会	あそび	
6	14：20〜	日常生活の指導・帰りの会			日常生活の指導・帰りの会	

・基本的生活習慣の確立
・人とかかわる力をつける
・いろいろな学習やあそびに主体的に取り組む力をつける

を中心に「学習の構え」をつくることをねらいとして，日課も高学年グループよりはゆったりしたものになっています（表4-1）。

（2）1年生のときの様子

①1学期：「学校って，こんなところなんだよ」

〈拒否行動〉

　7名の1年生に，大城と後藤を含む6名の担任のいるクラスでした。就学前からDくんの拒否行動の激しさを聞いていたので，はじめのうちは後藤が担当することになりました。

　入学したその日から2か月は，パニックを起こしたDくんの大声を聞かない日はありませんでした。5月中ごろ，クラス会議でDくんについて話し合いをし，後藤より「彼はよく人を意識して怒って見せている。はじめは何を言われているのかわからずに激しく怒っているけれど，一度わかったことは2回目からは怒らずできている」という指摘や，「言葉での指示は理解しづらい。見てわかる指示の出し方を徹底する必要がある」，「怒ってみせることで大人が指示を撤回したりDくんの言いなりになるという誤った学習をしてしまっているところがある。だから激しく怒ってみせるアピールには動じず，冷静に働きかけ

る必要がある」という提案があり，クラスで確認しあいました。

　また，指示を出した後Dくんがそれに応じられたら，「ばっちり！」とOKサインを出して終わることにしました。はじめは意味がわからないようで，大声を上げて怒ることが続きましたが，それに動じずに繰り返していくことで，次第にDくんもそのサインを見ると「これでいいのだな」と安心できるようになってきました。目が合うだけで怒ってしまうことのある段階でしたが，一つひとつのやりとりが定着するにつれ，Dくんからも，確認の目線を大人に送ってくるようになりました。

〈食事〉

　就学前からの大きな課題として，食事がありました。偏食が大変強いばかりでなく，大人から働きかけられること自体に抵抗を示していたので，「食べてみようよ」という働きかけに応じられるはずもなく，はじめはランチルームに入ることから課題設定をすることになりました。担任間では「偏食が多少あってもかまわない。しかし，経験不足から食べられていないものも多いと考えられる。食べてみることで，『食べられるな』と思える食材も増えていく可能性がある。そのためには，『無理は言わないから，一口，食べてみようよ』という大人からの働きかけを受け止められるようになることが大切だ」と確認していました。そこで，はじめはランチルームに入ること，その次には自分の席に着くこと，給食の入ったトレーを目の前にすること，というように少しずつ課題が設定されていきました。とはいってもDくんにとっては働きかけ一つひとつが大きな抵抗をひきおこす出来事でしたから，すんなりとクリアできたわけではありません。大声を出し，窓枠を蹴ったり，教員を叩いたりということが続きました。これに対しても動じずに，出す指示は一つに絞り働きかけを続けていくことで，Dくんは応じることができるようになり，課題をクリアすることができたのです。

　次の課題は食べることです。元々食べられるものであっても，「食べてみようよ」と働きかけると食べることを拒否していたので，ここでは「食べてみようよ」という働きかけを受け止めようとすることを一番の課題としました。も

ちろん，食べられる食材を手がかりに指導を進めました。これなら食べられるだろうというものを，スプーンにほんの少し置き，それ以外の食べ物はトレーの外に出し，「これだけ食べたらおしまい」とわかりやすいようにしました。それでも食べることに抵抗がある場合は，半分，また半分と減らしていき，最後には爪の先ほどにまで減らすこともありました。こちらから口に入れるのではなく，Dくんが口に入れてみようとする姿勢を引き出すようにしていったところ，1か月もすると口に入れてみた食べ物の味を確かめている様子が多く見られるようになっていきました。その後，一度食べてみて大丈夫だと思えたものは，少しずつ量を増やしても食べられるようになっていきました。

〈Dくんに見られた変化〉

このような取り組みの中で，6月ごろには，パニックがずいぶん少なくなり，普段の日課の流れに乗って生活できるようになりました。まだ表情は固く，日課が変わると大声を出して怒るということはありました。しかし，怒りはするものの大人が動じないでわかりやすく指示を出し続けることでその混乱を乗り越え，大人からの働きかけを受け止めて応じようという姿勢が生まれていきました。それに付随して，できることも増えていきました。こうして，1学期が終わりました。今思うと，Dくんにとってはずいぶんなカルチャーショックだったのだろうと思います。はじめての場所，はじめての活動，はじめての大人。なにより，Dくんの思い通りにならない，意図を持った他者としての大人が登場し，その他者が求めることに「応じる」ことで，混乱せずにすむようになり，結果として「わけがわかって活動に参加できる」ようになったのは，大きかったと思います。

パニック続きだったころは，ものを蹴ったり人を叩いたりするだけでなく，服の袖口や襟元を嚙みちぎってしまう行為も頻繁に見られました。せっかく買ってもらった新しい体操服を，その日のうちにぼろぼろにしてしまうこともあったのです。翌日きっちりと繕われたつぎはぎだらけになった服を見ると，申し訳ない気持ちになることもありましたが，ご両親は担任の思いを聞いてくださり，学校での取り組みを温かく見守ってくださいました。ご両親の気持ちに

応援されて，私たちもDくんへの取り組みを進めることができました。

②2学期：さまざまな変化
〈行事〉
　2学期は全校行事が2つあります。就学前は行事にほとんど参加していなかったので，運動会では，全校の大集団の中でも落ち着いて活動に参加できるDくんに，お家の方がとても喜ばれました。学習発表会でも，舞台の上で普段通りの力を発揮し落ち着いて活動することができました。
〈表情〉
　2学期末ごろ，側にいる大人に構ってもらっているとき，ときどき大人の顔をじっと見て，「ニーッ」と笑い顔を見せることに気づきました。ほほえんでいる大人を見て，思わず自分もほほえんだ，という感じではなく，逆に「ニーッ」という顔を作って見せることで，大人がほほえみ返す，という反応を引き出しているように見えました。「どこでこんな表情を憶えたのかな？」「ほほえみ返されるのがうれしいのかな？」と不思議に思いましたが，かわいらしく感じたので思わずこちらもほほえみ返していました。固かった表情が和らいで，笑顔が見られるようになってきたのも，このころでした。
〈動き〉
　また，このころ，動きにも変化がありました。足元をじっと見て，ちょっとずつ進んでみたり，足音荒く進んでみたり，指でいろんなポーズを作って眺めてみたりと，自分のからだで遊んでいるようだったのです。それまでは，外の世界に目を向けたまま緊張している印象が強かったのですが，外の世界に一定の理解ができたので，余裕が出てきて，自分のからだにも目を向けられたのかもしれないと考えていました。
〈給食〉
　給食はすっかり落ち着いて食べられるようになり，苦手と思えるものも少しずつゆっくりと確かめながら食べるようになりました。食べにくそうなものは減らすとそれに応じてがんばって食べ，どうしても嫌そうなものでもやりとり

の中で一口は試みに食べてみることができるようになりました。

③3学期：指さしに挑戦
　このころ，Dくんははじめて大人の指さしに応じることができました。着替えの場面で，Dくんはすっかり着替え終わっていました。でも，まだカバンさえロッカーから出していないXくんについていた後藤が，「(Xくんのカバンを指さして) D，それ！　ちょうだい！」とDくんに頼みました。わけがわからずに，はじめはティッシュを持ってきたり，給食かごを持とうとしたりしたのですが，後藤が「それ！　それ！」と指さしを強調してDくんに訴え続けると，今度は後藤の指先に注目し，触ってきました。それでも「それ！　それ！」と指さしを続けると，Dくんは自分でも人差し指を立てて，後藤の指さしに沿わせて，指先から出ている点線をなぞるように自分の人差し指を進ませて，Xくんのカバンにたどり着くことができました。そこで，後藤に目線を送って確認し，カバンを渡すことができました。このようなことをこの後も何度も繰り返し，はじめは近い距離での指さしだったのが，距離を伸ばしても，「これ？あれ？」と目線で確認して徐々に応じられるようになっていきました。

（3）2年生のときの様子
①1学期：働きかけを落ち着いて受け止める
〈スムーズにスタート〉
　2年生になり，全体で8名のクラス集団になりました。私と後藤も引き続き担任をすることになりました。前年度の取り組みを踏襲しているので，混乱することはなく，スムーズにスタートしました。また，一日を通してとてもよく笑顔が見られるようにもなりました。
〈給食〉
　この学期は私がDくんと一緒に給食を食べることになりました。1年生で大騒ぎすることなく食べられるようになっていたのですが，私と食べることになってからしばらくは大声を上げて怒ることがしばしばありました。他の先生よ

りも,私の働きかけ方は下手で,タイミングが悪く,わかりにくかったのです。言葉かけの意図がわからないために混乱を引き起こしていることに気づいてからは,言葉かけを減らし,働きかけを整理していきました。そうすることでDくんも働きかけを落ち着いて受け止められるようになりました。ご両親は,学校でできたことは家でもできるのではないかと考え,積極的に取り組んでいましたので,家庭でも食べられるものが増え,学校と変わらない様子で食べられるようになりました。

〈プール〉

夏が来ると,プールの取り組みが始まります。朝の会で毎日担任が「今日はプール」と言いました。少し言葉のある子は「プー!」と応じて言っていましたが,Dくんはしばらくの間彼らを見ているだけでした。しかし何日か経ったある日,自分でも口に手を当てて,唇をとじて空気を出し"ブーッ"という音を立てて担任の顔を見たのです。担任に「プール! 上手!」と何度も応じてもらった後,Dくんはロッカーの上に置いてある自分の水着入れを指さしました。この後,これとまったく同じ場面では同じように"ブーッ"と音を立て,プールの用意を指さすことがありましたが,自分が発声している音が,「プール」の意味とつながったとは言い切れませんでした。しかし,指さし以外にも大人のすることを模倣して意味を探ろうとする意図が感じられる出来事でした。

② 2学期:はたらきもののDくん

2学期には,おやつのときの水筒運びや片づけ,給食袋配りやタオル配り,ご飯配り,健康観察ファイルを保健室に取りにいくなど,いろんなお手伝いをしてもらいました。はじめてのことだからといって怒ることは減り,クラス一番のはたらきものでした。友だちの名前や先生の名前は,聞き分けることができなかったので,言葉かけに指さしを加えてもらうことで理解していました。

朝の会での「せんせ,おはようございます」,帰りの会での「さようなら」,給食での「いただきます」「ごちそうさま」については,周りの声に合わせて言う様子が見られました。イントネーションは少し似ているのですが,発音は

とても不明瞭でした。また，言うたびに発音が違っていて，なかなか安定しませんでした。

③3学期：「ごちそうさまでした」⁉

　3月に入り，卒業式の練習が繰り返し入ってくるころ，司会の先生の話が長くて，「はやく終わりたい，まだか」と隣にいた後藤に何度も目線で訴えていましたが，そのうち，両手を合わせて「オティトーダダデティタ！（ごちそうさまでした）」と言いました。給食の場面でしか言うはずのない言葉をよくこの場面に応用したな，ととても驚かされました。このようなエピソードはこの一つだけだったのですが，このころ，言葉を大人とのやりとりに使う道具とする力の芽生えがあったのだと思います。

＊

　このようにして2年間が終わりました。

　言葉の理解が難しいものの，Dくん自身「大人が何を求めているのか」，「友だちは今何をしているのか」，「集団で何が始まろうとしているのか」とよく見て考える姿勢ができはじめ，わかりやすく働きかけさえすれば，困ることなく楽しく活動できるようになりました。私にとっても，「見て理解できるように，わかりやすく働きかけること」がどういうことなのか，大人との関係を作るということがどういうことなのか，Dくんに教えてもらった2年間でした。

4　絵や写真カードによる指導と発音指導——3・4年生

　3年生になり，高学年グループとなりました。高学年グループ（3年生～6年生）は，発達年齢1歳半ごろの課題を中心としたAグループと，2歳から3歳ごろの課題を中心としたBグループ，3歳以上の課題を中心としたCグループで構成されています。Dくんはabグループのクラスとなりました。

　言葉でのやりとりに代わる手段として，絵や写真カードを使った指導（移動の際，次に行く教室の写真カードを携帯させる，写真を用いたスケジュールを提示

第4章 「お母さん，明日はこんな勉強をするんだよ」

表4-2 高学年グループの週時程表

校時	時間	月曜日	火曜日	水曜日	木曜日	金曜日
1	9:00〜	朝の会・日常生活の指導（持ち物の整理・着替え・排泄等）				
2	9:45〜	学習Ⅰ（クラス単位）				
3	10:30〜	学習Ⅱ（合同）ゆうぐ／ムーブ（身体運動）		学習Ⅱつくる・たべる	学習Ⅱつくる・あそぶ	学習Ⅱアウトドア
4	11:15〜	給食・歯磨き等				
5	13:40〜	べんきょう（自立活動）（個別・グループ）		日常生活の指導・帰りの会	べんきょう（自立活動）（個別・グループ）	
6	14:20〜	日常生活の指導・帰りの会			日常生活の指導・帰りの会	

する，禁止事項をカードで示す等）を中心に進められました。また，発音もなかなか安定しませんでしたので，口形模倣を中心とした発音指導も進められていました。

私自身は担任をはずれていましたので，ここでは高学年グループの週時程（表4-2）と，発達検査の記録の提示にとどめておきたいと思います。

〈発達検査の結果〉

新版K式発達検査（8歳7か月）検査者：担任

認知・適応　2:1／言語・社会　1:4

新版K式発達検査（10歳2か月）検査者：担任

認知・適応　3:1／言語・社会　1:9

5　音声やジェスチャーでやりとりする――5・6年生

5年生のときに，再び私はDくんの担任になりました。学習の流れはほぼ前年度を踏襲していたので大きく混乱することなくスタートすることができました。

（1）家庭訪問の記録
・自転車，キックボードなど，家の前（母の目の届くところ）で遊び，必ず帰って来ることができる。

・年に3回はみんなで旅行に行く。Dくんはどこでも眠れるようになった。スキーにも挑戦し、お父さんと手をつないでリフトに乗り、直滑降で滑り降りていた。

（2）5年生のときの様子
① 1学期：Dくん像の見つめ直し
〈Dくんとのかかわりの難しさ〉

　大きな混乱なくスタートを切れたものの、久しぶりにDくんとかかわって「難しいな」と感じたことがあります。Dくんの大人への姿勢が「HIT and AWAY」に感じられたのです。「他者の意図は気になるし、指示されたことはする」のですが、Dくんから打って出るときには、帽子を放り投げたり2階の窓から出ようとしたりするなど、一方的に大人を思い通りに動かそうとするもので、「一緒に何かをしよう」という関係が持ちづらかったのです。お互いの間にちょっとした間がもてず、「指示するか、指示されるか」の関係であるように感じました。

　また、教師からの「ダメ」という禁止の働きかけが、Dくんにとっては「大人から『ダメ』という反応を引き出すパターン」になりがちでした。思いついたら止められないという感じで「ダメ」を引き出そうとすることがあり、最後には泣いて終わるということが目立ちました。

　また、こちらにそんな意図はないのに、Dくんに何か言葉がけをするとそれを自分でも繰り返し言わなくてはならないと思ってしまうのか、本来受け取るべき意図を受け止められず、同じ言葉を繰り返し言って大人に応じようとしていることも多く見られました。さらに、「廊下を走ってはいけない」とか「早く来なさい」という指導がDくんにはわかりにくく、足下を見つめて歩くこだわりなどの儀式的な行動が強まっていました。

〈かかわり方の修正〉

　そこで、Dくんにとって「何をすればよいかわかる場面設定」「わかりやすい働きかけ」をすることで落ち着いた学校生活を送れるようにしながら、Dく

んとの一対一の関係作りをもう一度基本に戻って考え直し,「一緒に取り組むこと」を大切にしようと思いました。また,前年度から引き続き担任を受け持った一人の教員の意見を元に話し合った結果,これまで行っていたように,活動ごとに写真カードを作って移動の際に携帯させる必要はあまり感じられないという結論に達しました。簡単なその日の日課を黒板に掲示することは,形をシンプルにして続けることにしました。発音矯正の指導については,「言い直させる意図」がわかりにくく,「繰り返し言う」行動へつながっているのだろうと考え,行わない方向で取り組みを進めました。

〈着替え〉

着替えのときは,たたみ方が雑だったので2年生のときのようにちょっと介助しようと手を出したところ,大きな声で拒否されました。自分の中に「こうだ」という段取りができているのは見ていてわかりましたが,このころはDくん流のたたみ方に崩れていて,「たたんでいる」とは言いにくいものでした。広げたシャツの袖を内側に折り曲げるときに,袖を持ち上げてポイッと放るようにするので,「こういうふうに折り曲げるんだよ」と見せることを続けました。しばらく続けていると,こちらに確認の目線を送ってくるようになりました。こちらの修正の働きかけも受け止められるようになり,自分なりに丁寧にたたもうとするようになりました。

〈自立活動〉

自立活動は,1年を通じて私が担当することになりました。この時間の活動の一つとして「聞き分ける課題」に取り組みました。キディトークというコンピューターを使って,絵カードと音を一致させる取り組みです。やはり聞き分けることには難しさを抱えていて,リズムやイントネーションをヒントにしているようでしたが,聞き分けられるようになるのには半年ほどの時間がかかりました。

②2学期:はたらきもののDくん,再び

2学期に入り,「一緒に活動する」ことがスムーズになってきたので,さま

ざまなお手伝い活動に取り組み始めました。たとえば，朝各自が持ってくる連絡帳（2穴式ファイル）に新しい紙を挟むことです。はじめは紙を挟む向きを考え，留め具の扱いに苦労している姿が見られましたが，1か月もすると，スムーズにできるようになりました。紙が破れたときは，側にいる大人に紙を替えてほしいと訴えるようにもなりました。お茶タイムの後の洗い物等にも取り組みました。どのお手伝いもはじめのうちは要領がわからなかったり，他児と協力して取り組むため，タイミングが合いにくかったりして，怒ることもありましたが，「こうすればできる。ここまですればおしまい」ということを一緒に活動する中で伝えていくと，最後までがんばり通すことができるようになりました。

③3学期：「ピョ・ピョ」トランポリン！

　朝の会などで，「次は〇〇」と担任が言うのを繰り返して言ってみる，ということは少し前からありましたが，このころは，担任が言うよりも先に，Dくんから「〇〇」とわかって伝えてくることが見られ始めました。確認しないと不安，というような強迫的な感じではなく，余裕が感じられました。とくに好きな取り組みのトランポリンでは，指を2本立てて，もう一方の手のひらを受け皿にしてそこをつつきながら，「ピョン，ピョン。トランポリンです。体育館に行くよ」と担任が言うのを真似て，「ピョ・ピョ」「タイ・カ！（体育館の方を指さして）」と伝えてくることが見られ始めました。2年生の「プール」のときと同じような行動でした。でも，2年生のときと違っていたことは，朝の会の前から，「ピョ・ピョ」と訴えるようになったことです。決まった場面に決まった音声が貼り付いていた状態から，その他の場面でもその音声やジェスチャーを使って，大人とやりとりしようとしはじめたのです。「トランポリンか？」と聞き返されると，うれしそうな表情を浮かべて，「ピョ・ピョ」と繰り返し言っていました。トランポリンが好きだということもあるけれど，「伝わった」ということもうれしいようで，たとえトランポリンがないとわかっている日でも「ピョ・ピョ」と伝え，「トランポリンは，ありません！」と返し

第4章 「お母さん，明日はこんな勉強をするんだよ」

てもらえるとうれしいようで，何度も何度も大人に言わせて喜んでいました。

〈自立活動〉

　自立活動では，余裕が出てきて，キディトークの取り組みでは，目の前にカードがあることを知っていてもわざと取らずに私の方を見て笑い，私が取ろうとすると喜んで慌てて取ってみたり，わざと違うカードに手を伸ばして笑って私の方を見ながら「とるぞ，とるぞ」というようにこちらをおちょくったりするような行動も，多く見られるようになってきました。そのときのDくんの楽しそうな様子がとても子どもらしくて，とてもうれしかったのをおぼえています。

（3）6年生（現在）の様子

①1学期：楽しい勉強がいっぱいの6年生

　私はまたDくんと同じクラスになりました。クラス集団は大きく変わりましたが混乱はなく，スムーズに新学期を迎えることができました。

　「ダメ」という反応を引き出そうとする悪循環に対しては，クラス担任の間で話し合い，無視するだけでなく，よく目をかけて，わかるように働きかけ，「ダメ」でない，楽しいやりとりをすることを心がけるようにしました。

　5年生の3学期から見られていた，「今日の取り組み」や「楽しみにしている取り組み」を担任に伝えてくることがこのころからますます多くなりました。朝，スクールバスから降りてくるなり「フ・ウーチェ（フルーチェ買いに行こう！）」とか「エプロ！（エプロン，調理の学習）」と伝えてきて，こちらが繰り返して言うとうれしそうに何度も言いました。前年から，前の日の帰りの会で「明日のお勉強は，『カレー』です。エプロン，持ってきてね」と聞くと，それをおぼえていて，家に帰ってから自分で準備して次の日持ってくる，ということができていましたが，1学期の終わりごろには，帰りのバスから降りて母親に会うなり，「プー・ウ！（明日はプールだ！）」とうれしそうに報告することが見られだしました。

② 2学期：「お母さん，明日はこんな勉強するよ！」

　日々の学習では「エプロン」「プール」以外にも「ア・ポ」(川へのさんぽ。ここまでは水に入っていいよと膝頭を示したら，その動作を切り取ってジェスチャーにした)，「ア・マ」(山のぼり。長ズボンをはいてきてねという意味で足首を示したら，それがジェスチャーになった)，「ゴー！」(「電車でGO！」という取り組みで，ゴーのかけ声で腕を突き出す動作がジェスチャーになった)，「ア・オケ」(カラオケ。マイクを持つ仕草をして)など，こちらの示した言葉や動作を真似て，繰り返し大人に伝えることが多く見られました。家庭でも，バスから降りてくるなり「明日の勉強はこれだ！」というように母親に伝えてくることが増え始め，音声やジェスチャーが，場面から浮き上がり，各活動の名前としてしっかり理解され，大人とのやりとりの道具として使う力が広がっていくのがわかりました。こうしたDくんの姿から，「明日は何するの？」といった母親とのやりとりが始まりました。

　10月のはじめ，1回きりの取り組みという予定で，「段ボールロボット」(カッターで段ボールに穴を開け，それをかぶってロボットになり，学校中を歩き回る取り組み)をしました。Dくんは「ロボット」というイメージは持っていないものの，友だちが段ボールをかぶって歩いている様子を見て自分もやってみたら，けっこうおもしろかったらしく，段ボールをゴトゴトいわせながら友だちにくっついてあちこち歩き回っていました。次の週，もうその取り組みをする予定はなく，帰りの会では「明日は，工作をします」としか伝えませんでした。その日の晩，母親から「Dが一生懸命伝えてくるんだけど，これは何だろう」と電話をもらいました。左腕を，右手の手刀でトントン叩くようにしているのだと。電話でDくん自身の発音を聞いてもよくわからなかったのですが，ふと，先週取り組んだ段ボールロボットだと気づきました。でもこれは大人が動作化して見せていないので，Dくんが自分で考えて作りだしたはじめてのジェスチャーでした。他から得た音声やジェスチャーだけでは伝えきれない状況であっても，なんとか大人に伝えたい気持ちから，自分で名前を付け，ジェスチャーを作り上げたのです。これにはとても感動しました。

6　おわりに——相手に伝えようとする力の育ち

　今のDくんは人とかかわることのおもしろさを知り「人のかかわりを受け止める自信」「大人との頼れる関係」が確かなものになってきています。大人からの働きかけを理解しにくいため，目が合うだけで「ギャー！」と大騒ぎのパニックになっていた段階から，大人が構ってあげたくなるような魅力的な男の子になりました。

　家庭では，学校での取り組みを受け止め「学校でできたことは家でもできるのではないか」と，日常生活の中でDくんにできそうなことを探し，積極的に取り組んでこられました。はじめての外食，はじめてのお泊まり，お葬式，引っ越し，海外旅行等一つひとつクリアし，今ではお父さん，お母さんと一緒なら大抵のことは乗り越えられるようになりました。1月初めには，スキー場で足を骨折する事故に遭ってしまいましたが，ギブスをはめた車椅子での不自由な生活も，ご両親に支えられ混乱することはありませんでした。学校でもいつもと変わらぬいたずらができるほどの余裕を見せています。このように家庭と学校が手をつなぎ，協力し合ってDくんへの取り組みを進められたことは，とても大きな要素だったと思います。

　ご両親の「ふつうのことがふつうにできるように」，「みんなの中で，楽しく活動する力をつけてほしい」，「いろんな大人や友だちとかかわれるようになってほしい」という願いがずいぶん現実のものになってきています。スキルとしてではなく，伝えたい相手に伝えたいことをなんとか伝えようとする力が育ち，言葉の芽生えが確認できるようにもなってきています。

　私にとっても，対人的な側面を大切にすることとはどういうことか，言葉の育ち，意味を理解するとはどういうものか，Dくんに教えてもらった6年間でした。

第5章
第Ⅰ部のまとめと考察
―― 子どもの「パニック」をどう受け止めるか ――

麻 生　武

1　はじめに

　ここまでに，高橋先生の2つの報告（第1章，第2章），後藤先生の報告（第3章），大城先生と後藤先生の報告（第4章），計4つの報告を読んでいただきました。本章では，それぞれの報告に織り込まれている先生方の思想つまり「メッセージ」を読み解く作業を試みたいと思います。子どもたちのパニックをどう受け止めて，それをどう解釈し，またどうそれに応答していくのか。ともすればハウツー的スキルや対処法の議論になりがちな問題に対し，3人の先生方はそれぞれ独自な感性で，子どもたちのことを正面から受け止め，子どもを育み導こうと創造的な取り組みをされています。「子どもと出会い」，「子どもから学ぶ」ことができる。あたりまえのように思えることがいかに大変なことか，3人の先生方の実践報告から読み解くことができればと願っています。

2　子ども自身に委ねる

（1）自傷行為と不機嫌

　高橋先生が第1章で報告されている水頭症のAくんの自傷行為は，半端なものではありません。左耳を叩く，左耳あたりに爪を立てひっかく，頭部を床に打ち付ける，車椅子のヘッドレストに後頭部をぶつける，かかとを床に打ち付ける，などの激しい自傷行為には，側にいる者を立ちすくませるだけの迫力と

第Ⅰ部　子どもという存在からのメッセージ

衝撃力があります。

　Aくんは重度の知的障がいで，発達レベルは推定1歳未満です。言語による表出はなく，声で感情を表出します。言語理解もはっきりしません。そんなAくんが自傷行為をし始めたら，どうすればよいのでしょうか。ハウツー的スキルや対処法があるのなら教えてほしいと，誰もがそう思うに違いありません。少なくとも私などはすぐにそう思ってしまいます。何しろ，その自傷の激しさは，頭部への衝撃で網膜剝離を引き起こしたほどなのです。

　なぜこんなに激しい自傷行為をするのだろう。養護学校の4年生のときにはじめて担任になった高橋先生がまず感じたのは，悲しみでした。それはAくん自身の悲しみであり，それを見ているしかない高橋先生の悲しみであったのだと思います。「Aくん自身が自傷行為によって悩んでいる」と強く感じる高橋先生は，子どもの主体性を深いところで感じ取っています。子どもがもがき苦しむのを私たちが何とかしてやりたいと思っても，究極的にはその子が自分自身で変わっていかなければどうしようもないのです。

　客観的に考えれば，「耳や頭を叩くことが問題なのではない。叩くことによって網膜剝離など身体が実際に傷つくことが問題なのだ。だとすると，叩いても身体が傷つかないように保護し防御してやればよいのではないか」ということになるかもしれません。実際，高橋先生が担任になる前には，そういった技術的な手法によって問題を解決しようとする試みが行われていたようです。ところが，保護帽や耳当てを作って対応すると，帽子の上からいっそう強く叩いたり，隙間に親指を突き立てるようにして自傷したり，保護することの難しい身体領域を強打したりするといった新たな問題が生まれてくるのです。

　自傷の背景には，何としてでも自傷したくなるような強い衝動が存在しているのです。先生たちはその衝動を引き起こしているのは何かと考え，不快や不満ではないだろうか，トイレに行きたいという意思表示ではないだろうか，などさまざまな解釈の可能性を検討します。しかし，どうも単純な解釈でことがすむということにはならなかったようです。Aくんの自傷行為は突然に始まることもあります。また，こちらがよかれと思った働きかけが少し度を過ぎたり，

その働きかけをやめたりしても生じます。

　Aくんの突然の自傷行為は，赤ん坊の不機嫌とどこか似ているように私には思えてなりません。かつて，生後1か月目の赤ん坊の不機嫌について，私は次のように書いたことがあります。

> 　他者の不機嫌ほど，私たちに他者が存在していることを感じさせるものはない。不機嫌は，あたかも静まりかえった池に小石を投げ入れた時に生じた波紋のように，場の空気を支配するのである。赤ん坊は，不機嫌（むずかり）になることによって，自己の存在を顕示しかつまた周囲を支配すると言えよう。私たちはこのようにまず，不機嫌（むずかり）という赤ん坊自身の「気分」を，しぶしぶ分かち持たされ，それを解消するために右往左往させられるのである。（麻生，1992，p.82）

　Aくんの自傷行為に，周囲の人々はビクビクして右往左往します。それは，いわば「他者」たるAくんが実存している「証」です。この「不機嫌＝自傷行為」にまともに向き合ってとらえること，「自傷という症状」に技術的に対処するのではなく，「不機嫌な他者」＝「自傷する他者」の実存に正面から向き合うことができた教師，それが高橋先生ではないでしょうか。私がそう感じるのは，次のような高橋先生の言葉や取り組みからです。

（2）Aくんへのかかわり方の3つの特徴
①情緒に情緒で語りかける
　「どうも感情を込めたかかわり方は，Aくんの感情に余分な刺激を与えているようでした。…（中略）…できるだけトーンを落とし，余分な言葉かけは省き，『やめとき』という単純な言葉を，感情を込めないで投げかけました」(p. 23)。高橋先生は，Aくんの「自傷」という情緒のトーンに，自身の「静かな」情緒のトーンで働きかけます。言葉の意味が伝わらなくても，Aくんのつらさに心底共感し，それをなだめようとしている先生の気持ちは伝わるのです。

②子どもの力を信じる

　「このころ，結局はAくん本人が，自分で解決していかなければならない問題なのだなと，考えるようになりました」(p.23)。今日の医者は，患者を診ずに病気や身体症状のみを診ているとしばしば言われます。同様に，教師もともすれば子ども本人を見ずに，障がいや能力のみを見てしまう危険性があります。高橋先生の言葉は，子どもが主人公であり主体だという深い自覚を示していると言ってよいでしょう。Aくんの力や障がいの重さを考えると，「本人が自分で解決していかなければならない」という高橋先生の言葉は，何か不可能なことを要求しているようにも思われるかもしれません。しかし，どんな子どももけっして操作の対象ではありません。子どもが自分で自分を治めていく，そんな力を信じなければ，ハウツー的スキルで子どもをコントロールしようとする罠にはまってしまう危険性があります。子どもは自分の身体や周りの世界をもっと知りたいと希求し，もがいているのです。それは私たちの領分ではなく，主体としての子ども自身の領分です。

③広い豊かな世界へ誘う

　高橋先生は，自傷行為がなくなったからといって，それですべてが解決したとはこれっぽっちも思っていません。大事なことは，Aくんをより広い世界へ連れ出し，彼の経験世界を拡大していくことです。たとえば，ヘッドフォンで音楽を聞かせることによってAくんが上機嫌になったからといって，それにいつまでもこだわったりはしません。ヘッドフォンをカセットデッキに換えるなど，Aくんの知覚世界を狭めてしまわないようつねに配慮しています。音楽への依存そのものを最小限にしようということも，しっかりと意識しています。あるいは，布団でグルグル巻きにしたところAくんがとても安堵しうれしそうになったからといって，そこにとどまらず，布団を寝袋へ，寝袋からテントへ，テントから暗幕を閉めた教室（暗室）へ，暗い教室から廊下へと，より広く明るい世界へとAくんを誘導しています。

（3）子どもの主体性を大切にする

　高橋先生は，教室の中でAくんと一緒にゴロゴロしたり，合宿の折りに朝4時ごろに目覚めて自傷行為を始めたAくんと30分ものあいだ双方が汗だくになるほど格闘したりするなど，本当に子どもと向き合おうとする先生なのだと思います。そんな高橋先生のかかわりの中で，Aくんがとても苦手だった音楽遊びの授業に自分から参加するという奇跡のような出来事が生じたのです。それはAくん自身の選択であり，主体性の発露といってよいでしょう。おそらく，高橋先生の「子ども自身に委ねる」という精神がそれを育んだのです。第1章の最後に「（子どもの自傷行為を）あえて問題にしすぎない対応を考えることも重要では」(p.32)と書かれていることも，子ども自身に委ね，子どもの主体性を大切にしようとする高橋先生の精神を示しているように思われます。

3　「パニック」の意味を読む

（1）「泣き叫び」にあらわれている「気持ち」

　2つ目の報告は，小学校5年生の2学期に特別支援学級から高橋先生のいる肢体不自由児を対象とする特別支援学校に転校してきたBくんについてのものです。Bくんは心肺停止状態で生まれ，脳性まひのため，一人で座ることも自分で車椅子を動かすこともできません。床での移動は手這いと寝返りによります。一方で，言葉の理解はかなりよく，「ママ嫌い」「パパ嫌い」，「トイレいくのいらん」，「車椅子おりない」といった発語も可能です。

　日頃は率直で明るいBくんですが，周囲を翻弄する威力的な「武器」をもっています。それは「激しい泣き叫び」です。高橋先生はそれを，「彼にとっては追い詰められた究極の表現方法」かもしれないと述べています。Bくんはたしかに何か嫌なことがあるから「激しい泣き叫び」をしていると思われるのですが，はたして彼が「泣き叫び」それ自体を苦しんでいたかどうかは定かではありません。「激しい泣き叫び」をして，周りの者が右往左往するのを楽しんでいた可能性さえあります。ですから，これをパニックと名付けてはまずいか

もしれません。パニックになっているのは，本人というよりむしろ周囲の者なのです。自分が不機嫌になって「激しい泣き叫び」をすると，周りがあたふたする。いってみれば「家来」がビクビクして「王様」のご機嫌をとってくれる。この構図は，Bくんにとってけっして悪くないように思えます。もちろん，不機嫌になるのは意図的ではなく，もって生まれた情緒の変動しやすさが基底にあるようですが，先ほども述べたように，不機嫌というのは他者に作用する強力な武器なのです。

　Bくんの不機嫌さに接した者は，否応なくBくんの主体性＝実存を感じさせられます。なぜなら，そこに到底無視することのできない「激しく泣き叫ぶ」Bくんがいるからです。Bくんがいつ「激しく泣き叫ぶ」のか，どこか予想がつかない面があります。不機嫌になりやすいのは寝不足が関係しているのではないかとか，月の満ち欠けに関連しているのではないかとさまざまな推測がなされますが，結局のところはっきりしません。事実目の前に存在するのは彼の不機嫌であって，推定されている諸原因ではありません。Bくんは，「嫌だ」という思いが突然湧き上がったかのように，原因不明で泣き叫び始めることも少なくなかったようです。また，規則的なパターンが見られる場合であっても，それがなぜBくんにとって「泣き叫ぶ」原因になるのか，皆目見当がつかないことも多々あります。

　担当医によると，Bくんの「泣き叫び」といった情緒不安定は，前頭葉にはっきり脳波異常が見られることから何らかの器質的な原因によるものと診断されています。心停止状態で誕生し，脳性まひで，しかも小さいころからてんかん発作もあり服薬を続けているというBくんの状態を考えれば，そのような解釈は妥当なものかもしれません。しかし，だからといって，高橋先生はBくんの「泣き叫び」をたんに鎮めさえすればよいものとはけっしてとらえていません。Bくんが「泣き叫ぶ」には，必ず意味があるはずだ。そこにはBくんの「気持ち」があらわれているはずだ。高橋先生はそう考えてBくんにかかわるのです。そのような高橋先生から見るとBくんの「泣き叫び」は，Bくんの「気持ち」を示すとてもよいバロメーターになるのです。

（2）Bくんへのかかわり方の3つの特徴

①さまざまな**探索的試行錯誤**

　Bくんが5年生の2学期に転校してきてから3か月間は，「泣き叫び」の頻度もそれほど多くなく，高橋先生の意識にのぼることはあまりありませんでした。しかし4か月目の12月に入ったころより，さまざまな場面でBくんが激しく「泣き叫ぶ」ことが増えていきます。高橋先生はBくんの様子をよく観察して，積極的にさまざまな対処法を試します。そのことをよく示しているのが，このころ始まったスクールバスの中でのBくんの激しい「叫び」に関するエピソードです。

　高橋先生は，まずバスに同乗してBくんをよく観察します。その結果，Bくんはバスのドアが開くとき興奮してうれしそうに叫び，いったん興奮するとそれが3分ほど続き，それを鎮めようと高橋先生が声をかけるなどして働きかけると，かえって火に油を注ぐことになってしまうことがわかってきます。そこで高橋先生は，Bくんを興奮させている刺激を遮断するためにBくんに暗幕をかぶせるというアイデアを試します。このような試行錯誤的な働きかけをするのはとても大事なことだと私は思っています。子どもの気持ちや意図がよくわからないときには，いろいろな実験を試みてみるべきなのです。働きかけに対する子どもの反応をよく見ていれば，それまでわからなかった子どもの気持ちや意図が見えてくることが多々あります。暗幕をかぶせると，Bくんの興奮は驚くほど鎮まってしまいました。この方法にはどこか遊び的な雰囲気があり，Bくんにとっても高橋先生にとっても悪くはなかったように思います。しかし，困ったことが一つありました。Bくんの興奮が高まりつつあるけれどもまだ「叫び」にはいたっていないという段階で，暗幕をかける必要があるのです。毎回タイミングを計って黒幕をかぶせるのは，大変な手間ひまがかかります。また高橋先生自身が書いているように暗幕がかけられた姿は見栄えが悪く，まるで囚人の護送のようになってしまいます。

　ともあれ暗幕実験を通して，Bくんの興奮はドアの開閉という視覚刺激によって生じているのではないかという仮説がえられました。そこで高橋先生は，

第Ⅰ部　子どもという存在からのメッセージ

バスのドアが見えない席にBくんを座らせることや，衝立でドアを見えないようにすることなどを試しますが，どうもうまくいきません。高橋先生はここで再び原点に返り，Bくんの様子をていねいに観察します。Bくんは，バスのドアが開くという事象を，ドキドキワクワクして楽しんでいるのではないか。Bくんがドアの開閉それ自体に興奮していることを確認した高橋先生は，新しいアプローチを試みます。ドアの開閉の瞬間を今か今かと待ち受け，徐々に盛り上がり始めているBくんの気持ちにうまく「水を差す」という方法です。これは，Bくんの気持ちの流れをよほど理解していなければ編み出せない方法だと言えるでしょう。Bくんの視線が下を向くように高橋先生が横に座り，静かに「これからドアが開くけど大きな声を出さないようにできるかな」などと話しかけるのです。ドアに集中しているBくんの注意を，ソフトな語りかけで逸らしてしまおうというわけです。下の方から顔を覗き込むように語りかけられると，Bくんは楽しみにしているドアの開閉に注意を向けているのが難しくなります。また，高橋先生が言葉で「これからドアが開くけど」と予告することは，Bくんにとってはお節介な介入です。このことは，映画をハラハラドキドキしながら見ている人に，隣の席の人が「もうすぐ……が起こるからね」と次の展開を口にすれば，相手がどれほど興ざめするかを想像してみればわかるでしょう。

②子どもの視点に立つ

　奇しくも5年生の12月のバスのエピソードの約1年後，6年生の12月に，再び送迎スクールバスでの「泣き叫び」問題が発生します。1年前はドアの開閉がそのきっかけのようでしたが，今度はバスを降りるときに激しい泣き叫びがなされます。高橋先生は論じていませんが，しばし別れていた母親に再び会うことが関係しているようにも感じられます。学校で通常会うはずのない母親と出会うと泣き叫んでいたこととも通じるような気がします。ただ，それがいつも生じるなら了解しやすいのですが，Bくんの場合，周囲の者には気まぐれに思えるほど，予想できない形で出現したり消えたりするのが不思議なところで

す。

　高橋先生は，バスに乗り込んでBくんのことをしっかり観察します。そして2つの解釈を導きだします。一つ目は，Bくんはバスのエンジン音をまねして声を出して遊んでおり，エンジンの回転数が増すほどにBくんの興奮が高まっているということです。2つ目は，Bくんがバスのエンジン音を聞きながら，バスの扉が開き母親が迎えてくれるクライマックスに向けたストーリーのようなものをイメージしているのではないかということです。この2つ目の解釈は，丹念な観察を共感的に積み重ねてこそ生み出されるものだといえます。高橋先生はBくんに成り込んで，Bくんの視点に立って「泣き叫び」の意味を解釈しているのです。そこから，さまざまな試行錯誤がなされました。一番効果があったのが模型のバスを持たせることでした。

　これは，Bくんのファンタジーがふくらんでいくのを，目の前の興味ある玩具でごまかそうという作戦です。とはいえ，ミニカーのバス1台ではせいぜい15分しか持ちません。そこでミニカーを5台ほど用意し，Bくんの気持ちが高まる前に「次はどれにする？」などと言ってミニカーを選ばせ，次々に持たせると，かなり時間を稼ぐことができます。このようにして，下車するバス停手前のアップダウンのきつい坂道まではなんとかごまかせたようです。しかし，その坂に来るやバスのエンジン音の踏ん張りが耳に入り，Bくんのファンタジーの世界が一気に開いてしまうのは防げなかったようです。それでも，ファンタジーの開始が遅れ，バス停に着いたときのBくんの「泣き叫び」の激しさは，いくらかは緩和されたとのことです。このように，Bくんの抱いているファンタジーの内容にいたるまで推し量って，さまざまな探索的な試行錯誤をするところが，高橋先生らしい，高橋先生ならではの実践です。子どもたちの視点に立って，彼らの生きている世界を想像する力があってこそ，それが可能になるのだと思います。

③「泣き叫び」への解釈的対応

　35年ほど前に読んだ論文（Bell & Ainsworth, 1972）で，生後12か月前後の赤

ん坊の泣きに対して，すぐに応答する母親と応答性が悪い母親とでは，どちらの方が赤ん坊が泣かなくなるのかを研究したものがありました。赤ん坊の泣きにすぐに応答することが，赤ん坊の泣きを「強化する」ことになるのか否かを，調べようとしていたのです。一般に，泣いている赤ん坊をすぐに抱くと「抱き癖」がつくから抱かない方がよいと言われたり，反対に，すぐに応答して母子の絆をしっかり育てる方がよいと言われたりします。どちらの理屈ももっともらしいので，親は悩んだり迷ったりすることもあるでしょう。先の論文の結果は，泣きにすぐに応答する母親の赤ん坊は，一時的に泣くことが多くなるものの，その後は「泣き」によって訴えるのではなく発声や言葉や指差しなどで訴えるようになり，「泣き」そのものは減少するというものでした。つまり，赤ん坊の泣きに母親がコミュニカティヴに応答していれば，赤ん坊はそのうち泣くという手段によらず，他の手段で母親にコミュニカティヴに訴えるようになるので，赤ん坊の泣きには応答的に対処するのがよいという結論だったと思います。

　では，Bくんの「泣き叫び」に対してはどのように対処すればよいのでしょうか。「泣き叫び」がBくんの重要な表現手段であることを考えれば，それにていねいに応答してあげたくなります。それどころか，Bくんの「泣き叫び」には，有無を言わさずこちらが応答せざるをえない迫力があります。しかし，こちらが応答して，Bくんの「泣き叫び」の原因を取り除くように対処するということにもジレンマがあります。嫌なことがあれば「泣き叫び」さえすればよいといった（誤）学習が生じてしまう危険性があるからです。上記の赤ん坊の場合のように，Bくんの「泣き叫び」に応答的にかかわりさえすれば，それが自然とコミュニカティヴで妥当な要求表現に置き換わっていくとはとうてい思えません。そこで高橋先生がとったのは，コペルニクス的に発想法を転換して対処することでした。「泣き叫び」に応答しても，それを無視しても，どちらも行き詰まってしまう。それならば「泣き叫び」そのものを減少させればよいとの方針です。Bくんの「泣き叫び」は「嫌だ」という気持ちのあらわれだと高橋先生は解釈します。「泣き叫び」の背景にはそもそもBくんの不安感が

あると考え，その不安感を取り除くため，さまざまな工夫をして取り組んでいきます。たとえば，Bくんが好む気持ちのいいスキンシップを，タイミングを見計らって「唐突に」するなどです。その際「好き好きしてもいい？」とBくんの承諾をとってからスキンシップをするのも，高橋先生らしいところです。Bくんの意向を大事にする，穏やかで対話的で，肯定的なかかわり方。そのようなかかわりの中で，一番大変だった給食も穏やかな雰囲気で食べられるようになっていったというのはとても印象的です。

（3）「母性的」なかかわり方

　以上，高橋先生の2つの報告を少していねいに読み解いてきました。最後に，2つの報告に共通する高橋先生のスタイルをまとめておきたいと思います。Aくんの事例に関して挙げた3つの特徴と，Bくんの事例について述べた3つの特徴は，重ね合わせることが可能なように思います。まずAくんの事例で述べた①「情緒に情緒で語りかける」ことは，Bくんの事例の③「『泣き叫び』への解釈的対応」の態度と重なり合います。Bくんが「イヤ」と繰り返して興奮していくのを避けるため，Bくんの「イヤ」に対して，「いやですって言える？」とささやき，Bくんが「いやです」と言うと「わかったよ」と答えるなどの態度です。次はAくんの事例の②「子どもの力を信じる」です。これは子どもを主人公とする態度であり，Bくんの事例の②「子どもの視点に立つ」と重なり合っています。子どもの生きている内面の世界を思い描き，子どもを信じるのが高橋流です。最後はAくんの事例の③「広い豊かな世界へ誘う」です。これはBくんの事例の①「さまざまな探索的試行錯誤」をする態度と重なり合います。子どもたち自身が自由に移動して世の中を探索できないのであれば，周囲の大人がさまざまな環境刺激を子どもたちに与え，子どもたちが世界の多様性と広がりに接する機会を提供すべきなのです。

　高橋先生の子どもに対するかかわり方は，子どもの主体性を大切にして柔らかく包み込み，創意工夫して穏やかに子どもたちを新しい世界へと誘う，どちらかと言えば「母性的な」かかわり方だといえます。対照的に，次に読み解い

ていく報告の執筆者である後藤先生や大城先生は，どちらかといえば「父性的な」原則を感じさせるかかわり方をしているように思います。それは，後藤先生たちが，まず子どもたちに「学校生活を中心とした生活習慣」や「学習の構え」を身につけさせることを強く念頭において，スタート時点から明確な方法論的意識をもって子どもたちに接しているからです。

4　学校空間に誘う

（1）「構造化」と「有意味化」

　第3章の報告に出てくるCくんは自閉症の男の子です。保育園・療育教室では，衣服の着脱はほぼ可能なものの排便の自立はまだ完全ではなく，食べるときも手づかみになりがちでした。有意味語はなく，クレーンで要求したり，首振りで拒否の意志を示したりするにとどまっていました。模倣はほとんどなく，集団の活動にも溶け込めていません。またその当時から頭を叩く自傷行為が見られていました。小学校入学後は新しい環境になじめず，さらにトラブルが顕在化しています。手をつながれたり抱きしめられたりすることを極端に嫌がり，泣き叫び，自分の頭を叩いて怒ります。自傷行為も頻繁にありました。後藤先生たちの教育方針は，子どもたちの日頃のふるまいをしっかり観察し，学校における環境や活動形態を子どもたちに体感しやすいように「構造化」し，「有意味化」するということでした。そのかかわり方の特徴は以下の3点です。

（2）Cくんへのかかわり方の3つの特徴
①できることも一緒にする

　小学校に入学したCくんにはさまざまな課題が降ってきます。身支度，朝の会，トイレ，着替えなどたくさんの日課があります。後藤先生の方針は，たとえCくんが一人でできそうなことであっても，一対一でついて手取り足取りで課題を手伝い，やり方を具体的に教えていくことでした。言葉が十分にわからず，身体を触られたりすることが非常に苦手なCくんにとって，このように強

第5章 第Ⅰ部のまとめと考察

引に先生がかかわってくることはまさに「苦行」であったようです。しかし，毎日それを繰り返していくと，何をどうすべきかが徐々にCくんにもわかってきます。最初は先生がやってみせるのを見るところからはじまり，次に先生に手渡されそれを所定の位置に置くことを経て，しだいに一人でできるようになっていきます。後藤先生にとっては，Cくんが一人で身支度ができるということが重要なのではなく，先生の意向にそって先生との「共同意志」として身支度ができることが大切なのです。

このことは「手つなぎ散歩」における「手つなぎ」の重視とも一致します。先生は，「手をつないで一緒に歩調を合わせて歩く」という「身体レベルのコミュニケーション」を何よりも大切にしているのです。もちろん，最初Cくんは自由が制限される手つなぎを嫌がりました。しかし，後藤先生はそんなことでは動じません。先生と手をつないで，相手の主導性を感じつつ散歩できるようになることが，学校での学習の何よりも大事な一歩と考えているからです。先生が子どもに合わせるのではなく，子どもが先生に合わせることを学習するところが学校なのです。もちろんそうは言っても，後藤先生が泣き叫ぶCくんを強引に引っ張って散歩したというわけではないと思います。振りほどこうとするCくんの動きを受け止め，いなしながら，あくまで「今は散歩をするときだ」というメッセージを発し続けて，微妙な駆け引きをしつつ散歩教育が行われたことは間違いないでしょう。

②動じない接し方

Cくんははじめてのことや自分のつもりと違うときには，泣きながら自分の頭を叩きました。また手をつないだり身体に触れられたりすると泣いて嫌がり，頭を叩いて怒る，ツバを吐くといった問題行動が見られました。それらはその場から逃げ出すための手段として（誤）学習されたものだと後藤先生は判断しています。ですから，問題行動に対しては，それに動じず取り合わないというのが後藤先生の方針です。Cくんがある課題に直面して問題行動をし始めたとき，問題行動を制止したり禁止したりするのでもなく，またそれを回避するた

めにこちらが妥協するのでもなく，淡々とCくんの課題遂行を手伝うというのが後藤先生のやり方なのです。報告ではそのように簡単に書かれていますが，これは半端な気持ちでやり通せることではありません。なぜなら，それまでの方略が通用しなくなったCくんはパニックになり，今まで以上の自傷行為を行ったりするからです。しかし，それでも動じないというのが後藤流です。けっして動じないことで，Cくんは学校に山のように動かず信頼できる先生という存在を見出すことになるのです。

③学校を安定した意味ある枠組へ

　安定した意味のある環境になる必要があるのは，もちろん先生だけではありません。学校という空間を，いかに子どもにとってなじみのあるもの，わかりやすいものにするかということにも，後藤先生たちはいろいろ知恵を絞っています。たとえば，入学したばかりのときに，校内散歩でたびたび保健室に立ち寄ったことも，後の内科や眼科の検診に備えての工夫です。教室のレイアウトもできるだけ簡素にし，着替えなどで用いるところは床の高い場所に固定して，その場所に立てば子どもたちが自ずと着替える方向に誘われるようにしています。また，学習内容ごとに教室を変え，子どもたちが椅子を持って移動するなどの工夫も，子どもの動機づけを高め，これからどこで何をするのかわかりやすくするものだったといえるでしょう。

*

　この後藤先生の一番弟子の一人が，第4章に登場する大城先生です。大城先生がはじめて養護学校に勤め後藤先生とチームを組んだときの様子から，後藤流の子どもたちへのかかわり方がそう簡単に習得できるようなものではないことがよくわかります。

5　待ち受けるさまざまな困難

（1）すさまじいパニック

　第4章の報告に出てくるDくんは発達の遅れとコミュニケーション障がいが顕著で、いったん嫌となるとすさまじいパニックを起こす子どもでした。5歳7か月のときの新版発達K式検査では、言語・社会の領域が生後11か月レベルしかありません。大城先生はDくんが1、2年生のときの担任の一人だったのですが、入学当初はじつに大変でした。何しろ大城先生と目が合っただけでDくんはギャーと叫びだしてしまいます。Dくんの日々のパニックに、経験の浅い大城先生は本当に当惑されたそうです。その大城先生をうまくサポートしてくれたのがベテランの後藤先生でした。それでも、大城先生にはいくつもの困難が襲いかかってきました。

（2）Dくんとのかかわりにおける3つの困難
①パニックを受けとめる大変さ

　Dくんのパニックには長い歴史があります。3歳半でトイレトレーニングを始めますが、お尻を拭かれるのが嫌でトイレのたびにパニックになっていました。とにかく大人が何かやらせようと強く働きかけると、たちまち大パニックになっていたといいます。保育園でも無理に食べさせようとしたり、働きかけのタイミングが悪かったりすると、ひどいパニックになって大変だったとのことです。そして予想通り、小学部に入学して2か月間、パニックを起こしたDくんの声を聞かない日はまったくないほどでした。大城先生をはじめ何人かの先生は、それこそパニックになりかかっていたのではないかと想像できます。そこで後藤先生の出番です。クラス会議でDくんについての話し合いが行われた際、後藤先生は次の3つのことを指摘します。1点目は、Dくんは怒りを爆発させているときも周囲の人を意識していること、つまりDくんは自分の表出がどのような効果を持つかモニターしているということです。2点目は、Dく

んは，はじめて何かをするときはわからずに怒りまくっているようなところがあるが，いったんわかると2度目は怒らないでできているということです。したがってDくんには，言葉ではなく見てわかるように指示を与えるべきだと後藤先生は提案します。3点目は，Dくんは怒ってみせることで，気にくわない指示を大人が撤回する可能性が高まることを（誤）学習しているのではないかということです。ですから，Dくんの激しい怒りに大人が動じては駄目だというわけです。

　しかし，Dくんの爆発に動じないで接するというのは，生半可な気持ちでやり通せることではありません。Dくんは大城先生と目が合うだけで怒りを爆発させ，大人からの働きかけには抵抗し，大声を出したり窓枠を蹴ったり教員を叩いたりするのです。服の袖口や襟元を噛みちぎってしまう行為も頻繁だったといいます。そんなDくんに対する先生側の作戦は，「Dくんがどんなに怒っても働きかけを撤回したりはしない。その代わり，できるだけスモールステップにして，Dくんがほんのわずかな前進で問題をクリアできるように配慮する」というものです。おそらくこれは，Dくんと先生たちとの雌雄を決する修羅場のような戦いだったのだと思います。先生側にも「ド根性」が必要です。先生たちもがんばりましたが，Dくんだって孤立無援で奮闘したのです。大城先生は「今思うと，Dくんにとってはずいぶんなカルチャーショックだったのだろうと思います。はじめての場所，はじめての活動，はじめての大人。なにより，Dくんの思い通りにならない，意図を持った他者としての大人が登場し（たのですから）」(p.74)と書いています。Dくんはこの困難な闘いの中から，最初は理不尽に思えた先生たちの要求にも少し「譲歩」することで自分が楽になり，先生たちに暖かく迎え入れてもらえることを，身をもって学習していったのです。戦いが激しかっただけに，和解が訪れたときには両者のあいだにかけがいのない絆が生まれたのではないでしょうか。後藤先生が一番伝えたいことも，そのようなコミュニケーションの大切さであるように思えます。

②コミュニケーションの呼吸の大変さ

　Dくんは1年生の2学期には給食も落ち着いて食べられるようになり、3学期には大人の指差しに応じられるようになるだけではなく、後藤先生の指差しをまねて同じ対象を指差すといったエピソードも観察されるようになります。笑顔もよく見られるようになってきます。そんな2年生の1学期、大城先生がDくんの給食の担当になります。すると、1年生のときは大騒ぎすることもなく食べられるようになっていたのに、なぜか大城先生と食べると大声を上げて怒ることが増えてきたのです。

　Dくんの食事を介助することは、Dくんとノンバーバルなコミュニケーションをすることです。私たちはともすれば言葉に頼ってしまいます。後藤先生が大城先生に伝えたかったのは、子どもと通じ合うには小手先の言葉で何か語るのではなく、身体ごと子どもの前に立ちはだかりつつも、子どもたちの気持ちを誰よりも感受することが大切だということであったように思います。それはスキルといったレベルでは翻訳不可能なことです。大切なのはハートです。大城先生はこのようないくつものトラブルを体験することで、非言語的なかかわり方がもつ大切な何かを、たしかに自分のものにしていったのだと思います。

③（誤）指導による（誤）学習

　大城先生が再びDくんの担任になったのは、Dくんが5・6年生のときです。大城先生の記述から、3・4年生時はもっぱら絵や写真カードを使って次の行動を指示し予定を示すような働きかけと、口形模倣を中心とした発音指導が行われていたことが読み取れます。しかし、どうもこれらの指導は成功していたとは言いがたいようです。

　絵や写真カードを用いる指導の根底には、「カードと事象との関連を子どもたちが理解するようになれば、生活の流れを把握しやすくなり、子どもたちの自発性が育つはずだ」という考えがあると思われます。「クラッカー」のカードを選択すれば、後にクラッカーがもらえ、「ビスケット」のカードを選択すれば、後にビスケットがもらえます。また、「作業（の時間）」の後に「おやつ

(の時間)」が来ることを，絵カードで理解することもできます。

　しかしながら，子どもはこの「ゲーム」の受動的参加者であるだけではありません。子どもも能動的に考えています。2つの事象の関連を調べて，どのような「事象カード」を用いれば大人の動きをコントロールできるのか，試しながら探究しているのです。たとえば帽子を放り投げたり，自分が2階の窓から出ようとしたりしてみれば，大人がどう動くのかがしだいにわかってきます。これらは，子どもが自分で発見した「事象カード」です。また，どのような行動をすれば大人が「ダメ！」と言ってくれるのかも理解していきます。自分が予想したとおり，自分の行動に対して先生が「ダメ！」と言ってくれるのはなかなか楽しいことです。その結果，はたして先生がDくんに「ダメ」と言って「指示している」のか，それともDくんが先生に「ダメ」と言えと「指示している」のか，よくわからなくなってしまいます。

　また，先生がDくんに言葉で指示を与えると，Dくんはその言葉を反復しなければいけないと思ってオウム返しをしてしまいます。訓練場面にはふさわしい行動が，日常の生活場面では不適切な行動になってしまうのです。その場が発音訓練の場面なのか，そうではなく現実場面なのか，それを判別するのは，じつは並大抵のことではありません。小手先の指導では，何かとてもトンチンカンなことが生じてしまう危険性が高いのです。必要なのは，先生が子どもと実存をかけて対面でぶつかりあうことです。その背景があってこそ，さまざまな指導上のスキルが生きてくるのです。

　そこで大城先生が行ったのは，大城先生の考える養護学校の原点に返ることでした。それは，Dくんが「何をすればよいのかわかる場面設定」を行い，Dくんに「わかりやすい働きかけ」を行うことでした。大城先生はDくんが学校ですべきことに一緒に取り組み，モデルを示し，言葉をかけ，身をもってサポートしていきます。後藤先生にとっても大城先生にとっても，学校は子どもたちが，自分の前に立ちはだかる先生に出会い，その先生を先輩モデルとして受け入れ，先生と連携し絆を作り，それを通して社会生活のルールや身のこなし方を学んでいく場なのです。

6 「いま・ここ」でなされるコミュニケーション

　子どもたちの「パニック」にどう対応するのかと考えたとき，それをたんに「パニック問題」として単独で取り出して議論することがあまり意味のあることではないということは，以上の先生たちの取り組みから十分に理解していただけたのではないでしょうか。「パニック」は一つのあらわれにすぎません。子どもとのコミュニケーションをトータルに把握しそれを背景にしておかなければ，「パニック」を過大視してしまう危険性があります。「パニック」も，子どもと大人のコミュニケーションのきっかけの一つに他ならないのです。ただし，それをどう扱いどう処していくのか，そこには先生たちの個性が深くかかわっていました。

　高橋先生は，子どものことを子どもの身になって理解し，さまざまな工夫を凝らして彼らを広い世界へ誘おうとされていました。子どもたちの「パニック」に示されている心の有り様をていねいに読み解いていく姿が印象的でした。それは，どちらかと言うと「母性的な」流儀です。対照的に後藤先生は，子どもたちの前に立ちはだかり，彼らのモデルとなることによって，子どもを広い世界へ導いていこうとされていました。子どもたちの「パニック」には動じないという姿勢が印象的でした。それはどちらかと言うと「父性的な」流儀です。

　高橋先生と後藤先生の流儀は対照的に見えますが，私自身は，その根本がそんなに違っているとは思っていません。どちらにも共通しているのは，子どもたちとの「いま・ここ」でなされるコミュニケーションを徹底的に重視していることです。子どもたちの「いま・ここ」はけっして将来のための「手段」ではありません。「いま・ここ」を充実して生きることこそが「目的」なのです。今を充実させるコミュニケーションがあってこそ，そこに「学び」が成り立つのです。子どもたちが「いま・ここ」を充実して過ごすことの中には，自分の生きている周囲の環境としっかりコミュニケートすることが含まれています。子どもたちはけっして隔離された世界に生きているわけではありません。すで

に存在している人間社会の中に生きているのです。そのことを子どもたちにしっかり伝えていく場の一つが学校なのだと思います。障がいをもつ子どもたちは，一人ひとりが個性的です。その個性をしっかりふまえて，子どもたちをより広い社会へと導いていこうと，高橋先生も後藤先生もそれぞれの流儀でがんばっておられるわけです。

　「生きる」こととは何かを問い，自分たちの「生きる」ことと子どもたちが「生きる」こととを，当たり前のように重ね合わせて日々の実践活動をしているのが，高橋先生，後藤先生，大城先生なのだと思います。しかしながら，この３人の先生たちの実践活動がいかにすぐれたものであろうと，子どもたち一人ひとりの育ちの謎や存在の不思議さは，まだまだ十分に理解されないまま手つかずに残っています。Aくんがなぜ，学校では気持ちよく過ごせる音楽とヘッドフォンを家庭ではそれほど好まなかったのか，また学校でのコミュニケーションと家庭でのコミュニケーションとがAくんの中でどのようにつながっていたのか，Aくんのこれからの世界を思い描くためにも理解できたらと願います。また，なぞなぞごっこを楽しめるようになっていったBくんがどのような言語生活や社会生活を送っているのか，トータルに描き出して分析することも，Bくんの卒業後の社会生活をイメージするためにも必要なことだと思います。また，子どもたちのパニックにも動じず根気よく子どもたちに立ち向かい，子どもに課題を少しずつ受け入れさせていく後藤先生のやり方が，実際にどのようなコミュニケーションとしてなされているのか，その謎が十分に解明されているわけではありません。大城先生がDくんの食事介助で実際に体験されたように，「あうん」の呼吸があるのだと思います。子どもたちの生活年齢や発達レベルに応じて，その「あうん」の呼吸をどのように調節していけばよいのか，まだ謎は残ったままです。

　高橋先生，後藤先生，大城先生たちが日々どのように子どもたちと生活をともにし，子どもたちとコミュニケーションをしているのか，そのごく一部を報告として読ませてもらいましたが，まだ知りたいこと，解明されるべきことが山のように残されています。学校という場の中で，子どもたちと先生たちが，

日々どのように互いにコミュニケートしながら生活しているのか，その全容に私たちはもっと関心を抱く必要があると思います。彼らは私たちのすぐ隣にいて，暖かい関心と好奇心が，がんばっておられる先生たちや子どもたちへの何よりのエールになると思うからです。

〈引用文献〉
麻生武　1992　身ぶりからことばへ──赤ちゃんにみる私たちの起源　新曜社
Bell, S. M., & Ainsworth, M. D. 1972 Infant crying and maternal responsiveness. *Child Development*, **43**, 1171-1190.

第Ⅱ部
子どもたちにとって教員はどのような存在なのか
──特別支援学校小学部・高等部，特別支援学級の事例から──

第6章
「イヤイヤ」から"ピース"へ
—— 人とのかかわりを楽しめる子どもに ——

後 藤 真 吾

1　はじめに

　Eちゃん（女児）は，養護学校が実施する体験入学を，保育園の年中のときから何度も経験していました。体験入学で出会ったEちゃんはこだわりが強く，他者からの働きかけにも拒否的な様子が目立ちました。カメラを向けられると背を向けてしまう姿が象徴的でした。そんなEちゃんが，他者を受け入れ，一緒に活動できるようになっていく学校生活をふりかえり，まとめてみたいと思います。

2　入学までの家庭での様子

　両親と姉，Eちゃん，母方の祖父母，曾祖母が同居する7人家族です。妊娠時にはとくに異常なく，在胎10か月で正常出産でした。2歳2か月のときに病院にて「自閉症」と診断され，3歳のときには脳波とCT検査を受けますが，異常がないということでその後の通院はしていません。2歳から就学前療育教室に週1回の頻度で1年間通い，その後入学まで保育園に通園しています。
　母親からの聞き取りによる家庭での様子は次のようなものでした。

（1）生活リズム
　基本的な就寝時間は22時から7時30分に起こされるまでの9時間30分である

が，週に1，2回明け方の3時から4時ごろにかけて起きて2時間ほど遊んでいるときがある。こうしたときは8時過ぎに起こすようにしているが調子はよくない。2～4歳のときは毎日夜中に起きていた。しかし保育園に行くようになってからグッスリ眠れるようになった。

8時ごろから保育園に行くように誘っているが，なかなか家から出られず9時半ごろまでかかる。ときには10時を過ぎることもある。いったんぐずりはじめると母親，祖母の2人では対応できなくなってきている。とくに年長になってからは抱えて連れて行くのではなく，本人の「行こう」という意志を尊重するようにしているとどうしても1時間半かかってしまう。

(2) 食事

家では決まったメーカーの物しか食べない。違うメーカーの物は一口食べるか匂いを嗅ぐだけで食べず，冷蔵庫から好きな物を取ってきて"つくって"というように差し出して頼む。おなかが空けば何でも食べるだろうと放っておくと2日間何も食べなかったことがあった。気分によってリビングのTVの前やソファーの上など好きな場所で食べている。とにかく食べてくれればいいと祖父母は思っている。一口はスプーンを使うが後は手づかみで食べる。保育園では好きなものがあっても皆があいさつするまで待っている。食べてしまってもあいさつするまで片付けずに待っている。食べられるものも増えてきたりスプーンも使えるようになってきたりしていると聞いているが，家庭では難しい。

(3) 排泄

おしっこは自分で行く。うんこはパンツの中。出てから伝えるときもあるし伝えないときもある。以前は拭いてほしいことを伝えていたこともあったが，このごろはしなくなってきているので心配している。夜尿の心配はない。

(4) 衣服の着脱

保育園ではボタンをはずしたり靴下を自分で履いたりできていると聞いてい

第6章 「イヤイヤ」から"ピース"へ

るが，家ではあまりできていない。服を前に置いたり頭に被せたりすると自分で着る。前後はわかっていない。着たい服を自分で持ってくる。

（5）家での遊び

ビデオを見たり，押し入れの中のものを引っぱり出して2段目から飛び降りたりしている。「ドラえもん」「アンパンマン」は好きな場面だけを何度も巻き戻して見るので2年間で6台のビデオデッキが壊れてしまった。入学前ごろは，姉の影響で「ジャニーズJr.」に興味をもち，自分の好きな場面をダビングしたビデオを見ている。家にいるときは，見ていないときでもビデオをつけたままにして大人が消すと怒ってまたスイッチを入れる。2階の部屋で遊んでいるが，お腹が減ると下へ降りてきて冷蔵庫から欲しいものを出し，祖母に作れと要求して部屋に戻る。作らずにいるとしばらくしてまた催促に来る。

（6）その他

母親が気管支ぜんそくのため体力に自信がもてず，Eちゃんの養育に対してさまざまな思いはもちつつも積極的にかかわれないことから祖父母に任せていることが多い。祖父母の対応はEちゃんに対して甘くなりがちであるので母親がこうしたいと思うことがあってもやりきれないでいるジレンマがある。また，姉に任せているときも多い。こだわりが強く，保育園に行くにも外出するにもなかなか家から出られないということが悩みである。

大人がかかわろうとすると嫌がり座り込んで動かない，寝転ぶ，泣くなどの拒否的な反応が返ってくるので，嫌がったときには側で見ている。反面，自分でできることでも大人に"してほしい"と頼みにくることが多い。要求は大人の手を取って伝えようとするが，要求の内容が多様になってきたのでクレーンの要求だけでは理解できないことが多くなってきている。

3　体験入学および一日入学の様子

　本校では「体験入学」および「一日入学」を実施しています（第3章参照）。教育相談の一環としての「体験入学」は，1回につき半日程度実際のクラスに入って学校生活を経験してもらい，そのときの子どもの様子を見ることで就学を考える際の参考にしてもらおうというものです。「体験入学」の日時については学校としての計画はありますが，保護者の要望により行事計画を調整しながら随時にも行っています。Eちゃんについてみると，就学の2年前から比較的回数多く参加しています。また，「一日入学」は本校に就学予定の子どもたちに昼食（弁当）終了までの午前半日の特別日課の中で過ごしてもらい，本校の教員が入学後の指導の参考として子どもの様子を知るために実施しています。

　以下にそれぞれの記録から抜粋して本児の様子を見てみます。

（1）第1回（4歳7か月）

　「体験入学」前の教育相談で来校。新しい場には慣れるのに時間がかかる。前回，自動車で校門まで連れてきたときには車から降りず，今回は降りたものの泣き続けている。校舎を案内しているあいだ，ときどき泣きやみ「コワイ，コワイ」「ファファ」と声を出す。

（2）第2回（5歳3か月）

　手をつながれて教室に入ってくるが泣き出す。言葉をかけられたり皆が歌ったりすると泣く。抱かれて教室の中にいられたのは少しのあいだだけで，泣いて床を転がって教室を出ようとする。

　クッキー作りのために別の教室に移動する。手をつないで廊下を歩いて移動することはできたが，教室に入ろうとすると泣き出し床に座り込む。しばらくしてクッキーの焼ける匂いがしてきたので母親が誘いかけると「おんぶ」には応じて背負われて教室に入ってくる。焼き上がったクッキーを手渡そうとする

が受け取ろうとしない。母親から離れ，祖母の手を引いて教室を出て行こうとするが制止され教室にとどまる。終わりのあいさつで手首を弾くような仕草で「バイバイ」する。帰れるとわかってか穏やかに帰っていく。玄関ではニコニコしていた。

（3）第3回（5歳7か月）

　教室に入るなり両耳を押さえて泣いている。椅子には側にいる母親の方を向いて横向きに座る。「体験入学」3回目ということで慣れてきたこともあるのか一人で座ることができた。お話の舞台や人形をチラチラと見ている様子がうかがえる。

　別の教室に移動すると入り口で立ち止まり中に入ろうとせず，泣いてぐずるので，少し強引に母親が促し一緒に入る。教室の中では他の子どもたちの活動の様子を見ていて母親と一緒に活動する。からだを使った遊びで前転する場面では自ら前に出てきて一人で前転をした。皆に「すごい」と言われ表情が和らいだように思えた。

　さらに学習場所を替え屋外の斜面滑りでは，築山を見上げ，教師が滑る様子はしっかりと見ていた。母親と恐る恐る滑り，滑り終わった途端地面に転がり怒りだす。しかし，皆の滑る様子はよく見ていて，強引に誘われて嫌がりながらも2回滑り降りる。終わりのあいさつは頭をペコンと下げてしっかりとできる。

（4）第4回（5歳8か月）

　母親が一緒に側についていると比較的落ち着いて活動することができている。母親とバルーンで機嫌よく遊んでいるが教師が「一緒に遊ぼう」，「一度，お座りしよう」と誘いかけると「イヤー」と床に転がるようにして逃げる。強引な教師の誘いかけに対しては引っ掻いて抵抗する。4回目の「体験入学」ということもあって，今回は強引に参加してもらう場面も何回か作ったが抵抗が強く不機嫌（泣いて床にひっくり返って転がる）になってしまう。しかし，以前より

は泣いている時間は短く，気持ちの立て直しは少しずつできるようになってきているように思われた。

（5）第5回（一日入学：6歳）

　登校してきたが車から降りられず，教師が無理やり降ろす。校舎に入れず地面に転がって泣く。2人の教師が手をつなぎプレイルームに連れていくがずっと寝転がって泣いている。鞄，帽子，上靴を手放さず持っている。遊びにはまったく入らない。プレイルームより手を引いて出るとすんなり歩いて教室までは行く。しかし，教師が教室を指差して「入ろう」というと再び転がって泣く。しばらく様子を見ていると落ち着きおんぶされるが，教室に入ろうとすると力強く抵抗を示す。おやつの時間じゅう，床に転がって泣いていたが，活動の様子はチラリとではあるが見ているように思われる。
　トイレに連れていくと抵抗して泣いていたが，便座に座らせるとおしっこをした。出た後に「コッコ」と言っていた。
　プレイルームへ移動し，またしばらく転がって泣いていたが，ウレタンブロックで四方を囲み，その中にEちゃんを入れると落ち着いて泣きやむ。これをきっかけに教師が一対一でかかわり，Eちゃんが円筒ブロックの上に跨がっているときに揺すると笑顔になり揺れを楽しむことができた。こうして遊んでいるときに母親がプレイルームに入ってきたのを見つけて"かえりたい"というように再び泣き始めた。
　ときどき，かかわっている教師に怒って引っ掻いたり叩いたりすることがあった。嫌なときは床にひっくり返って泣いている。母親にベッタリという感じで，姿が見えると"かえろう"といった様子で泣き始める。
　「体験入学」「一日入学」の様子からは新しい場面に入ることに抵抗が見られるものの，一方で以前の体験が経験として積み重ねられているということも手応えとして感じられた。したがって，二度三度と体験を重ねることで場面への適応性はよくなっている傾向がうかがえた。
　また，他者がかかわりをもとうとしてはたらきかけることに対しては，床に

寝転がって泣くというように非常に拒否的な反応が返ってくるが，こうしたときでもEちゃんの泣き方には周囲の状況との間合いがあることから，Eちゃんが周囲の雰囲気や人の様子，かかわってくる他者の反応の仕方を非常によく見ていることがわかる。このことから，これまでの育ちの中でいわゆる「泣き落とし」によるEちゃん中心の生活様式が作られてしまっているように思われた。母親との関係について見ると，一見母親を頼っているようにも見えなくはない。しかし，よく見るとEちゃんの一方的な要求を母親（祖母）が実現するという図式が，2人の間には揺るぎがたく成立しているように見える。また，母親にベッタリという印象がある反面，母親がいなくても不安な様子を見せないということからも，信頼感というよりはもっと実利的なところで母親を見ているのではないかと思えた。

4　保育園での様子——引き継ぎ資料からの抜粋

（1）年度当初の様子

　年長になったが新しいクラスになかなかなじめずに，いつまでも前の部屋のイメージが頭から離れない。そのため新クラスで生活できるようになるまで1か月間かかる。戸外での遊びは喜び，滑り台や高いところに乗って遊ぶ。散歩もするが気分次第で行くのを嫌がる。身体測定は嫌で泣けてしまい，まったく調子が出ない。給食は好きなものだけで他はまったく食べようとせず，口にも入れられない。たとえばごはんのように今まで食べられたものも急に食べられなくなってしまった。保育園と療育教室以外は外出できず行動範囲が狭い。また，見知らぬ建物の中に入れない。

（2）年度末の様子

　自分のロッカーや靴箱ははっきりと覚え，部屋で生活することに十分に慣れた。ブランコには乗れなかったが，その他の遊具で自分から喜んで遊ぶようになった。また，散歩もあいだを置き過ぎると（筆者注：散歩に行かない日が長く

続くと）行けなくなることもあったが，少し柔軟性も出てきていろいろな所へも歩いて行けるようになった。入れなかった建物の中へも入れるようになり人形劇や遠足，野外活動もたくさん行けるようになった。食べられるものも少し増えた。身体測定もすんなり受けられるようになった。洋服の着脱も自分から少しずつできるようになった。仲のよい友だちができ，一緒に遊びができるようになったり，一人で好きな遊びを見つけて遊べるようになった。

　給食は去年より食べられなくなったものが多いようだ。台に乗り飛び降りるのは好きだが，保育者の様子をうかがいながらしていることも多い。「ダメ」という言葉はよくわかってきている。戸外へ出て畑へ行ったり走ったりするのが好きである。運動会が終わってからは少しずつ融通がきくようになる。その反面，したくないことに対する主張も強くなった。絵本に興味を示すようになり，友だちのごっこ遊びに入れてもらい喜ぶことも増えた。保育者の表情を気にするようになった。できなくなったこともあるが，できるようになったことも増えたのでこれも一つの成長過程と見守っていきたい（筆者注：食事に関する記述に矛盾が見られます。これは，以前は食べていたのに年長になって食べなくなったものがあるが，年長の年度末と４月当初を比べると少しは食べられるようになったということであり，全体としては食べられるものが限られる傾向が強まっているということです）。

＊

　保育園での様子も「体験入学」や「一日入学」の様子とほぼ似たような状況がうかがわれます。保育園生活を通して生活の中でのこだわりが少し融通の利くものになってきたり，遊びの中で他児とのかかわりをもてるようになったりと，周囲の状況に少し関心が向くようになってきている様子が見えます。このようにできること，できないこと，というように見ていくと，一つひとつのことがらについては一進一退という感じで，変化の兆しが見えるものもありますが，全体像としては大きく変わらないという状況にあったようです。

5　養護学校入学当初の様子

　入学後2か月を経てEちゃんの普段の学校生活の様子が教師にもわかりはじめてきました。そのころのEちゃんの様子は次のようなものでした。

　当初，保育園のときのように通学が心配されましたが，呆気ないくらいにスクールバスで毎日元気に登校できており，Eちゃんにとって通学することが生活のパターンとなっている様子でした。また，一日の学校生活は疲れるためか，昼頃に寝てしまうことがしばしばありました。

　はじめての場所，はじめてのことに対しては苦手で，「イヤイヤ」と拒否し床に寝転んで泣いたり相手を蹴ったりして抵抗します。よく見ていて何をするのかがわかると2回目からはすんなりできてしまうことがよくありました。自分のペースでするときは機嫌がよいのですが，人から指示されることが嫌いで，かかわられるとできることでも拒否してしなくなってしまいます。こうした他者からのはたらきかけの拒否については，Eちゃんが写真撮影を強く拒否すること，カメラを向けられていることがわかると「イヤイヤ」と顔を背けてしまうことに，象徴的にあらわれているように思われます。

　排泄は自分でしたいときに和式洋式に関係なくトイレでできます。しかし，トイレにこだわって何度も行ったりトイレの中で個室をはしごしたりして遊ぶことがあります。

　学校では給食を食べようとせず，たまに好きなもの（フライの衣，スープ，フルーツなど）があると少し口にしますが，教師がかかわろうとすると顔を背けたり泣いたりして嫌がって抵抗します。

　着替えは少し介助が必要ですが，自分でできます。側についていると服を突き出し着せてくれというような素振りを見せます。ボタンのはめ・外しなど自分でできないことはクレーンで要求します。服の前後，靴の左右はわかっていませんでした。

　言語面では拒否するときに不明瞭ながら「イヤイヤ」という発声が見られま

すが，それ以外は「ワアー」「オー」といった発声のみです。見てわかることの理解はよく，持ちものや場所の区別はほとんど間違わずにできます。

6　学校での取り組みの概要

（1）学級構成

　Ｅちゃんが1年生のときの学級は児童8名（1年生2名，2年生6名）に担任教師が7名であり，2年生のときの学級は児童5名（1年生2名，2年生3名）に担任教師が5名でした。個々の子どもについては個人課題票を作成し指導を行いますが，学習の形態としてはほぼ一対一で教師が子どもに対応しつつ全員で取り組む集団指導を基本としています。また一人の子どもに対応する教師は，便宜的に1週間交替で担当を決めていますが，基本的には固定せず取り組み状況に応じて臨機に対応するチームティーチングを行っています。

（2）かかわりの留意点

　入学までの聞き取り資料と入学後のＥちゃんの生活の様子から本児の指導に当たって次のようなことを大切にすることを担任集団として話し合いました。
・構われるのが嫌なＥちゃんであるが，一応一人でできていることであってもあえて教師が積極的にかかわって一緒に活動するようにする。
・意図がはっきりとしたはたらきかけになるよう注意する。その際にＥちゃんが示す問題行動（泣く，つねる等）は受け流し，応じないようにする。
・拒否的であっても（嫌がっていても）周囲の様子に注意を向けて反応を見ているように思われるので，活動（学習）の様子が見えるところまでは積極的にかかわって連れ出す。Ｅちゃんから活動の様子が見える状況にしておいてＥちゃんの出方を見守る。
・はじめてのことには多少強引であっても教師が一緒に活動することで体験させてみる。

表6-1　1年生および2年生のときの週時程表

校時	時間	月曜日	火曜日	水曜日	木曜日	金曜日	土曜日
1	9:00	朝		の		会	
2	10:00	クラス			遊	び	月1回/学部集会
3	11:00	素材遊び	ふれあい遊び	遊具遊び			帰りの会
4	12:00	給		食			✕
				帰りの会			
5	13:30	自由遊び		✕	自由遊び		✕
6	14:30 15:00	帰りの会			帰りの会		

（3）具体的な指導の様子

①食事について

　給食開始初日。ランチルームまでは皆と一緒に行くことができましたが、いざランチルームに入ろうとすると床に寝転がって例の「イヤイヤ」が始まります。しばらくそのまま見守りますが入りそうにないので、他の子どもたちが入室して一段落したところで、暴れるＥちゃんを抱きかかえて席に着かせます。席に座らせようとしてもずり落ちて床に寝転がって泣いています。何度か席に座り直させてはずり落ちて床に寝転がるということを繰り返しました。対応している教師は汗だくになり蹴られたり引っ掻かれたりしながらＥちゃんとやり合っていました。この日は結局落ち着いて席に着くことはできませんでした。2日目。やはりランチルームに入ろうとすると「イヤイヤ」が始まりましたが、抱きかかえて入ってしまうと泣き続けることはなくとりあえず席に着くことができました。3日目。皆の流れに乗って呆気なくランチルームに入って席に着いてしまいます。これまでの2日間がまるでなかったかのようでした。

　こうして席に着けるようにはなりましたが、食事にはほとんど手をつけない日が続きます。ときどきフライの衣やスープなどを少しだけつまんで食べることはありましたが、そんなときでも食べ切ることはなく「かじる程度」の食べ

方でした。食べているものでも教師が食べるようにすすめると「イヤイヤ」が出て椅子からずり降りたり、スプーンを給食袋に片づけようとしたりして抵抗し、食べるのをやめてしまうという状況でした。食べようとしないEちゃんに教師がかかわろうとすると泣いて椅子からずり落ちて床に寝転がるということが1学期間続きました。その間、食べやすいように量を極端に減らしほんのひとかけらにして食べるように促したり、とことん粘って食べるのを待ったりしましたが、ごはんやパンが少し食べられるようになったものの大きな変化はありませんでした。それは、食べられないということよりも教師からのはたらきかけを拒否して食べようとしていないように思われました。

　2学期に入り、1学期と同様に食べる量は極端に少なくして、食べるものもEちゃんが自分から食べ始めたもの一品に絞り込み食べ切るというようにしました。それは、食べられるものを手がかりにすることで、教師からのはたらきかけを受け止められるようになるのではないかと考えてのことでした。また、食べ切ることで食事の終わりを視覚的にわかりやすくし、見通しをもちやすくしようとする意図もありました。こうした指導を続ける一方で、食べられたものと断固として食べなかったものなどを記録していきました。そして2か月間あまりの記録を整理してみると、食品としての傾向ではなく「カリカリ・サクサク系の食感のあるもの」と「だし味、あまから醤油味の和風仕立て」の料理を比較的好んで食べていることがわかりました。「コンソメスープ」はダメだけれど「すまし汁」は飲めるという具合です。

　比較的食べやすいものがわかり、自信をもってEちゃんにかかわれるようになりましたが、相変わらずかかわられることに対するEちゃんの抵抗は強く椅子からずり落ちたり引っ掻かれたりということは日常茶飯事でした。そこで、経験的に食べられそうなもののときは、Eちゃんの食べるペースに合わせてさりげなく促すようにかかわりをもっていく。なじみのないものは、ほんのわずかだけを一口分にする。そしてその一口分を食べ切るまでは、しっかりと向き合ってスプーンを差し出し続け、「食べてほしい」というメッセージを全身で表すようにしながら、ときには「たべて」と言葉も添えて、ひたすら待つとい

第6章 「イヤイヤ」から"ピース"へ

うことを繰り返しました。こうしたやりとりはEちゃんとの「間」の取り方が微妙で，気持ちを感じ取りながら少し強く出てみたり引いてみたりして「食べてみよう」という促しのメッセージが教師の全身から伝わるようにという思いで工夫しながらかかわりを続けました。また，一口を食べ切るということも本児にとっては見通しがもちやすかったようで，目新しい食べものに向かう不安と促されるので食べようとする気持ちの葛藤を経て，一口ということでためらいながらも思い切って食べてみることができたものもたくさんありました。こうして2学期の終わりから3学期にかけて少しずつではありますが，教師がかかわることでいろいろなものを食べることができるようになっていきました。

②学習について

　Eちゃんにとって設定された学習としてはじめての取り組みである「ブランコの学習」は，ホームルームから移動してプレイルームが学習場所でした。プレイルームは入学後毎日のように遊び場所として利用しているところであり，Eちゃんにとっても目新しいところではありません。しかし1時間目は，教室から皆と一緒にプレイルームの入り口まで来たものの，予想通り中には入れませんでした。2年生が入っていくのを見て入り口でひっくり返り床に寝そべって泣き始めます。教師がなだめますが，収まる気配がありません。皆が部屋の中に入り着席したのに合わせてかかえて部屋の中に入れ，入り口のドアを締めて授業を始めます。しばらくは泣いていましたが，一人にされ誰も構ってくれないことがわかると泣きやみ，活動の様子をチラチラと見ています。そこで教師が誘いかけ抱きかかえて一緒にブランコに乗ろうとすると，身をよじって泣き出し途中で降りてしまいます。その後，教師が側について一緒に椅子に座りますが，泣くこともなく活動の様子を見ています。

　2時間目は皆の流れに乗って初回の大泣きが嘘のようにすんなり教室に入り，持ってきた椅子を所定の場所に置いて座ります。子ども一人ひとりに言葉をかけブランコに乗るように誘いかけますが，Eちゃんは誘いかけに応じず椅子から立とうとしません。ただ「イヤイヤ」というような仕草はしますが，泣くこ

表6-2　1年生時学習概要一覧表（※2年生時も基本的に同じ）

教科・領域	ねらい	題材と内容
素材遊び	・さまざまな素材の感触に慣れ，親しむ ・素材を扱うことの楽しさを知る ・教師と一緒に活動することを楽しむ	①料理（ホットケーキ，クッキー等） ②泡遊び ③紙遊び ④粘土遊び ⑤絵の具遊び
ふれあい遊び	・教師にゆったりと身体を預け，一緒に活動することを楽しむ ・活動を通して，教師と気持ちをやりとりする	①ダルマさん ②いもむしゴロゴロ ③お馬さん ④手足ブランコ ⑤飛行機
遊具遊び	・遊具を使って活動することを楽しむ ・教師や友だちが活動している様子に関心をもつ ・教師と一緒に活動することを楽しむ	①スイングホースブランコ ②キャスターボード ③三輪車／自転車 ④ポックリたけうま ⑤箱ブロック
朝の会	・朝の出会いをしっかり意識する ・呼名に対して自分を意識する ・教師や友だちの様子を見て楽しむ	①あいさつ ②歌 ③呼名
クラス遊び	・ゆったりした雰囲気の中で，教師や友だちとかかわる ・自分から遊びを見つけて遊ぶ ・教師や友だちが遊ぶ様子を見て，楽しさを発見する	プレイルームや屋外の遊具で遊ぶ ※おやつタイム（毎日）を含む
集中単元	・季節に応じた活動を楽しむ ・身体をしっかり動かす ・教師や友だちとのかかわりを楽しむ	①散歩（学校周辺） 　春・秋に集中して取り組む ②水遊び（大／小プール）6～7月 ③運動会に向けての種目練習9月
特別活動	・大きな集団の中や普段と違う場面で，楽しい雰囲気を感じる	学部集会（月1回），学部校外学習（1回）クラス校外学習（3回）

とはありません。他の子どもが乗っているブランコを教師が押していると席を立ってブランコを押しにきます。そこで再び乗るように誘いかけますが身をよじって逃げ，乗ろうとしません。

　3時間目に教師が少し強引に誘いかけ抱きかかえて一緒にブランコに乗ると，これまでのように嫌がることなく乗ることができました。これをきっかけにして2回目からは誘いかけに応じて手を挙げ自分から一人で乗ることができました。以後，教師の誘いかけを待っているような様子で何度も乗りにいこうとし

ます。乗っているときは気持ちよさそうな表情で釣り綱もしっかりと持って姿勢も安定しています。ただ，乗りたそうにしている反面，乗り終わるとさっさと席に戻り次の誘いかけを待っているということや，一緒に乗っている他の子どもを気にしている様子が見られないことなどから，活動そのものがパターン化してしまっているということも考えられました。

このように新しい学習が始まるときの様子はどの学習についてもほぼ同じような展開でした。しかし，経験を重ねることで，学習に参加できるようになるまでの時間は次第に早くなっていきました。

（4）1年生終了時の様子

入学当初は，教師がかかわろうとするとひっくり返って拒否することがよくありました。しかし，日課を子どもの活動ペースに合わせゆったりとしたものにしたり，活動場面の設定に特色をもたせたり，教材・教具のレイアウトをはっきりさせたり，見てわかるようにはたらきかけるなど，指導上の配慮をすることで場面ごとにすることを了解してスムースに活動できることが多くなりました。また，Eちゃんの活動に合わせるようにしながらも教師が意図的に一緒に活動し，何をすればいいのか，何をしなければならないのかを具体的に指導していくことで，以前のように一方的に拒否するのではなく，教師からのはたらきかけを受け止めて活動することも多くなっていきました。

遊びについても2学期ごろまでは一人で遊んでいることがほとんどでしたが，3学期に入って他の子どもが遊んでいる遊具に興味をもち始め，集団の中に混じって遊ぶようになりました。さらに追いかけっこで他の子どもを追いかけている教師をつかまえて他の子どもと一緒に追いかけてもらって遊んだり，手遊びが気に入り教師をつかまえてはしてもらったりすることが多くなりました。教師からのはたらきかけを受け止められるようになるとともに一緒に遊べることも増えました。

言葉については，このころからクレーンによる要求だけではなく，発音は不明瞭で場面も限られていますが要求表現に発声を伴うようになりました。写真

についても，以前のようにカメラを向けられると背を向けて回避するということがなくなったため，正面から写っているものが増えました。また，表情に笑顔が多くなりました。

7 Eちゃんの変化をうながしたもの

（1）「イヤイヤ」から"ピース"へ

　Eちゃんが2年生になり新しい1年生と転校生を迎えて前年度よりもいくぶん小規模の学級となりましたが，2年生にとっては復習的な意味合いも込めて基本的に前年度からの取り組みを継続しました。Eちゃんについて見ると，1年生の終わりに見せていた変化の兆しが，2年生になりより確かなものになりました。教師からのはたらきかけを受け止められるという関係ができたことで，教師と一緒に活動することを通して新しい経験が積極的にできるようになりました。さらに，とくに人への関心が高まり，他の子どもの世話を焼くように構いにいくことや，教師や他の子どもがしていることを見ていて同じことをしようとすることが目立つようになりました。また，活動の準備や片付けなどの手伝いができるようにもなりました。言葉についても，発音は不明瞭であり模倣も不十分ではありますが，教師が言わせようとする言葉を真似るようになりました。このことによって，わずかではありますが発音できる言葉数が増え，限定的ではあるもののコミュニケーションの道具として使える場面も出てきました。表情は1年生のときにも増して穏やかになり，声を出して笑うことが目立って多くなりました。

　1年生の春のクラス写真では「イヤイヤ」と泣いて一人背を向けて写っていたEちゃんですが，2年生の秋の運動会では「ピースして」と言われてちょっとぎこちないピースをしながら皆と一緒に並んで写っています。Eちゃんの1年あまりのあいだの変化の様子がここに端的にあらわれているように思います。

（2）ぶつかり合いから一致点を探る

　自閉症児の教育においてはマニュアル化された社会性や技術的な能力の獲得が全面に打ち出されることがあります。そしてそうした能力の獲得のためにはより早期からの段階的指導が必要であるともいわれます。たしかにこうしたことも必要であるとは思いますが，小学校低学年あるいは就学前においては，それ以上に他者との関係をどのように築いていくかということを大切にする必要があるのではないかと思います。とくに，教育が人と人との関係の上に成り立っている営みであると考えると，まずお互いに寄り添える関係を作りあげることが基本になると考えます。そのためには，教師が一方的に子どもに寄り添い子どもの生活ペースに合わせるだけではこうした「お互いが寄り添う」関係はできないと考え，子どもと教師が正面から向き合いぶつかり合うことでお互いの歩み寄れる一致点を見つけていく工夫が必要なのではないかと考えてきました。Eちゃんについても，入学までの様子を見るとEちゃん中心あるいは別格扱いの生活様式が作られており，その点でEちゃんが他者とぶつかり合うということはあまりなかったのではないかと思われます。激しく泣いて拒否することで大人の側が一方的にEちゃんに合わせざるをえなくなり，そのことでEちゃんはその場の安定を獲得しますが，大人はEちゃんの要求を実現するものとしての存在でしかなく，結果的にEちゃんは「ひとり」ということになってつねに不安定な状態にあったということではないでしょうか。

　お互いが歩み寄れる一致点を見つけるためには，大人が意図をもって子どもにわかるようにあるいはわかるまでかかわっていくことが必要であると考えています。しかし，これはただやみくもに指示を出し，教師と児童という力関係の中で有無をいわさず従わせるということではありません。あくまでもコミュニケーションを完結させるという視点で考える必要があると思うのです。つまり，発信者は発信内容を吟味し応答のための時間を準備し待つことができるかどうか，期待された応答でないときにそれをどう受け止め，さらに相手にどう返していくかということが十分に考慮できているかという視点です。Eちゃんとの学校生活においてはこうした点を担任集団として話し合いながら進めてき

たつもりです．また，Eちゃんは拒否しながらもそこに相手の存在を意識しているように思えたことにより，相手が嫌いで避けているのではなく関係のとり方がわからない結果として拒否という姿になっているのだと理解することができました．このことは，Eちゃんにかかわりを求めていく自信にもなっていきました．

（3）視覚的な配慮と工夫の意味

　自閉症児は視覚情報優位といわれることから，Eちゃんについても具体的に見て直接体験して理解するという点には配慮して指導上の工夫を行ってきました．しかし，それはEちゃんにとって自らの置かれた状況を理解しやすいようにするための工夫であり，指示されたことを理解するという言語的コミュニケーションを意図したものではありませんでした．したがって，こちらがEちゃんにしてほしいことをしたくなる環境づくりあるいは学習の雰囲気づくりをまず第一に考えました．そのうえでEちゃんが考えて行動できるための時間の余裕を十分に準備しておくようにしました．そして，コミュニケーションの面ではEちゃんとの"間合いをもったやりとり"ということを大切にしようとしました．こうしたことから，教師や子どもにとって自らの指示や要求を一方的に相手に伝え理解させるための手立て，たとえばカードなどはEちゃんとの関係においては用いませんでした．

8　おわりに──子どもの変化を家庭と確認し合う

　最後に，家庭においてもEちゃんが母親や他の家族の世話をやいたり母親を頼ったりするようになったと聞いています．そして母親のEちゃんへのかかわりについてもより積極的なものになってきていることを連絡帳や懇談を通して感じています．養護学校教育においてはしばしば家庭と学校との連携ということがいわれますが，子どもの変化を確認し合うことでようやく連携の一歩が踏み出せたように思います．

第7章
"ここが居場所だよ"
―― 学校全体での支援体制づくり ――

山口有子

1 はじめに

　滋賀県においては，重度知的障がいを伴う自閉症児は養護学校に就学するケースがほとんどでした。しかし最近の傾向として，より地域に密着した暮らしをさせたいという保護者の願いから，地域の小学校をその就学先として選択されるケースも増えてきたように思います。子どもがもっている困難や差異にかかわらず，ともに学ぶ場を保障するというインクルージョン教育へ向かう動向の中において，意味ある選択であると思いますが，それまで重い知的障がいを伴う自閉症児を受け入れた経験のなかった小学校においては，効果的な教育を確保するのに必要な特別な援助とサービスを即準備できないばかりではなく，学校そのものや教員の意識の上での改革の渦に巻き込まれた子どもたちが，結果としてかけがえのない学齢期を混乱しながら過ごしてしまうといった負の影響を与えてしまうことも少なくないように思います。
　本章の事例は，重度知的障がいを併せ持ちながらも地域の小学校の障害児学級に在籍したFちゃん（女児）とともに過ごした2年間（3年生・4年生）についての報告です。3年生になったFちゃんは，日々の変化が大きく，大勢の人が騒がしく動きまわる周囲の状況が受け入れられず，一日の大半を閉め切った教室内で過ごしたり，水遊びに没頭したりして過ごしていました。「人との関係を結ぶことに傷つき，疲れている」というのが，私がFちゃんに対して抱いた第一印象です。そんなFちゃんに対して，はじめて障害児学級の担任になっ

た私自身,大きな戸惑いを感じながらも,さまざまな関係機関の支援を受けながら「個別の支援計画」を策定し,長期的な見通しを持つように心がけながら実践していきました。同時に,学校全体でＦちゃんを支援していく基盤づくりを試みていきました。障がい児教育の新米教師の「がむしゃら奮闘記」ではありますが,障がいのある子どもに対する支援が,学校・家庭・地域といったその子どもを取り巻く周囲の環境づくりと密接にかかわっているということを示す一例として,本事例を報告させていただきます。

2　Ｆちゃんについて

(1) 生育歴およびこれまでの経緯

対象児：Ｆちゃん　女　9歳～10歳（3年生～4年生）　自閉症
支援・教育歴：
199×年～　療育教室に通園
199×年　　幼稚園入園　加配の教員が一対一でつく
200×年～　総合医療センターにて,感覚統合訓練・発達相談
200×年　　小学校入学・情緒障害児学級在籍（在籍者1名）

(2) アセスメント

①発達検査（新版Ｋ式発達検査）
(1) 3年生時に実施（生活年齢：9歳10か月／Ｈ市心身障害児就学指導委員会にて）
　…検査不能。（検査者に対するＦちゃんの協力が得られなかったため）
〈評価〉推定2歳程度で,全身を動かすような運動を喜ぶ発達段階である。
(2) 4年生時に実施（生活年齢：10歳11か月／養護学校教育相談にて）
　…姿勢・運動　3：7／認知・適応　2：3／言語・社会　1：1
〈評価〉言語性,とくに話し言葉でのやりとりに大きな課題を持つ。自分と相手との関係が密着的で自我の形成が未熟である。視覚的提示とともに働きかけると,相手に合わせようという構えが育ってきている。

②行動観察
・入学当初から1年目あたりは，教師に手を引かれるまま活動の場所に移動することもあった。しかし集団には入れず，Fちゃんにとって満足できる成功経験を積み重ねることはできずに過ごすことが多かった。
・2年目の運動会の取り組みの時期，日課の大幅な変更や校内放送の大音量などの騒々しさに起因するものと思われるが，大きな混乱を見せることが多くなる。周囲からの働きかけを拒絶して一日の大半を閉めきった教室の中で過ごしたり，水遊び・砂遊びなどの感覚遊びに没頭したりして学習が成立しない日が続く。自らの意に反する働きかけに対しては，唾はきや大声での抵抗，全裸になる，自分の毛髪を引っぱって抜く，人を嚙むなどの自傷・他傷行為が見られるようになった。
・偏食が強く，給食時は白飯とインスタントみそ汁を自宅から持参。パンや揚げ物など特定のメニューのみを口にするときもあるが，まったく何も食べない日も多い。クラスメートと一緒に食卓につくことができない。
・若干の低筋張（全身の筋肉が弱い）があることと学習に向かう構えが確立していないことから，一定時間座位姿勢を保持することは難しく，身体の一部を物に寄りかからせている。
・低筋張は見られるものの身体の運動機能の発達はおおむね順調。
・梅雨時期などには睡眠のリズムが不規則になり，昼間の覚醒レベルが下がる日も多い。気分的に不安定になるなど，学校生活を送るうえで影響が出る場合もある。

③家庭環境
・家族のFちゃんの障がいの受け入れには若干の差がある。母親は自閉症に関する学習会に参加。父親は当初かかわり方に戸惑い，養護学校就学や将来的なことについて悲観的な見方をとることもあり，母親との意見のズレがある。家庭で主にかかわるのは，母親と母方の祖母（自宅より車で15分ほど離れた所に在住）が中心。

（3）問題点の整理

　これらのことを総合し，Ｆちゃん自身の個体能力的観点から見た問題点を整理してみます。Ｆちゃんは理解言語が少なく，普通小学校での変化に富む日常生活を送るうえで，場の持つ意味や教師の意図することがわからないため不安や緊張が大きい状態でした。Ｆちゃんにはその不安や緊張を訴える手段がなかったうえに，教師側にはＦちゃんの出すサインを受け取るアンテナが低く，場の内容をわかりやすく示す手段も当初見つけられなかったため，Ｆちゃんにとってコミュニケーション不全経験や失敗経験が多く蓄積され，"相手に訴えても自分の思いは伝わらない"と，人との関係を作ること自体にあきらめ感と抵抗感があるように感じられました。生活経験の積み重ねができず，興味関心の幅が狭くて遊びに広がりが見られません。基本的生活習慣も未確立な部分があり，とくに食事の面での課題は大きいように思われました。

　また，一方でＦちゃんにかかわる人々・環境に関する問題点を整理してみます。第一に，家族や親族全体で支える姿勢が弱く母親の心理的不安が感じられました。一方で，学校内においても入学以来一人学級で，子ども同士が競い合える集団がなく，社会生活の基盤づくりをする機会がきわめて少ない中で過ごしていたＦちゃん。そんなＦちゃんに対して，学校として自閉症の障害特性に配慮した教育環境づくりを積極的に進めていこうという意識は低く，学校と家庭との連携にはズレが生じている状態でした。

3　支援の目標と計画

　こうしたＦちゃんと周囲の様子から，どのような支援をしていけばいいのか，正直なところ，障害児学級担任がはじめての経験である私自身が大きく戸惑いました。当時は，校内での支援体制が十分整備されているとは言えない状況でした。そのため，小学校就学時にＦちゃんの教育相談を担当していただいた就学指導担当者からお話を聞いたり，養護学校の教育相談や体験学習を積極的に活用したりしました。また理学療法士（PT）や心理担当といった専門家の

表7-1 Fちゃんに対する具体的支援目標・支援計画

【長期目標①】 変化を受け入れて，安定した学校生活を送ることができる。		
段階	短期支援目標	計画（具体的な手だて）
Ⅰ	メインの活動に向かうことができる。	・F児の興味関心のある活動を設定し，継続的に取り組んでいく。 ・具体物を提示して，活動の見通しが持てるようにする。 ・活動の始まりと終わりを明確に示す。
Ⅱ	メインの活動＋その前後の活動に向かうことができる。	・F児の好きなメインの活動とともにクリアすべき課題を示して活動の順序を理解させる。 ・向かうことができるまで妥協しない。
Ⅲ	一日の学校生活に見通しを持って向かうことができる。	・学習内容や行事を精選し，帯状日課（毎日，同じ時間帯に同じ活動を行うこと）を組むことで見通しを持ちやすくする。 ・日課をF児にわかりやすい方法（活動ごとに絵や写真カードで示すなど）で示す。
Ⅳ	変化を受け入れて，学校生活を送ることができる。	・学習活動の中に変化のある内容を随時組み，それを受け入れて対応できる力を培う。 ・はじめての活動については事前に丁寧に内容を示す。

【長期目標②】 自分の思いを伝えたり，人の思いを受け入れて行動したりできる。		
段階	短期支援目標	計画（具体的な手だて）
Ⅰ	特定の大人（担任）に対して要求を伝えることができる。	・要求が出る前に先回りして対応せず，待つ姿勢を徹底する。自発的な要求の素振りが見られた時は見逃さず，即対応する。 ・カードや言葉を用いて要求を伝えるという場面を意識させる。
Ⅱ	特定の人（担任）からの要求を受け入れて行動できる。	・抵抗の少ない要求から始める。 ・交渉しながら妥協点を見出すことを心がける。
Ⅲ	担任以外の人からの要求を受け入れて行動できる。	・特定の人（担任）とのあいだで成立した課題から始める。 ・設定のあり方やかかわり方などについて，関係者が検討し合う。

【長期目標③】 食習慣を改善することができる。		
段階	短期支援目標	計画（具体的な手だて）
Ⅰ	給食時に席に着く習慣を身につけ，食べることに向かえる。	・一時的に担任と2人で食事に向かうようにする。 ・準備や片付けなど給食に伴う仕事を一時的に精選し，食べることに焦点を絞った働きかけをする。 ・好きな食べ物を支えにし，相手との関係性のもとで食べることができるものの種類や量を増やす。
Ⅱ	人とともに食事をすることができる。	・集団の規模や役割について，十分な配慮をしながら参加をうながす。 ・小集団への参加をうながすことからはじめ，徐々に回数も増やす。 ・配膳の方法を整理する。

方々との相談などからアドバイスもいただきました。このように，外部の各関係機関との連絡をとり合って支援方法を探りながら，学校としての具体的な支援目標と支援計画を立てました（表7-1）。それまでの通常学級担任時とは違い，じっくり腰を据え，長期的な見通しをもって取り組んでいくことの大切さについて多くの人から事あるごとにアドバイスされ，それを十分心がけて実践していこうと思いました。

　一方で，Ｆちゃんの周囲の人々や環境の変化が同時になされなくては，Ｆちゃんだけが変わっていくことはできません。Ｆちゃんの望ましい変化を引き出す人的・物的環境の整備という面で，家庭や学校に対する支援のあり方は重要であると考えました。

◉家庭に対して
・懇談の機会を多く設け，学校と家庭とが同じ歩調でＦちゃんの課題に向かっていけるよう連携を図る。母親の家庭での立場を共感的に受け止める。
・父親に対して，Ｆちゃんとのかかわりが生じ，広がるような場を作る。

◉学校に対して
・定期的（およそ月1回程度）に教職員向け通信を作り，Ｆちゃんの実態やかかえている課題について公開する。その中で学習環境の設定がＦちゃんにとって重要であることを訴え，協力を要請する。
・全校児童に対して，学年の実態に応じた障がい児理解教育を進めていく。

◉地域社会に対して
・買い物学習などの校外学習の際，店や施設，交通機関との協力依頼と打ち合わせを，事前に丁寧に行う。
・協力依頼先に通信を配布するなどして，Ｆちゃんへの接し方と同時に自閉症という障がいに対する啓発を推進する。

4　Ｆちゃん自身の変化

前述のＦちゃんに対する具体的支援目標・支援計画に照らして，Ｆちゃんの

変化を時系列で見ていきます。

（1）安定した学校生活

【長期目標①】変化を受け入れて，安定した学校生活を送ることができる

　①Ⅰ期：メインの活動に向かうことができる（3年生4～6月）

　一日の始まりの「朝の会」から活動に誘い出しても激しい拒否を示すFちゃん。そこで，今までの学校生活の様子から，Fちゃんにとって興味関心が強く活動に向かいやすい「山登り」「料理」を担任と2人で行うことを当分のメインの活動に据え，取り組んでいくことにしました。好きな活動ということで，ナップサックや料理用エプロンを示すと活動内容を理解し，それまで没頭していた水遊びや砂遊びを切り上げる時間が徐々に短くなっていきました。

　2人きりで山に登り，目的地に到着すると，Fちゃんは高い滑り台の上に座ってお気に入りのビデオの場面を声に出して再生する一人遊びが続きましたが，5月後半にははじめて担任の手を引いて後ろからついてくるのを確かめては，肋木やジャングルジムなどの新しい遊具に挑戦する姿も見られました。日によってはナップサックを示し，"山登りをしよう"と自ら求める姿も見られるようになりました。

　②Ⅱ期：メインの活動＋その前後の活動に向かうことができる（3年生6～11月）

　6月後半からは，Fちゃんの大好きな水泳が始まりました。該当学年でのプール割り当てでは日課に変化が多すぎるため，同じ時間帯に毎日使用できるよう学校内に理解と協力を求めました。他学年の児童の水泳が始まると"私もやりたい！"と強く要求してきましたが，これを機に「○○をしてからプールをする」と一つ前の活動を設定して働きかけると，自らその活動にも向かっていくことができるようになりました。それと同時に，プールでの活動を十分に遊びきることで満足感が得られ，その後の活動にも向かえることが多くなってきたことも大収穫でした。前後の活動の課題を少しずつ増やし，向かえる時間を伸ばしていくことで，一日の生活の一部に「活動①」→「プール」→「活動

②」というような流れが生まれました。9月に入ると水泳は終了しましたが、それまで取り組んできた「山登り」や「料理」を軸にした学校生活の流れが定着していきました。

　③Ⅲ期：一日の学校生活に見通しを持って向かうことができる（3年生12～3月）

　午前中は一定のリズムが確立するようになったものの，午後は帰宅することへの執着が強くて活動への切り替えが難しく，なかなか活動に向かう構えが作れません。そこで，それまで母の車での迎えだった家までの道のりを担任と2人で歩くことにしました。しばらくは歩いて帰ることを納得することから始まりました。また人と歩調を合わせて歩くことや信号を守って歩くことなどが苦手で，急に走り出したり立ち止まったりと当初は課題が大きかったのですが，日々の積み重ねによりそばにいる人と歩調を合わせたり待つこともできるようになるなど，少しずつ改善されていきました。毎日Fちゃんが学校から歩いて帰る姿は，下校時間が同じになる低学年の児童との自然な交流も生みました。

　このようにして一日全体を通した学校生活の基本的な流れができ，Fちゃんもそれに慣れて見通しを持つことができ，活動に対して自ら向かっていける安定した状態が続くようになりました。一日のスケジュールが確立し理解できるようになったので，次の日の予定を前日に予告すると，Fちゃんにとって"きょう""あした"の意味が生活体験を通して受け入れられていきました。

　④Ⅳ期：変化を受け入れて，学校生活を送ることができる（4年生4～3月）

　Fちゃんは安定した学校生活に慣れ大変落ち着きを見せるようになりましたが，一方で新しい活動や行事などを事前に知らせるとうれしそうな表情を見せるなど，変化を望んでいる様子が3年生終盤からうかがえるようになりました。そこで4年生になると同時に，「朝の会」「うんどう」など，他の障害児学級との合同での授業設定をスタートしました（表7-2）。当初は戸惑いも見られましたが，4月後半には遊びからの切り替えを自らして合同学習をする教室へ移動する姿が見られました。

　また，そのころの特記事項として，褒美的なもの（活動・食べ物など）がい

第7章 "ここが居場所だよ"

表7-2　4年生時週時程表

校時	時間	月曜日	火曜日	水曜日	木曜日	金曜日
	8:20- 8:50	登校時，朝のしたく・自由遊び				
1	8:50- 9:35	※ 朝の会	※ 朝の会	※ 朝の会	※ 朝の会	※ 朝の会
2	9:40-10:25	自立活動	※ うんどう	自立活動	自立活動	自立活動
3	10:40-11:25	※ うんどう	おんがく	＊ せいかつ	ずこう	※ せいかつ
4	11:30-12:15					
		給食	給食	給食	給食	給食
5	13:55-14:40	※ クラブ	自立活動	あそび	あそび	＊ あそび
6	14:45-15:30	帰りの会	せいかつ 帰りの会	帰りの会	帰りの会	帰りの会

※　障害児学級他クラス児童との合同授業
＊　担任以外の教師との授業

らなくなるということが挙げられます。「朝の会」の中で毎日の給食メニューを発表する新しい役割を作ったり，全校的なクラブ活動の中で，Ｆちゃんが参加しやすい料理クラブの調理活動時のみ参加できるよう調整を図ったりするなど，学習内容や学習集団の検討を丁寧に行いながら取り組みを進めた結果，Ｆちゃんも変化を受け入れながら日々の生活を送るようになりました。12月からは週間スケジュールも提示しましたが，Ｆちゃんは自分の好きな活動のできる日を心待ちにする様子がうかがえました。

（2）コミュニケーションの広がり

【長期目標②】自分の思いを伝えたり，人の思いを受け入れて行動したりできる

　①Ⅰ期：特定の大人（担任）に対して要求を伝えることができる（3年生4
　　〜7月）

　それまでの教師根性が抜けず，どうしても先回りして対応してしまう私。一人学級ということもあり，目が行き届きすぎることで，Ｆちゃんが自発的に相手に何かを伝えようとする場面をことごとく潰してきたように思います。そこで，Ｆちゃんが困った素振りを見せたときに待つ姿勢を貫いて，要求を伝えなくてはならない場面をあえて作り出すことを心がけたところ，しばらくするとＦちゃんは手を引っ張って要求があることを伝えようとしてきました。要求に対しては即応えることで，Ｆちゃんは安心して担任に要求を伝えるようになります。家庭から「ヘルプカード」の使用に取り組みたいとの要望もあり，担任としては要求を伝える場面を意識させる意味でカードを使うことを採り入れることにし，それと同時に「てつだって」と言葉を添えるよう繰り返し取り組んでいきました。6月ごろＦちゃんは担任とのあいだで，うながされるとそれらの行動を示すようになりました。しかし一方で，他者が教室に入ってくると，出ていってほしいとドアの外へ押し返す姿も見られました。

　②Ⅱ期：特定の人（担任）からの要求を受け入れて行動できる（3年生9〜
　　3月）

　11月にはヘルプカードを自ら持参し，担任や母親にしてほしいことをカタコトの言葉で伝えようとしたり，自ら行き先をカード選択して告げてから遊びに行ったりといった姿が見られるようになりました。それまで自分の欲しいものを買ったりすべてを自分の分にしたりしないとなかなか納得できなかったのですが，頼まれた材料を買うおつかいができたり，料理で作ったおやつを自ら担任に分けたりすることもできるようになりました。1月には「てつだって」とはじめて自分から要求を言葉で伝えました。

　一方で他の大人（担任以外の教師）とのかかわりの中では，相手の働きかけ

の意図が理解できないことでパニックになることも続いていました。しかし，パニックの程度は以前に比べると「大きな声で泣く」ことがほとんどで，他傷行為や全裸になるといった様子は見られなくなり，立ち直るまでの時間も短くなっていきました。

　③Ⅲ期：担任以外の人からの要求を受け入れて行動できる（4年生4〜3月）

　限定された人間関係からの発展を目指し，4年生からは①小グループでの学習時間②担任以外の教師との学習の2つを教育課程の中に位置づけました。担任（私）とは問題なく取り組める内容やFちゃんにとって楽しみな活動から始めると，Fちゃんは徐々に担任以外の教師とのあいだでも指示を受け入れて行動できるようになっていきます。4〜6月は依然として取り組みに対するムラが見られましたが，2学期以降は他の教師との学習活動も完全に成立するようになり，大変リラックスした表情で活動する姿が見られました。その後も活動できる内容や時間に広がりが見られ，4年生3学期の1月には対面の個別学習にも応じられるようになりました。また3月には他の教師に自ら「てつだって」と要求を伝えることもできました。

（3）食習慣の改善

【長期目標③】食習慣を改善することができる

　①Ⅰ期：給食時に席に着く習慣を身につけ，食べることに向かえる（3年生4〜3月）

　3年生当初は他の障害児学級児童と合同での給食が設定されていましたが，Fちゃんにとっては場の設定が雑然としていてわかりにくく，騒々しさにも耐えられない様子がうかがえました。献立には関心があり配膳された給食を見に来ることはあっても，エプロン・手洗いなどにも抵抗感があり，それを強要することで感情的にこじれて食卓に着けないことも多くありました。そこで，担任と2人で自教室においての食事の場を設定することにしました。配膳済みの食卓にFちゃんを誘い，いったん席に着かせてから食べることをうながすか，食べられないときでもあいさつだけはすることを根気よく働きかけました。当

初は激しい抵抗を示していたＦちゃんでしたが徐々に席に着く回数が増え，いったん席に座ると，「いらない」と言っていたご飯とみそ汁（持参したもの）を口にする日も出てきました。好きな食べ物を支えにし，給食メニューの中から食べやすそうなものを口にするよう進めていくと，その食べ物に唇を触れることから始まり，10月後半からは１種類程度は食べられるものができてきました。こうなると食に対する楽しみも生まれ，11月には隣の配膳教室へ行って座って配膳を待ち，自分の分を受け取って教室に戻って食事を摂るようになりました。

②Ⅱ期：人とともに食事をすることができる（４年生４～３月）

そこで１月後半より週１回程度，障害児学級合同で食べる日を設定したところ，大きな混乱もなく食事をともにすることができました。２月後半には自らいすを準備して"今日もここでみんなと食べる"という意志表示も見られます。そこで４年生４月からはＦちゃんの仕事として，みんなのナフキンを預かって１枚ずつトレーの上に敷く活動を任せたり，配膳と食事の場を分けて順番に盛りつけられた食器を取りにいくなど配膳方法を明確にしたりして，毎日合同での給食に切り替えました。５月には家庭と相談のうえ持参するごはんの量を減らして，給食の中で食べられるものを増やす働きかけを進めていきました。９月には他児の様子を見てそれまで口にしなかったものを食べてみたり，フォークやスプーンの持ち方を自ら直そうとしたりする姿が見られるようになりました。

5　周囲の人々や環境の変化──Ｆちゃんとともに生きる

Ｆちゃんの変化は，家庭や学校という周囲の変化と深くかかわりあいながら起こっています。逆に言えば，Ｆちゃんの変化が家庭や学校の変化を生んでもいるということです。

（１）家庭──家族との関係の深まり

話し合う機会を丁寧に持ちながらＦちゃんに望まれる教育を粘り強く模索し

ていきました。そうする中で，今大切にしたいことや今後つけたい力を，Ｆちゃんの実態をもとに見出そうという姿勢が，学校・家庭の共通歩調で生まれてきたように思います。宿泊体験学習や校外学習などの活動の選択や参加の仕方について提案すると，「学校生活の様子は担任が一番理解していてくれる」と任される場面も出てきました。

　そんな中，３年生の10月の教育相談に父親がはじめて来校され，小学校での就学について，小学校で６年間過ごすという明確な意思表示をされました。翌日の連絡帳に母親がこんな風に記されています。「こんな機会もないと主人と話す事もあまりない。主人の気持ちも確認でき，Ｆに向き合っていけそうな気がした」と。また，４年生の９月，Ｆちゃん10歳の誕生日には，母親は「いろいろあるが，主人も私もＦを授かったことを喜びと感じている。問題はあるが一つ一つ向き合っていきたい」と記入されています。11月には休日にはじめて父親と出かけ，その後も父親と自転車に乗るなど休日の過ごし方にも活動の幅が出たり父親と過ごす回数が増えたりして，関係が深まっていることが感じられました。Ｆちゃんの方からも父親に新聞のチラシを見せて「うどん，えび」とねだり，うどん屋に連れていってもらうなど，心理的な交流がより一層深まっていきます。父親から「Ｆの表情が豊かになりおもしろい」との言葉も聞かれました。

（２）学校──理解の広がり

　３年生の４月，私は当時「養護学校への就学が望まれる児童であることを意識して」と言われて引き継ぎを受けました。地域の小学校において，Ｆちゃんに適した教育的環境を整えるにはさまざまな課題も多かったのは事実です。しかし小学校自体が変化していくべき要素は多くあり，その余地も少なからずあると確信していました。そこで，Ｆちゃんの実態をより詳しく知ってもらうため教職員向け通信を発行したり，職員会などで学校行事・児童会行事などへの参加の仕方を説明したりしました。当該学年とは別の発達の近い低学年との交流や，体験活動への参加が実現していくよう理解と協力を求め調整を図ってい

きました。このように丁寧にFちゃんの実態を示していくことで、ゆっくりとではありますが、Fちゃんに関する共通の話題ができる基盤が教職員の中に生まれてきたように思います。通常学級の子どもたちに対しても機会あるごとに理解学習を進めてきたため、放送や廊下歩行の際に音量に気をつけたり、遊びの中でFちゃんに立ち位置がわかりやすいように印をつけたりするなど、子どもたち自らがFちゃんに配慮する様子が見られるようになりました。

（3）地域社会——存在を支えるまなざし

　買い物実習などで地域の商店街などに行くときは、事前に通信を配布して店員さんとの細かな打ち合わせを行い、障がいに対する理解を求めました。店員さんにはFちゃんにゆっくりはっきりとした口調で話しかけていただいたり、「お金を払う→おつりを受け取る→袋に入れる→あいさつを言う」という手順を確認しながらお金のやりとりをしたりするなど、Fちゃんにわかりやすい対応をしていただきました。また担任とのあいだで「自閉症関連の本を読んでみた」などと話題になることもありました。アイデア貯金箱コンクールでは地域の郵便局の配慮によりFちゃんの作品が展示されるとともに『郵便局長賞』を受け、地域の中でもFちゃんの存在を感じることができるようになりました。

6　おわりに——学校全体での支援体制づくり

　小学校生活に対して明らかな不適応行動を示しているFちゃんに対し、まず基本となる場所や日課を作り、Fちゃんの安定した状態を引き出すことに重点を置いて取り組みました。早い時期に小学校の通常の流れから一時的に引き離し、思い切った日課や教育課程を組むことで一定の効果が得られました。Fちゃんの抵抗のため実施できなかった発達検査も、2年目に入り、安定した状態で他者からの働きかけを受け止める素地ができてきたため受けることができました。そして、その結果を児童理解と指導の手だてに生かすことができました。このような学校生活上でのFちゃんの変化とともに、家庭との連携を十分に図

りながら教育のあり方を考えていったことで，学校と家庭との信頼関係が生まれ，共同の歩みが可能になりました。このことは，Fちゃんと父親との関係に見られる家庭内の人間関係の改善にもつながっていったと思われます。

　一方で，担任や母親といった限定された人間関係での安定が強化されるほど，Fちゃんがその他の人との関係を避けようとする実態も見えてきました。そのため2年目以降は他の教師との授業時間を設定したり，健康観察カードを一人で保健室に届けにいくなど新しい人間関係の中でのやりとり場面を意図的に設定したりすることで，その解決を図ってきました。その結果，本児の適切な学びの機会が増えたと同時に，学校内でも自閉症という障がいを正しく理解し，適切な指導・対応を探ろうという動きが生まれました。

　周囲の人の行動の意味がつかみきれないために安定した世界に入り込めず，拒否の経験が積み重ねられることによって学ぶ機会を失い，社会的にも孤立していたFちゃん。時間をかけて困難な状況を乗り越えていくことで全体的な疎通性がよくなり，その他の面でも子ども自身の自己コントロール力の向上が見られることが示されました。Fちゃんの変化は，かかわる人々や環境の変化とは切り離すことができません。Fちゃんにとっての適切な学習環境を整えていくということは，自閉症児の在籍する学校のあり方そのものを問うことでもありました。障害児学級の実態やFちゃんの実態を広く公開し，外に向かって理解と協力を求め続けていくことで，学校全体としても自閉症の障がい特性に配慮した教育の重要性に気づき変化していくことができたのです。Fちゃんに対して，担任のみではなく学校体制として支えていくことができたという点において，この事例は特別支援教育における学校支援体制づくりの歩みそのものであったと振り返ることができます。自閉症をはじめ，Fちゃん以外の特別な支援を要する多くの子どもたちのケースにおいても，小学校の貴重な経験として蓄えられた事実は活かされることでしょう。

第8章
「ぼく,友だちと何を話していいか,わからないんだ」
―― 周りの生徒との関係の中に絡め取られるまで ――

大城徳子

1 はじめに

　私は,就職してからの9年間は,小学部で主に重い知的障がいのある自閉症の子どもたちとかかわってきました。しかし昨年の4月に高等部へ異動することになり,はじめて軽度知的障がいの生徒たちを受け持つことになりました。2年生になった生徒たちは,みなそれぞれに落ち着き始めてはいましたが,「大人との関係」「友だちとの関係」に弱さをかかえ,自己肯定感や自分の生活への意欲が乏しい傾向があるように見えました。出身中学校でイジメを経験している生徒が多く,自分が主役になってがんばったという経験が少なかったことと関係があるように思われました。

　Gさん（男子）はこのクラスの中にいて,対人関係の弱さの質に違いを感じる生徒でした。クラスの中で複雑に絡み合う関係の中で,一人浮いているように見えたのです。授業中,取り組み内容について説明しながら,私の方を見ている生徒に目を合わせ,ちょっとうなずいて見せることがあります。これには「○○さん,どう？　先生の言いたいこと,伝わってる？」とのメッセージがこもっています。すると相手の生徒は,ちょっとうなずき返し「うん,わかるよ！」というメッセージを返してくれます。そんな他の生徒には易しい目と目のコミュニケーションが,Gさんとは難しかったのです。同じことをGさんにしてみせると,彼はちょっと慌てたふうに目を反らしていました。怒られた子どものような表情で「なんで僕を見るの？」と聞き返してくることもありまし

た。私がなんらかのメッセージを送ったことは理解しているようなのですが，やりとりとしてはすれ違っていました。話し言葉でのすれ違いよりも，このようなちょっとしたノンバーバルなやりとりでのつまずきが，彼の印象を「周りから浮いた」ものにしていたように思います。

そんな彼が，しばしば深刻そうに訴えてきたのが，「ぼく，友だちと何を話していいか，わからないんだ」「ぼくなんて，生まれてこなければよかったんだ」ということでした。昼休みなど，話しかけてほしそうにうつむいていることが多かったので，「どうしたの？」と話しかけると，打ち明けてくるのでした。Gさんだけが一人で過ごしているわけではないのに，まるで自分だけが「みんなとは違って，ぼくはひとりぽっちだ。みんなに避けられているんだ」と感じているようでした。

Gさんの対人関係をどう見るのか，そしてGさんの悩みをどう受け止めていけばいいのか，ここから私とGさんの試行錯誤が始まりました。

2　家族構成と生育歴

父，母，姉との4人家族（祖母は3年前に他界）。母親が外で働いていて生計を立てておられます。仕事を休めなかったため，Gさんの育児は2か月のころから祖母に任せていたそうです。

妊娠中はとくに異常ありませんでした。

在胎は10か月，帝王切開にて出産。とくに異常はなかったそうです。

ハイハイは9か月，つかまり立ち12か月，一人歩き15か月。3か月ごろからあやすと笑っていたそうです。

いつの健診か忘れたそうですが，「言葉に遅れがある」と指摘され，療育を勧められましたが，母親が多忙なことなどから行かなかったとのことでした。

トイレトレーニングは問題なくできました。

幼稚園に2年通いました。加配等はなかったそうです。担任からは「言葉の遅れ，はさみなどの道具を使うことが難しい（不器用）」と言われていました。

友だちとよく遊び，友だち同士で家の行き来をしていたようです。友だち同士のトラブルはとくにありませんでした。

人見知りはとくになかったそうです。「近所の人にも，知らない人にも，わけへだてなく挨拶ができる子」とよくほめられていました。

あやしづらかったとか，関係がとりにくかったとか，動き回って大変だったとか，集団に入れないなどの自閉症を疑わせるようなエピソードはとくにありませんでした。

小学校に入学したときは，通常学級に在籍していました。友だちと放課後遊ぶことがなくなってしまい，帰宅後テレビゲームをすることが多くなりました。

2年生になる前に障害児学級を勧められ，両親とも「それがＧにもよいだろう」と考え，2年生からは障害児学級に入りました。友だちもでき，家でも友だちの話をするようになりました。「明るく，元気になった」と感じられたそうです。

これまでのＧさんへの子育てに関しては，「とくに困ったことはなかった。学校に行きしぶることもなく，毎日ちゃんと通えていたので心配することもなかった」とのことでした。

中学校では，ひきつづき，障害児学級に在籍しました。休むことは滅多にありませんでした。両親は「イジメはなかった」と話しておられます。

とくに反抗期もなく，小学校時代と同じように過ごしていました。

テレビゲームや映画が好きで，そればかりの毎日なので，問題は感じていたそうです。Ｇさんは時折悪い言葉づかいをするようになり，暴力的な場面の多いテレビゲームや映画から，悪い影響を受けていると思っていたそうです。

3　高等部1年生のころの様子

(1) 個人ファイルの記録から

「Ｇくんなら高校に行けるのに」と近所の方に言われることもあったそうですが，両親は「養護学校がいいだろう」と判断されました。Ｇさんも拒否はし

なかったそうです。

以下は，個人ファイルの記録からの抜粋です。

①発達検査

新版K式発達検査2001（中学3年生時）

認知・適応　6：6／言語・社会　7：6／全領域　7：0

②教科の力

国語…小1程度の漢字の読み書きができる。文章の読み取りは小2程度。作文では，やったことは書けるが，気持ちまでは十分に書けない。漢字検定9級合格。

算数…2桁の加減は繰り上がり，繰り下がりもできる。1桁の乗除はできる。文章題はできない。時計の針を進める問題はできない。午前・午後の理解はできた。お金の計算は，10円玉，100円玉ならできるが，50円玉，500円玉が入ると混乱している。

③生活の力

人との距離のとり方，かかわり方が下手である。相手が傷つくかもと言っていながら，先に言葉が出てしまうことが多い。他の人から評価を求めたがる。気持ちが続かず，人の話が聞けない。他の人をほめることがあるが，自己評価が低い。

1年生の終わりには人の顔をのぞき込んだり，くっついてみたりすることは，ほぼなくなった。相手が傷つくことや見たことをそのまま言ってしまうことも，ずいぶん減った。落ち込む場面も減り，「ぼく，がんばってるやろ」と評価を求める場面が減ってきたのはいろいろな活動を経験することにより，はじめはできなくても，自分でできることが増え，自分に自信が持ててきたからではないか。

「他の生徒がどうしているか，自分は今何をしなければいけないか，考えさせる」ことが必要。

④総評

1学期は持つことさえ怖がっていた包丁や裁縫道具についても，ホームルー

ム等で何度も経験する中で、ほぼ抵抗なく取り組めている。失敗することも多いが、とにかく自分で何度もやってみることで習得し、自信をつけてきた。自信を持つことにより、自分が周りからどう思われているか、評価を気にすることも少なくなってきた。これに伴い、人との距離のとり方についても、一定の距離を持ててきているように思う。今後もいろいろなことを経験する中で、自分自身でできることを増やし、自信につなげていってほしい。

（2）学校と家庭での様子

このころ困った行動として指摘されていたのは、「大人の頬に鼻がつくほど顔を寄せてくること」、「体がくっつくほど、女性教師に近づいてくること」、「相手が失礼だと思うようなことでも、悪気なく言ってしまうこと」、「カーテンにくるまり、気づいてほしそうにすること」でした。これらについてはわざと嫌がって見せたり、「もし自分がこんなことをされたら（言われたら）、どう思う？」「周りが見たら、どう思ってるかな？」と問い返すなど、その場その場で指導したりしていたそうです。そして1年生が終わるころには、そういった目立った行動は、かなり減っていました。実際2年生から担任した私は、Gさんがカーテンにくるまっているのを見たことはありません。ご両親にこのころのことを聞いてみると、「養護学校に行って、またがらっと変わった。自分でできることが増えた。料理や洗濯など、やってみたいと思っているのがうれしい」とのことでした。父親は心配性なところがあり、Gさんに何か新しいことをさせたいと思うよりも、「危ないから、させられない」と少し過保護な傾向がありました。Gさんは「包丁を持ったことがない」など、他の生徒に比べて少し生活経験に乏しい傾向がありました。しかし、スクールバスでなく自転車と公共の交通機関で通学することや、包丁を使うことなどに学校で積極的に取り組み、Gさんが「できた！」とうれしそうにしている様子を伝えると、家庭でも少しずつさせてくださるようになりました。

4 Gさんとの出会い──高等部2年生・1学期

　2年生になったGさんを，私は受け持つことになりました。担任は3名で，私以外の2名は前年度から引き続いて担任になりました。生徒は2年生ばかり9名でした。
　Gさんは，人なつこい，期待でいっぱいの顔で，私を迎えてくれました。始業式の後，スーツ姿の私にちょっとはにかんだように「きれいですね！」と言ってくれました。どうもスーツに着目して言っていたように見えましたが，「なんとか褒めて，仲良くならなくては」という気持ちが伝わってきたので，そこがとてもかわいらしいと感じました。また，「午年なので，馬に乗りたいです」と抱負を述べたとき，Gさんの独特の世界がとても楽しく感じられました。素直で，人とかかわることが好きで，少しお調子者のGさんですが，「自分のテンポ」を持っているだけではなく，軽い自閉症の傾向を持っているように思われました。
　1年生のときにはしばしばあった，「○○さん，どうしてそんなに太ってるんだい？　健康に悪いから，やせた方がいいよ」と女子生徒に言ってしまうようなことも，かなり減っていました。
　このころ，私がGさんについて特徴的だなと気になったエピソードのうち，「はじめに」で書いた「目と目のコミュニケーションの難しさ」以外のものを，いくつか紹介したいと思います。

（1）共感性の弱さ──みんなのように感じたい

　同級生（他クラス）の告別式に出たときのことです。Gさんはみんなの雰囲気に飲まれ，「みんなのように，悲しそうな顔をしなくてはならない」と，努力をしているように見えました。緊張のせいか，少し油断すると「えへへ」と笑顔が出てしまうので，「とても大事な場面だから，笑ったりしないように」と注意しました。告別式で泣いているみんなを見た後，「僕は泣けなかったな」

と泣かない自分を「ダメな人間だ」と言い，数日たってからもみんなのように悲しみたいという気持ちからか，「先生，僕のエンジェルハートが○○ちゃんにはばたいているよ」と表現していました。周りの人の気持ちを知りたいと思い，自分も同じように感じたい，でもうまくいかない……というエピソードの一つです。

（2）独特な言葉づかいとコミュニケーションのずれ──他者の視点のとらえにくさ
① 「お世辞」が言えない

　友だちに対しても，教師に対しても，よく「〜です・〜ます・〜だよ」調で話します。友だちもご両親も関西弁を話しているのですが，Gさんは標準語を話します。また，言葉を字義通りにとらえることが多く，慣用句を使おうとするのですが，正しい意味をとらえることが難しく，間違った使い方をしてしまうこともありました。どこかで聞いたことがある，台詞のような言葉使いをすることも多いです。

　ある日，女子集団が私をからかい「ヘンな髪型〜！」「かわいくな〜い！」と連発しました。かかわってほしいのに，連絡帳を書き続ける私を挑発しているのだとわかりますので，「うるさ〜いっ」と怒ったフリをしてかわしていたのを，Gさんは遠巻きに見ていました。彼は私がいじめられていると思っていたらしく，女子が他所へ行ってしばらくしたとき「先生，先生は，先生なりに，ふつうですよ」と慰めてくれました。ここはお世辞で「先生なりにかわいい」と言ってもいいところなのですが，お世辞のもつ「嘘も方便」的な意味合いは，理解が難しいようでした。

　逆に，きれいで若い女性の教員数名には「先生，今日もお美しいですね」と毎日のように言っています。そして「つい，お世辞を言っちゃうなぁ」と言っていました。「お世辞」を「褒めちぎること」と取り違えていたからです。その間違いを伝えると，次の日から「お世辞じゃないですよ」と言うようになりました。

② 「相手の視点」や「仮の世界」を共有することの難しさ

　「デブ・ブス」等の発言は、1年生のころと比べると、ずいぶん目立たなくなっていました。でも、「先生は、顔が黒いのに、字はきれいですね」と褒めるつもりで言ったり、太った生徒がそばにいるのに「ぼくはデブになりたくないんだ、みっともないんだもん」と悪気なくまじめな顔で言ったりしてしまうなど、相手や周りの人が聞いたらどう思うかということを意識して、発言を控えるのは難しいようでした。「もしGくんが～って言われたら、どう思う？」という問いかけには、「自分が言われたらイヤだね。これからは気をつけるよ」と答えられていました。でも、私は彼が「言ってはいけない言葉を言ってしまったと怒られているのだ」と理解をして返答しているように思われました。「自分が言われたらイヤだ」との返答はパターン的なもので、逆の立場を想像し、自分のこととして考えることが難しそうに見えたのです。「明らかに言ってはいけない言葉、禁句」をたくさん覚えるだけでは限界があり、応用が利かないのだなと思いました。

　「うそはダメなこと」と思っているから「言ってはいけないこと」を言うのではなく、「相手の視点と自分の視点の両方をとらえること」が、難しいようでした。それは、「相手のつもり」をとらえることの弱さにも表れ、「仮の世界」を共有することにも、固さが感じられることがありました。『もし～だったらどうする？』という緊急時の対応に関する学習をしたときです。「もし、通学中に自転車がパンクしたら、どうする？」、「もし、サイフを落としたことに気づいたら、どうする？」などの質問に、自分ならどうするかについては、「学校に電話します」、「警察に届けます」と答えられました。しかしその後、電話をかけるロールプレイをしたときのことです。私が自分の役で電話に出ているときは問題ありませんでした。でも私が急に「教頭先生の役」をし始めると、周りの生徒たちは面白そうにしてくれたのですが、Gさんは「おかしいじゃないか、どうして大城先生が、教頭先生なんだよ？　大城先生は、大城先生じゃないか？」と言うのです。そこで「今、大城先生は、教頭先生のフリをしてるんだよ。もしかしたら、教頭先生が電話に出るかもしれないからね」と伝

第8章　「ぼく，友だちと何を話していいか，わからないんだ」

えると，「そうか，フリをしてるんだね」と納得したようでした。Gさんの番が回ってきたときも，教頭先生のフリをしてみたところ，他の生徒のやりとりをまねて，「教頭先生，〜なので，大城先生に代わってください」と言うことができました。みんなで共有している「仮の世界」を同時に共有することは難しいようなのですが，「みんなで同じ『フリ』をしている」ことを教えられると，友だちのフリをまねすることで，共有しようとすることができたのです。

（3）文脈が読めない——みんなについていけないことへのいらだち
①その場のノリを理解できない

　同級生たちが，「うっさい（うるさい），黙れ！」「おまえこそうっさいんじゃ！」とケンカのような口調で言い合っていると，誰でもはじめはそう思うように，Gさんはそれをケンカだと思っているようでした。でもじつは，それは何度も繰り返されてきた，クラスの中だけでしか通用しない「お約束的な儀式」であり，言葉に表れない微妙な気持ちの駆け引きを楽しんでいるものなのです。何度か繰り返されていく中で，周りの生徒たちもそれが遊びの一つだと認識していき，作り上げられてきた「お約束」なので，一通り終わるころにワッと一斉に笑い出します。しかしそれが理解しにくいGさんは，みんなが楽しそうにしていると時折「一体何が面白いんだよ！　ちっとも面白くないよ！」と拗ねてしまうことがありました。わかりやすい「ボケ―つっこみ」であれば，一緒に楽しめることも多いですし，自分でも「行ってき舞の海！」などとダジャレを言って笑わせようとすることもできます。でも，先述のような「形のわかりにくいもの」であったり「その場のノリを理解する」ことになったりすると，お手上げのようでした。

　また，そのわかりにくさに拍車をかけていると思われたのは，一対一でやりとりすることに比べて，集団でのやりとりが大変苦手だということです。教師が前で説明しているだけならいいのですが，そこに他の生徒から質問があったりすると，そちらに気を取られてしまい，「今注目すべき文脈」を見失ってしまいます。ですからGさんには，なるべく頻繁に「今は何が話されているの

か」についてそばで伝えるサポートをするようにしています。

②**他者から評価されていないと思いこむ**

　サポートしてもらうことで乗り越えられることもあったのですが，日常場面の中で多々ある「同級生とうまくいっていない場面」が意識されるあまり，「冷たくされているのではないか」「みんなに嫌われているのではないか」ということへの過敏な反応へとつながっていくことがありました。女子集団が○○くんには声をかけたのに，自分には声をかけてくれなかったとか，○○さんは別の男子のことを褒めているが自分は褒めてくれない，などです。学習場面では手先が不器用なため苦戦することが多く，「ノリの悪さ」から，同級生からのGさんへの評価が低くなることも多少ありました。でも，傍目には他の生徒にもあることで，Gさんの勘違いであることも多く，「冷たくされている」のではないかということに過敏なのだと思われました。「オレはダメ人間なんだ」，「生まれてこなければよかったんだ」，「死んだ方がマシだ」などとたびたび訴えてくるので，そのつど「今のは勘違いだよ」と解説していました。

　恋愛への憧れもあります。前年度末，上級生の女子から交際を申し込まれましたが，この年の5月に別れました。相手の気まぐれに付き合わされた形だったのですが，「彼女がいる」ことがとてもうれしかったようです。その後クラス内の別の男子生徒に女子生徒が交際を申し込んだことを知り，彼女に「オレのどこがいけないんだ？　教えてくれよ。おれが，ばかづらだから？　めがねをかけていないから？」等，しつこくつめ寄っていました。彼女に「○○くんくらいの背の高さがいいの」と言ってもらってやっと「ぼくは背が高すぎるな」と納得したGさんでしたが，その後も「女子のオレに対する評価は下段，○○くんに対する評価は上」と表現することがありました。

（4）**教師とのかかわりを求める**——「先生，ぼくのこと見ててね」

　クラスメイトとの関係で，悩むことの多いGさんですが，「先生，今のぼくのできばえは，どうでしたか？」「ぼく，がんばったでしょ？」とよく言いに

第8章 「ぼく，友だちと何を話していいか，わからないんだ」

きており，基本的には教師との一対一の関係を求めていました。「友だちとの関係で悩んでいる」ことを，教師とかかわるための手段にしているように見えることもありました。「落ち込んだとき，先生に一対一で優しくかかわってもらえる」ことの方を，Gさんは期待し，構ってもらえた途端にニコニコとうれしそうにすることが何度もあり，「先生に構ってもらうためのポーズ」だったようでもありました。

(5)「恥ずかしさ」の理解

Gさんは，ときどき恥ずかしがります。生活指導の一環で，入浴指導を行いました。事前に板書で身体図を描き，性器を清潔にしておくことの大切さを話しはじめたとき，急に「恥ずかしいよ〜！」と，顔を真っ赤にしてさわいでいました。他の生徒は照れる方が恥ずかしいので，こらえていたようです。でも他の生徒がどんな気持ちなのか察することは難しいようでした。

また，自分の写っているビデオを見たときも「恥ずかしい！」と顔を赤くしていました。

一見，心底恥ずかしい様子です。でも私には，相手から自分がどう見えるのか直感的に理解することが難しい様子なのに，これほど「恥ずかしがる」というのは，どういうことなのかと不思議に思われました。そこで，恥ずかしがっている場面や恥ずかしがらない場面をいくつか集めて考えてみたところ，Gさんの「恥ずかしい」という気持ちは，Gさんなりに「恥ずかしいというのはどういうことか，どういう場面でどういう行動に表すものなのか」ということを教えてもらったり周りを見て学習したりした結果身につけたものなのだろうと思うようになりました。そう考えると，「恥ずかしいよ〜，顔が赤くなっちゃうよ〜」と紋切り型のようによく言うことや「みんなの前に出ることや，失敗を恥ずかしがることはあまりなく，自分の『顔』や『性的』なことに関する場面でだけ恥ずかしがる」，「恥ずかしがる場面のアピール性が高い」ことが多いことが理解できるようになりました。

5 「友だちがほしいんだ！」

（1）「友だちと上手にしゃべれない」という悩み

　Gさんは，たびたび「友だちがいないんだ」，「ぼくはみんなから嫌われているのかな」，「ぼくもみんなみたいに友だちたくさん作りたいんだ」と悩みを訴えていました。そんなGさんの悩みにどう向き合うか，Gさんの対人面の課題にどうアプローチしていくのか，クラスの担任たちの間で話し合いました。それまでGさんに「相手の気持ちを察すること」，「相手の視点から客観的に自分を見ること」を求める指導をしてきたのですが，難しそうだということがわかりました。また，「こういうふうにお話しすればうまくいく」という場面ごとの会話パターンの学習もしてみましたが，Gさんの言いたいことは当然場面ごとに違うので，「パターンを多くする」ことでは対応しきれず，どうしても「それを言ってはいけない」という指導へとつながりがちでした。同級生たちも「どうしてGさんは自分たちのノリについてこないのか」がわからないため，どうかかわっていいのかわからず「困った人だ」という認識を持ってしまうこともありました。私はGさんをどう支援すればいいのか，行き詰まってしまいました。

　このころのGさんとの会話場面の記録から，Gさんがどのように担任に思いを訴えていたのか，紹介します。場面は，校外学習に行った帰り道でのことです。同級生は各々JRに乗りました。Gさんは朝からみんなの輪に入りきれていなかったという思いからか（傍目にはそうでもないのですが），みんなバラバラに座っているにもかかわらず，「誰も僕とは座ってくれないんだ」と暗い表情になっていました。そこで，私は隣に座り，話を聞くことにしたのです。Gさんが「オレは，一人で，もう，生きている価値がないんだ」，「死んだ方がマシだ！」など言うので，一通り「そうか，悩んでるんだね」と受け止めました。その後の会話です。《　》内は，私の注釈です。

　G：あいさつだけなら，誰でもできるけどな，何もしゃべることなかったら，

第8章 「ぼく，友だちと何を話していいか，わからないんだ」

どうすればいい？

大城：えっと……お天気は？「今日はいいお天気ですね」とか？

G：(笑) そんなこと話しても……もっと面白いこと《を》，……もっとやりたい《話したい》。

大城：そんな面白い話……クラスの中で，できる人いる？

G：たしかに，みんなも，あんまり面白いこと，うまくできない人も，いる。……ぼくと同じ《ように》，面白いこと《を》しゃべることが。どうしたらいい？　どうしたら，つくることができる？　しゃべること。

大城：なるほど，「どうしたら上手にしゃべれるか？」。……今，十分上手にしゃべってるよ，Gくん。先生には。

G：みんなとは，どう話せばいい？

これが，このころよく訴えていた内容です。つたないながらも，切々と自分の思いを言葉にしていきます。Gさんなりに，どうしたら「友だちが作れるか」を真剣に考えているのが伝わってきます。

この後担任のX教諭も参加し，Gさんの悩み相談は続きます。

G：X先生……そうだ！　しゃべることがわかったんだ《どう話したらいいかわかったんだ》！おしゃれな靴だね！……相手をくどく作戦だよ。相手が《相手の》おしゃれなポイントのとこを，言ってあげたら，それで，友だちになれるかなぁ？「おしゃれ作戦！」だよ。…（中略）…みんなといっしょに，友だちになるために，もっとがんばって，しゃべること《話題を》作るよ！

Gさんは，この後晴れ晴れとした表情で帰っていきました。このようなやりとりを何度もしました。Gさんとの二者関係を深め，同級生との関係で悩んでも，「先生との関係で立ち直れる」ように支えるよう努めたのです。いつもGさんがたどり着く「友だちを作るための方略」は，「自分から話しかけなくてはいけない。話題を作らなくてはいけない。相手のいいところを褒めれば，喜んでもらえるだろう」というものでした。これはおそらく，これまでGさんが悩みを打ち明けてきた大人たちからのアドバイスが凝縮されているのだと思います。しかし，この方略でGさんの抱える問題が解決するわけではありません。

また，Gさんにとってのこの悩みが，「友だちと一緒に遊びたい」ということなのか，「気持ちをわかってもらいたい」というものなのか，それとも「嫌われていないかという不安を解消したい」ということなのか，見極めることはできませんでしたが，Gさんが「友だちとの関係」で悩んでいることは確かでした。

（2）同級生との橋渡し

　そこで，クラス担任のあいだで話し合いを持ち，「友だちが作れるようにGさんを変えよう」としてきたこれまでの方針から，「今のGさんのまま，Gさんと一緒に悩み，一緒に同級生とかかわってみる」という方針に変えました。

　具体的には，前述の「Gさんの気持ちを聞き取り，話し合う」二者関係を培うことと平行し，同級生との気持ちのすれ違いからくるトラブルが起こったとき，「Gくんは，〜したかったんだよ」，「ほら，今Gくんに〜って言ってあげたら，Gくん立ち直ってくれるかも！」とGさんの気持ちを代弁し，同級生が私を通してGさんへの理解ができるようにしたのです。「う〜ん，Gさんは，今何を悩んでるんやろう？」と同級生側の気持ちを代弁することで，Gさんの同級生への被害者意識の軽減もねらいました。

　早くに効果が現れだしたのは，周りの同級生の方でした。2学期の終わりには同級生たちがGさんへのかかわり方を理解しはじめ，Gさんが一見拒否しているように見えても，声をかけて励まし，誘ってくれるようになりました。教師がGさんとのかかわり方を示していったことで，同級生たちのGさんへの認識が深まり，徐々にGさんとのかかわりが増えていきました。同時に，Gさんの方も，過度な緊張がとれていき，同級生からの働きかけを上手に受け止められるようにもなってきました。不穏な雰囲気になりかけたときに，同級生が「何拗ねてんねん！」などと突っ込み，Gさんもそれを待っていたかのように「えへへ」とすぐに応じて笑い出す，といったような「Gさんとかかわるときの『ノリ』」も生まれはじめ，お互いのかかわりを楽しめるようにもなってきました。Gさん自身，「同級生たちとうまくいく」ことが増えてきたからか，

さまざまな場面での積極性が増し,「ぼくはダメなやつなんだ」などの発言もみるみる減っていったのです。

6 「喫茶G」開店！——2年生2・3学期

(1) 喫茶コーナーのマスターになる

　集団で群れて遊ぶタイプでない生徒たちが集いやすいスペースを作ろうと考え，2学期の終わりから，教室の窓際に大きなテーブルを置き，喫茶コーナーを設定しました。自席に座って昼休みを過ごす生徒たちを誘い，一緒に遊ばなくてもいいから，まずは場を共有しようと思ったのです。Gさんは「コーヒーの入れ方がわからない」と言っていたので，はじめは私と一緒に，みんなにお茶やコーヒーを入れてあげることを通して，同級生とのかかわりを楽しむことにしました。一人でコーヒーを入れられるようになると，積極的に喫茶コーナーに来るようになり，「マスター，コーヒーお願い」と注文すると「忙しいんだよな～，ちょっと待ってください」とうれしそうにいそいそと入れてくれるようになりました。

　こうして，同級生たちと場を共有していくことで，交流も増えました。それまでは，トランプに誘ってもらっても，苦手意識もあってなかなか入れなかったのですが，このころには誘いに乗って，自分なりに一緒に遊んでみる，ということが増えました。

　ある日，他のクラスの教師にもコーヒーを入れてあげたらとの担任の提案で，「コーヒー飲みませんか？」と誘いにいけるようになりました。トランプなどは自分から誘うことはありませんが，「喫茶G」に誘うことに関しては，この日から積極的に他クラスにまで誘いにいくようになりました。ある程度自分のペースでことが運べ，自分が中心になれることがうれしかったようです。お昼休みの「喫茶G」は3学期になってさらにお客さんが増え，大繁盛するようになりました。元気でにぎやかな生徒はよそで遊んでいたので，「ほっこりしたい生徒」が中心であったのも幸いしたようでした。

（2）Gさんの求める「友だち」とは

　ある日，同級生の一人が，休日にGさんを遊びに誘ってくれました。私は，「これぞGさんの言う『友だちがほしい』という悩みの解決につながるのでは」と期待しました。しかし結果は「何を話していいかわからないから」という理由でGさんから断って終わってしまいました。このようなことが何度か続きました。

　3学期より，卒業後の仲間作りをねらい，休日にもクラスでお出かけする機会を作りはじめました。基本的に全員参加ということにしたので，そこへの参加は嫌がりませんでした。実際，その場では教師の支えもあって楽しむことができました。「また行こうね」というふうには今のところつながっていません。それは，「先生がいないと不安」なのかもしれませんが，もしかしたら「友だちがほしい」ことと「友だちと遊ぶ」ことは直結していないのかもしれないなと思うようになりました。

　Gさんの求める「友だちを作る」とはどういうものなのか，いまだにはっきりとはわかりません。しかし，クラスメイトとの関係の中で楽しめることが増え，悩みを訴えることが減ってきたのは確かです。

7　「え？　怒ってるの？」── 3年生1学期

　学期末の大掃除で，これまで一番トラブルが多かったYさん（男子）とペアになり，更衣室の担当をすることになりました。「ぼくは掃除が好きだ」とうれしそうに掃除をするGさんと，どちらかというと掃除の苦手なYさん。いったんは全体を掃いたものの，まだ小さなほこりがあちこちに落ちていることに気づいたGさんは，ちりとりを手にして，Yさんにほうきを持つよううながし，「ここも！」「ここにも！」と小さなゴミを見つけては楽しそうにちりとりを構え，Yさんがほうきで掃いてくれるのを待ちました。Gさんがやっと見えるくらいのほこりにも注目しはじめると，Yさんは徐々に表情が硬くなってきました。「いつまで付き合わされるのか」といら立っていたのです。そのことに

第8章 「ぼく,友だちと何を話していいか,わからないんだ」

Gさんは気づきそうになかったので,「Gくん,Yくんの顔を見てみ〜?」と笑って伝えてみました。険しい表情を見て,Gさんは「わっ! 怒ってる。どうして? さっきまで,ぼくのこと怒ってなかったのに」と目を丸くして慌てました。Yさんにも少しガス抜きをしてもらおうと,「Yくん,なんか言いたいことあるんじゃないの?」と冗談ぽくうながすと,「G,細かいんじゃ〜!」とYさんも半分冗談のようにしてGさんに伝えることができました。「え? でもゴミがあるんだよ? どうして?」と少し戸惑っているようでしたが,Yさんの「あとちょっとで終わろうや」という言葉に「そうだね,ぼくは細かすぎたかもしれないね」と2人で折り合いをつけることができました。

以前のGさんであれば,よくトラブルが起こってしまうYさんとのペアというだけで,「Yさんとは,怖いしイヤだな」とどぎまぎしていたに違いありません。また,Yさんの方も「Gとは話が合わない。何を考えているのかわからない」と不機嫌になっていたことでしょう。しかし,教師があいだに入り,GさんとYさん,双方とかかわり,関係をつなげていくことで,通訳的な役割を果たし,お互いのかかわりたい気持ちをうまく生かすことができるようになってきました。Gさんも,「どうも友だちとうまくいかない」という感じから「なんとか楽しくやっていける」という実感が持てつつあるようで,もっと友だちとかかわっていきたいという意欲にもつながっていっています。

8　おわりに——周りの生徒との関係の中で

以前は,「嫌われているんじゃないか」「ぼくが話しかけたから,○○さんは怒っているのかな」などと勘違いをして,自分からクラスメイトに話しかけることをためらうことが多かったGさんでした。今では,拗ねて次の活動に向かいにくくなっているクラスメイトがいると,「○○さん,どうしたの?」「行こうよ」と話しかけ,素直に誘ってあげることもできるようになっています。同級生たちも,Gさんのくったくのないはたらきかけに意固地な気持ちをほぐされ,他の生徒が誘っても「イヤ!」とつっぱねるだろう場面でも,Gさんに言

われるとつい笑顔になって応じる，ということも多く見られるようになりました。Gさんと他の同級生とのあいだに，たくさんの関係が結ばれていき，「浮いている」印象はずいぶん影をひそめてきました。

　Gさんの「友だちができないんだよ〜」，「僕のどこがいけないんだ」等の発言の意味をあらためて考えてみると，「みんなとうまくやっていけない」ということを，「友だちができない」という言葉で表していたのかもしれません。相手のつもりを理解することの難しいGさんにとっての「友だち」とはどういうものなのか厳密には把握できていませんが，Gさんの悩みが解消されつつあることは確かだと思っています。

　Gさんへのはたらきかけを，「他者の視点を考えさせる」ことや「どう振る舞えばいいか」というソーシャルスキルの獲得に主眼を置くものではなく，Gさんの今の姿を認め，Gさんと同じ目線で一緒に周りの人たちにかかわっていくものにしたことで，生まれてきた関係の中にGさんが絡め取られていき，Gさんの気持ちの安定をもたらしていったようでした。周りの生徒たちが作り出す「関係」は，Gさんには難解です。しかし，周りの生徒たちの持つ「関係を作っていく力」はそんなGさんをも包み込みつつあります。今はGさんと周りの生徒がどういう友だち関係を築いていくのか，その中でGさんの「自分」への評価がどう変わっていくのか，楽しみにしながら，ときには手助けをしながら「一緒に」かかわっていきたいと思っています。

第9章

第Ⅱ部のまとめと考察
――子どもという存在にどう向き合うか――

東村知子

1 かかわりの工夫と特徴

　第Ⅱ部で紹介した3つの事例は，子どもの障がいの程度や学年，特別支援学校（以下，支援学校）か特別支援学級（以下，支援学級）かといった違いはありますが，いずれも教師やクラスメイトなど他者からのかかわりが受け入れられない，あるいはかかわり方が難しい子どもに対して，どのように支援をしていくかということが焦点となっていました。また，どの事例においても，教師が何を意図して子どもへのかかわりを工夫してきたかということが，かなり意識的に記述されていました。はじめに，それぞれの先生の実践の特徴を，ごく簡単にではありますが，整理しておきたいと思います。

（1）後藤先生の実践の特徴

　後藤先生の事例（第6章）のEちゃんは，就学前に自閉症と診断されており，自らの意に反する他者からのはたらきかけがほとんど受け入れられないということが問題となっていました。また，報告されているのは小学校1年時の事例であり，子どもが学校という慣れない場に入り，そこで新たな生活世界をどう構築していくかという点に意識して，取り組みがなされていました。こうした特徴は，第Ⅰ部で紹介した後藤先生のもう一つの事例（第3章，Cくん）とかなり重なっています。

　後藤先生の実践には，いくつかの柱が立てられています。まず基本的かつ一

般的なこととしては，入学前の綿密なアセスメントと，環境面での工夫があります。アセスメントは，保護者や保育・療育機関からの聞き取りを行うだけでなく，「体験入学」や「一日入学」として子どもが入学する前に保護者と一緒に何度か登校する機会が設けられており，教師が直接子どもを観察し，前もって様子を知ることが可能になっています。環境面での工夫としては，給食はランチルーム，ブランコの学習はプレイルーム，というように学習や活動ごとに教室を分けて移動すること，活動場面の設定に特色をもたせたり教材・教具のレイアウトをはっきりさせたりして，何をする場所なのかが見てわかりやすくすること，などが挙げられています。

　このような基本的な工夫のほかに，後藤先生ならではの特徴的な考え方も随所に示されています。第5章でも触れられていますが，その代表的な例は，①子どものいわゆるこだわりや拒否に対して粘り強く交渉を続けていること，②問題行動にはとりあわず，ひたすら課題を提示し続けること，③子どもが一人でできそうなこともあえて教師がかかわって一緒にすること，の3つです。

　一つ目の「交渉」は，Eちゃんの食事の場面に顕著に表れています。後藤先生は，Eちゃんが嫌がって椅子からずり落ちても，何度も何度も席に座り直させます。そして一口でも食べてほしいというメッセージを全身から発しながら，子どもに向き合ってスプーンを差し出したまま，ひたすら待ち続けます。ときには取っ組み合いをして汗をかきながら，子どもと真正面からぶつかっているのです。このことを別の角度から言えば，2つ目に挙げた，問題行動にはとりあわずその子が今なすべき課題を提示し続けるということになります。第Ⅰ部第3章のCくんは，状況がわからないときや，その場から逃れたいときに，自傷行為やツバ吐きなどが見られました。しかし，後藤先生はそうした行動そのものを制止したり禁止したりするのではなく，あくまで課題を示し続けながら，Cくんが課題に向き合うのを援助し，見守っています。

　第三に，いちおうは一人でできること，できそうなことであっても，教師が一対一でかかわりながら一緒にするようにしたということが述べられています。私たちは，何事においても子どもが「一人でできるようになる」ことを目標と

するのが普通です。またクラスに他にも子どもがいれば，自分でできることは本人に任せて，そのぶん違う子どもを援助しようとするのではないかと思います。しかし，後藤先生はそこをあえて一緒にするというところが特徴的で，興味深く感じられます。

（2）山口先生の実践の特徴

　第7章の山口先生の事例は，本書では唯一の，支援学級の事例です。地域の学校の支援学級には，他の教師の理解や認識が十分でないなど，支援学校にはない特有の困難があるようです。はじめて支援学級の担任になった山口先生は，戸惑いながらも，子ども自身に対する支援と，その子どもを取り巻く周囲の環境づくりとを一体的に進めていきます。山口先生の実践は，子どもへのかかわりと並行して，家庭・学校・地域という子どもが生きる環境に対してもかなり意識的にはたらきかけていることと，具体的な支援計画を立て，それに沿って支援を進めていることが特徴的です。支援計画の長期目標には，活動と学校生活，他者との関係，食習慣の改善という3つの観点がありますが，いずれも，まずよりどころとなる「核」をつくり，そこから広げていくという一貫した方向性が見出せます。たとえば学校生活では，まず山登りや料理，プールなどのFちゃんが興味を持ちやすい活動をメインの活動に据え，それにしっかり取り組めるようになれば，その前後に他の活動を設定するというようにして，一日の学校生活の流れを定着させていきます。対人関係においても同様に，まずは担任との関係を作り，そこから担任以外の教師へと，かかわりを受け入れることのできる相手を広げていこうとしています。

（3）大城先生の実践の特徴

　第8章の大城先生の事例では，「友だちと何を話していいかわからない」と悩むGさんに対して，喫茶Gという場をつくり，周りの生徒とのあいだを教師がつなぐことで，その悩みを解消していきました。とはいえ大城先生も，はじめからこのような方法をとればうまくいくとわかっていたわけではありません。

大城先生も，それ以前の担任の先生も，Gさん本人に友だちとの適切なかかわり方を身につけさせるというかたちでの指導を行っていたのですが，それではうまくいかないということが次第に明らかになってきました。そこで大城先生は，Gさん本人を変えようとすることをあきらめ，GさんはGさんらしいままで，友だちとコミュニケーションができる方法がないかを模索しはじめたのです。その一つが，喫茶Gでした。

2　かかわりの意味とその背景

　このような3名の先生たちの特徴的な支援には，いったいどのような意味があるのでしょうか。ここでは，アセスメント，環境へのはたらきかけ，子どもとの交渉と格闘の3点に絞り，その意味を考えてみたいと思います。

（1）アセスメントの重視―― かかわりの歴史と「症状」の形成

　どの事例においても，教師が担任として出会うまでの子どもの育ちの様子，出会ったころの子どもの姿が，詳しく記述されています。とくに第6章のEちゃんの事例では，前半の入学する前の様子が，実際に教師がどのような支援をし，子どもがどう変わったかという経緯と同じぐらい丁寧に報告されています。なぜこれほど入念に子どもの姿を描こうとするのでしょうか。障がい児教育や保育にかかわっておられる方であれば，アセスメントの重要性はもう十分わかっていると思われるかもしれません。アセスメントを通して子どもをよく知り，かかわりの糸口を見出すこと，また定期的にアセスメントを繰り返すことで支援のあり方を反省し，これからの支援方法を検討するということは，教科書にも書かれている援助の基本です。ただ，私たちがアセスメントを重視する理由は，それだけではありません。

①理解とかかわりは表裏一体

　第一に，私たちが子どもをどのように理解しているかによって，その子ども

に対する私たちのかかわりはおのずと決まってくると考えられます。あまりよい例ではありませんが，ある子どもが幼稚園で友だちに噛みついたとします。もし，その子がふだんから頻繁に周りの子とトラブルを起こしているような子どもだったら（そのような子どもだと理解していたら），おとなはおそらく「あ！また！」と思い，すぐさま「どうしていつも噛むの！」とその子を叱りつけるかもしれません。でももし，その噛んだ子が，ふだんはおとなしくてめったに友だちに危害を加えたりしないような子どもだったら（そのような子どもだと理解していたら），私たちは驚き，叱るよりも前に「どうしてそんなことをしたの？　何があったの？」と心配して尋ねるかもしれません。もちろん，ベテランの先生と新任の先生，親と保育者では，実際の対応は異なるでしょう。しかし，その子どもをどんな子どもだととらえているかが，私たちの対応に影響を及ぼすことは確かです。私たちは，子どもの行動や発言に対して，考えたり迷ったりしながら対応することもありますが，考える間もなく何らかの反応を返してしまっていることがほとんどではないでしょうか。逆に，とっさに返すその反応こそが，私たちがその子どもをどのように理解しているかを示すとも言えます。子どもの理解と子どもへのかかわりは，「こう理解して，そののちにこうかかわる」というように切り分けられるものではなく，まさに表裏一体なのです。だからこそ，教師たちは，できるだけ正確な「子ども像」をつかんでおこうとするのだと思います。

②新しいかかわりのかたちを作る

　第二に，私たちは，子どものこだわりや偏食，パニックなどの「問題」がその子の「障がい」なのではなく，そうした問題を，これまでの生活世界や他者との関係の中で形成されてきた「症状」（浜田，2003）としてとらえることが必要だと考えています。もし「自閉症だから」，こだわりがあったりパニックになったりすると考えるならば，その子の障がいが治らないかぎり，そうした問題に対する手立てはないことになってしまいます。障がいがまったく無関係だというわけではありません。しかし，子どもが自閉症という障がいを抱え，家

庭や保育園・幼稚園という場で他者と生きていく中で，こだわりやパニックという世界や他者へのかかわりのパターンが形成されてきたと私たちは考えます。そのように考えるならば，特別支援としてなすべきことは，子どもと他者や環境とのあいだに新しいかかわりのかたちを作り，それを積み上げ，より望ましいパターンを形成していくことなのではないでしょうか。そのためには，アセスメントを通して，そうしたパターンがどのように形成されてきたかを見極めることが重要になってくるのです。

　このような見方は，「問題」を，その子どもに帰属させない見方でもあります。あとでも述べたいと思いますが，私たちは，個体としての子どもに能力や能力の欠如を帰属させる，個体主義的な見方は大きな問題をはらんでいると考えています。ある人が何かができないとき，通常はその人自身の能力が欠如しているとみなされます。たとえば，他者との関係がうまく持てない子どもは，コミュニケーション能力やソーシャルスキルが欠けている，というように。しかしそうした特徴もまた，それまで子どもが生きてくる中で，世界や人々とのあいだで作り上げてきた，一つのかかわりのかたちなのです。ですから，子どもの行動を変えたいのであれば，その子自身に何かを教え込むだけでは不十分であり，子どもと子どもをとりまく環境との関係を変えていくという視点が欠かせません。トラブルや問題を，つねに，子どもとその環境とのあいだで生じている出来事としてとらえること。それはあたりまえのようでいて，個体主義的な見方に慣れてしまった私たちにとっては意外に難しいのではないでしょうか。だからこそ，その意識を持ち続けることが大切だと思います。

（2）環境を変え，整えること——「構造化」との違い

①環境への配慮とはたらきかけ

　（1）で述べたように，特別支援においては，子どもと子どもをとりまく環境との関係を変えていくという視点が必要です。だからこそ，環境へのはたらきかけが重要になってきます。この環境への配慮やはたらきかけを重視するという点も，具体的な方法や考え方はそれぞれ異なるものの，3人の先生の実践

に共通しています。

　第7章の山口先生は，家庭に対しては，障がいの受け入れに消極的なFちゃんの父親がFちゃんにかかわれるような場を作ろうと試み，学校では，他の教員にFちゃんの実態を通信で知らせ，学習環境の設定（たとえばプールの時間）について協力を求めるなどして，Fちゃんの望ましい変化を引き出す人的・物的環境を整備していきます。第8章では，大城先生がGさんと周りの同級生のあいだに立ち，双方の気持ちを代弁したことによって，同級生の側がGさんへのかかわり方のコツを理解しはじめ，お互いに「うまくいく」ことが増えていったと書かれています。周囲の人々が変化することで，子どもが他者ととともに「生きるかたち」（浜田，2009）が変わり，その子自身も周りの人も生きやすいという状況が結果的に生まれています。必ずしもその子自身を変えなければならないわけではありません。周囲の人々の側が変わることによって，生きるかたちは変わりうるのです。

　第6章では，子どもにとって自らが置かれた状況をわかりやすくし，子どもが理解し，行動できる世界を広げていくという意味での，環境の配慮について述べられています。山上（2003）は，自閉症の子どもたちがかかえる大きな問題は，「世界とのかかわりの限局性」にあると述べています。自閉症の人々は，理解できることや興味を持てるものが非常に限定されているがゆえに，外界の事物や他者に対するはたらきかけもまた，非常に限られたものになります。私たちをとりまく環境は，さまざまな「意味」にあふれています。たとえば，コップはお茶を飲むためのものであり，靴箱の前に置かれているスノコやマットは，そこが靴を履き替える場所であることを意味しています。私たちは，ふだんはほとんど意識することなく，環境がもつ意味に沿ったふるまい方をしています。幼い子どもも，1歳の誕生日の前後から急速に私たちが共有している意味の世界に参入し，他者の行動や事物の用途を理解しているようなふるまいを見せたり，指さしなどで私たちに何かを伝えたりするようになります。しかし，自閉症の人々は，私たちとそうした意味を共有することが難しいのです。

②環境のもつ2つの意味

　環境のもつ意味について、ここでは2つのレベルを区別して考えてみたいと思います。一つは「事物的な意味」、すなわちアフォーダンスです。単純化していえば、環境のある事物や状況によって生物のある行動が引き出されるとき、その引き出された行動が、その事物（状況）がその生物にとってもつ意味（アフォーダンス）です。たとえば、ちょうどいい高さの平らな面をもつ台は、人間の座るという行動を引き出します。よってその台は、座るものという意味（アフォーダンス）をもつといえます。このような事物的な意味については、自閉症の人々であっても、ある程度共有できると思われます。

　しかし、環境にはもう一つの意味のレベルがあります。ここではそれを「社会的な意味」と呼びます。先ほど例として挙げたちょうどいい高さの台であっても、それがもしそれを使う人々のあいだで「机」や「テーブル」と呼ばれているものであれば、その上に座ることは行儀が悪いこととみなされます。同じ高さ、同じ材質の台であっても、それが社会的にどう意味づけられているかによって、適切な行動とそうでない行動が生まれてきます。つまり、事物的な意味は同じであっても、社会的な意味が異なるという場合があるのです。自閉症の人々にとってとくに課題となるのは、この社会的な意味を共有することではなのではないかと考えられます。よく出される例ですが、自閉的な傾向のある子どもが電車のおもちゃを線路の上で走らせて遊んでいるとき、床に寝そべって熱心に車輪を眺めていることがあります。障がいをもたない多くの子どもたちは、成長するにしたがって、ただ電車を走らせるだけでなく、「つぎは〜○○えき〜」というように運転手や車掌になりきって遊ぶようになりますが、そうした遊び方は自閉症の子どもにはあまり見られません。おもちゃを実際の電車のイメージに重ねて遊ぶとき、そのイメージが、ここでいう社会的な意味の例であり、回転するという車輪のもつ物理的な特徴が、事物的な意味の例です。

　自閉症の子どもたちは、社会的な意味を共有することが難しいからこそ、わかりやすいかたちで場や状況の意味を伝えていくための工夫がどうしても必要になります。その手がかりとなるのが、事物的な意味です。教室や教材のレイ

アウトの工夫には，子どもが事物的な意味に気づきやすくするという意図があるのではないかと考えられます。

　その点では，山口先生（第7章）の，活動や対人関係の「核」となるものを作り，そこから広げていくという支援の方向性も，同じねらいをもっているように思われます。子どもたちの世界とのかかわりを広げていくには，まず突破口を作らなければなりません。そのために，子どもがいま興味をもっているもの，あるいは興味をもちやすいものから始めるというのは当然といえば当然です。子どもに徹底的に寄り添うことでかかわりの接点を探し，そこから少しずつ子どもとの関係を築き，子どもが関心をもてる活動を広げていくのです。ただこうした支援はどんな場合でもできるわけではなく，一人の教師に対する子どもの人数が非常に少なく柔軟にカリキュラムを考えることができる支援学校や，支援学級でもFちゃんのように一人学級という特殊なケースだったからこそ可能であったことは確かでしょう。

③「構造化」との違い：関係性を築くための環境の工夫

　こうした環境面での工夫は，自閉症の支援でよく取り上げられる「構造化」と同じではないのかと思われる人もいるかもしれません。しかし，後藤先生の工夫は，自身も事例（第6章，p.128）の中で述べているように，次の3つの点で「構造化」とは異なると考えられます。

　一つ目の違いは，「構造化」のもつ，関係性をできるだけ排除するという方向性です。山上（2003）は，自閉症者に対する治療教育プログラムとしてよく知られるTEACCH（ティーチ）を例に，それは「彼ら（自閉症者）が苦手とする関係性を可能な限り排除する方略を工夫したもの」であり，その手法の一つである「構造化」は，「人との関係が難しい子どもたちであるからこそ，状況や関係によって変化する要因を排除して，状況へのある種の見通し，『分かる』状態を実現すること」だと述べています。一方，後藤先生が子どもにとって環境をわかりやすいものにするのは，子どもと共有できる意味を少しでも増やし，そこから子どもとの関係性を築いていこうとするからです。自閉症の子どもた

ちが苦手とする関係性を迂回するのではなく，あくまで関係を築くための手がかりとして，環境を工夫するのです。

　本章のはじめに，後藤先生の実践の興味深い特徴の3つ目として，「子どもが一人でできることでもあえて一緒にする」ということを挙げましたが，それもこの点に関係があると思われます。まず，すでに一人でできることというのは，その子が比較的理解できていることです。そのため，それを子どもとかかわりをもつための入り口にすれば，子どもからの拒否や抵抗は少ないと考えられます。さらに，後藤先生は，ただ「一人でできる」というだけでは十分ではないと考えているような印象も受けます。自閉症の子どもの発達の過程において，他者の行動のコピーとも言えるような正確な模倣が見られることが，これまでにも報告されています（岡田，2003）。このように他者の行動を形式的にまねた結果，場に応じた適切な行動ができるように見えることもあるようです。しかし，「なぜそうするのか」という社会的な意味が伴っていなければ，本当の意味で「できる」ことにはならないのではないでしょうか。教師が寄り添って一緒にすることにより，子どもに，その行為のもつ社会的な意味を理解させていこうとしているのです。

　先に，環境のもつ意味には，事物的な側面と，社会的な側面とがあるのではないかと述べました。人間の行為や活動も同様に，2つの側面を分けて考えてみることができます。一例として，「食べる」という行為には，生存のために必要な栄養をとるという，生物として欠くことのできない機能がありますが，そうした機能に還元してしまうことのできない側面もあります。たとえば，ふだん通りのメニューでも，一人ではなく仲のよい家族や友人と一緒に食べたり，天気のいい日に外で食べたりすると，何倍もおいしく感じられるということがあります。これは，「食べる」という行為のもつ社会的な意味の側面を示しています。障がいをもたない子どもたちが，事物や活動のもつ社会的な意味にいつどのように気づいていくかというのは，とても興味深い問題ですが，ここで十分に論じるだけの力量は筆者にはありません。ただ，たとえばトマセロ（2013）は，Kalish（2006）をもとに，新しいクラスルームでの初日に，子ど

もたちがその場ではどういう「やり方」が求められているか（この場合は，上着をどこに掛けるか）を知りたがり，自ら進んでそのやり方に従おうとするという例を挙げています。子どもはいつの間にか「社会的な意味」の存在に気づき，それに沿ってふるまおうとするようになるのです。自閉症の子どもたちはそこに難しさをかかえているわけですが，後藤先生はあくまで，子どもがその行為や活動の社会的な意味を共有したうえでできるようになることを目標としているように思われます。散歩が学習に取り入れられているのも，同じ理由からです。つまり，たんに目的地まで「歩く」のではなく，他者と歩調を合わせ，景色を楽しみながら歩くという散歩の社会的意味を，子どもに気づかせたいと考えているからです。

④「構造化」との違い：私たちの「文化」を押しつけない

2つ目の違いは，「構造化」が，私たちが生きている「文化」をあたりまえの前提とし，こちらの側に自閉症の人々を引き入れる方法であるように感じられるという点にあります。浜田は，自閉症の人々の「生きるかたち」を，私たちのそれと対等な「文化」としてとらえることを提唱しています（浜田，2009）。自閉症の人々のふるまいや行動が私たちにとっていかに不思議に見えたとしても，その背景には彼らなりの理由と背負っている生の条件，すなわち一つの「文化」があるのです。構造化という方法は，彼らの生きるかたち（＝文化）を尊重し，歩み寄っているようでいて，じつはそうではないのではないかと私は感じています。構造化によって，自閉症の人々はスムーズに行動でき，生きやすくなったように見えるかもしれません。しかし，私たちがあたりまえとする文化についてはほとんど何も変えることなく，ただ彼らがそこでトラブルを起こさないようにしたというだけなのではないでしょうか。私たちがその場や状況に読み取っている意味と彼らにとっての意味，あるいは私たちの意図と彼らの意図は，おそらくすれ違ったままで，交わることがありません。同じ世界を生きているようでいて，じつは別々の世界を生き続けているようなものです。

⑤「構造化」との違い：私たちからの「メッセージ」がある

　最後に、「構造化」は、子どもにとっての「わかりやすさ」を実現するために、私たちからの「メッセージ」をできるかぎり消し去ろうとしているように感じられます。そのような方法をとるのは子どもの行動を望ましい方向へ導くためであり、そこには本来「こうしてほしい」という私たちの願いやメッセージがあるはずです。しかし、そのようなメッセージを環境の事物的な意味の背後に隠すことによって子どもの適応的な行動を引き出すわけですから、そこに込められた私たちの願いやメッセージは子どもに届くことがありません。つまり、本当の意味でのコミュニケーションが生まれようがないのです。

　本書に登場する先生たちのやり方は、けっしてスマートではありませんが、子どもと真正面から対峙し、子どもの生きる世界と私たちの生きる世界のあいだになんとか接点を見出し、少しずつであれ、共有できる世界を広げていこうとしているのです。それを顕著に示しているのが、次に述べる子どもとの交渉や格闘です。

（3）子どもとの交渉や格闘——「他者」として子どもと出会う

　本書に登場する子どもたちには、それぞれ程度や内容に違いはありますが、きついこだわりや激しい自傷行為などの「問題行動」が見られました。このようなふるまいを見せる子どもを前にしたとき、私たちはその理解しがたい激しさに戸惑い、とにかく問題行動をやめさせることを第一に考えてしまうのではないでしょうか。その結果、たとえば子どもの意に沿わない課題を取り下げたり、子どもをいったんその場から引き離し、落ち着ける場所に移動させたりすることになります。子どもの安全のために、やむをえない場合もあるかもしれません。しかし、そのような対応の問題は、その子が向き合っていた課題そのものは完結することなく宙に浮いてしまうという点にあります。

　それに対し、後藤先生は、一歩も引きません。子どもと正面からぶつかり合い、お互いが歩み寄れる一致点を見つけていこうとします。山口先生も、支援計画（表7-1, p.133）に、「活動に向かうことができるまで妥協しない」こと、

「交渉しながら妥協点を見出すことを心がける」ことを挙げています。そこまでするのか，と疑問に思われる人もいるかもしれません。現在，主流となっている方法論では，子どもにできるだけ合わせ，子どもに無理をさせないことに重点が置かれているように思われます。後藤先生や山口先生の実践はまるで正反対です。

　子どもに合わせる方法は，一見子どものためを思っているように見えますが，子どもは結果的にひとりになり不安定なままなのではないかと，事例（第6章，p.127）の中で後藤先生は述べています。自閉症の子どもたちは，たしかに人とかかわることが苦手です。しかし，たとえそうであっても，山上（2003）が詳しく述べているように，人間という存在には，とくに「自己」を形成するためには，「他者」が必要なのです。関係を築くことが難しいからそれを迂回するのではなく，難しいからこそ関係を築けるように丁寧にかかわるということを，後藤先生は徹底していますし，こうした姿勢は，山口先生も大城先生も共有しているように思われます。丁寧にといっても，ただ受容的にかかわるのとは異なります。少し抽象的な言い方になりますが，おとなが，ときには子どもの前に立ちはだかり，ぶつかり合うことのできる「他者」として，子どもと出会うことが必要なのです。とはいえ，これも後藤先生が述べているように（p.127），それは教師と児童（生徒）という力関係のもとで，有無を言わさず子どもを従わせるということではありません。ここでは「交渉」や「格闘」という言葉を使ってきましたが，他者として向き合うということは，要するに子どもと徹底的にコミュニケーションをするということです。この「他者として出会うこと」，「コミュニケーション」という問題については，後であらためて詳しく考えることにしたいと思います。

3　子どもの変化から考える

（1）「微々たる変化」の大きな意味

　その前に，少し視点を変えて，先ほど述べた先生方の実践の意義を，子ども

の変化という視点から考えておきたいと思います。このことは，序章で述べた，障がいのある子どもをもつ保護者からの批判の声に，わずかなりとも応えることになるのではないかと思うからです。

　教師の取り組みを通した子どもの具体的な変化として，事例では，食べられるものが増える（Eちゃん，Fちゃん），呼名に「ハイ」と応じられるようになる（Cくん），教師に「てつだって」と要求を伝えられるようになる（Fちゃん），周りの生徒から「浮いている」という印象が薄れる（Gさん），などが挙げられています。学校教育という点から考えると，また，その子どもに何ができるようになったか，どのような能力が身についたかという視点で見ると，こうした変化は微々たるものに思われるかもしれません。

　しかし私たちは，それこそがもっとも重要なものだと考えます。そのような変化が示しているのは，子どもが世界とかかわる「チャンネル」が開かれたということであり，子どもにかかわる側の立場からすると，子どもとのかかわりのチャンネルが開いたということです。これは，子ども自身にとっても，またかかわる側にとっても，じつに大きな転換なのではないでしょうか。すでに述べたように，自閉症の子どもたちの大きな問題は，世界とのかかわりの限局性です。上で挙げた子どもの変化は，そうした限局性が薄れ，かかわりの糸口が少しずつ開かれていったということを意味しています。さらにいえば，こうした意義は自閉症の子どもに限られたものではありません。障がいのある・ないにかかわらず，子どもの世界とのかかわりを広げ，深めていくことは，学校教育が目指す一つのゴールであり，そもそも，学校教育という営みを成り立たせているものは，おとなから子どもへのかかわりであるからです。

　しかしながら，先に，学校教育という点から考えると，子どもたちの変化は微々たるものに思えるかもしれないと述べました。というのも，給食を食べる，教師や友だちと意思の疎通ができる，呼名に応じるといったことは，学校での教科教育を行ううえであらかじめ前提とされていることだからです。多くの子どもたちは入学する前にすでにそうしたことを身につけていますし，それが当然とされています。だからこそ，そうではない子どもに対処するすべを，多く

の教師はもたないのではないでしょうか。Ｆちゃんは，小学校3年生で山口先生が担任になるまで，学校生活にかなりの不適応を起こしていました。しかし，Ｆちゃんのような子どもにどうかかわるかという力や技術は，通常は教師にはほとんど求められないものなのです。それまでの担任の先生も，どうすればよいかわからず，途方に暮れてしまっていたのかもしれません。

　また，私たちは，学校教育を通り抜けてくる中で，学校教育とはこうあるべきという考えを知らず知らずのうちにもっています。たとえば，学校は教科についての知識をわかりやすく教えてもらい，テストを受けて，知識が身についたかを確認するところである，というのはその一つです。障がいのある子どもの保護者の中には，学校なのだから机に向かってドリルの一つでもやらせてほしい，せめて簡単な計算ができるようにしてほしいという思いをもつ人もいるようです。たとえ障がいがあっても学校でさまざまなことを学んでほしい，いやむしろ障がいがあるからこそ，社会に出ていけるための力を身に付けてほしいというのは，親として当然の願いだと思います。しかしながら，本書で取り上げた事例では，いわゆる教科学習についてはあまり触れられていませんでした。しかしそれは，教師たちがそうした学習を軽視しているとか，不要だと考えていることを意味しているのではないと思います。

（2）学びの前提――他者のかかわりを受け入れられること
　先に述べたように，教科学習に取り組めるようになるためには，まずその前提となる習慣や態度が身に付いている必要があります。本書の事例報告では，そうした土台の部分をいかに形成していくかという点に重心が置かれていたために，教科学習についてはあまり述べられていなかったのだと考えられます。「習慣」という言葉を使っていますが，それは，たとえば机の前にじっと座っていられるというような目に見えるふるまいのみを指すのではありません。第Ⅱ部で取り上げた3つの事例は，そうしたふるまいの根底にあってそれを成り立たせているものが何であるかを教えてくれているように思われます。
　それは，一言でいえば，他者からのかかわりを受け入れられるということで

す。もう少し詳しく言えば，たとえ自分の現在の欲求に反することであっても，与えられた状況や他者のかかわりに何らかの意味を見出し，その意味に沿って行動することに喜びや達成感をもてることです。不思議なことに，障がいをもたない多くの子どもたちは，いつの間にかこのような姿勢を身に付けていきます。たとえば，1歳を過ぎるころになると，子どもたちはおとなの指示や要求にできるかぎり応えようとしたり，おとなが何かをして見せると，すぐにそれをまねしようとしたりします（麻生・伊藤，2000）。よく考えてみれば，子どもがおとなの指示に従ったり，まねをしたりしなければならない必然的な理由があるわけではありません。それでも子どもがまねをするのは，おとながしていることに何らかの意味を見出しているからではないでしょうか。内田（2005）は，「そうすることで，あなたは何を伝えたいのか？」という問いを発すること，つまり他者がしていることのうちに，自分なりの意味を主体的に見出だそうとすることこそ，学びのアルファでありオメガであると述べています。

　ただし，子どもたちはただ受身的に，おとなの言うことを受け入れるわけではありません。麻生・伊藤（2000）は実験を通して，1歳から3歳の子どもたちが，大人の要求に熱心に応えようとする一方，自分にはできないような難しい課題を要求されたり，逆に単調な課題を何度も繰り返し要求されたりしたとき，自分の意図と相手の意図のあいだで何とか折り合いをつけようと，いろいろな方法を試みることを示しています。こうした試行錯誤もまた，子どもにとっては学びであるといえるかもしれません。

　このように，学ぶことの根底には，他者との社会的な関係があります。それは私自身が子育てを経験して，強く実感していることでもあります。私には5歳の娘と1歳の息子がいます。娘は，夏休みの宿題をする小学生の従姉を見て，自分からひらがなとカタカナの練習や算数のドリルをするようになりました。おもしろいのは，母親である私が何か書き物を始めると，「○○も『じ』のれんしゅうする〜」といそいそとノートとペンを持ってくることです。1歳の弟はそんな姉を見て，ノートとボールペンをどこかから持ちだし，恰好だけは一人前にペンを握っています。親や年長の子どもがしていることに価値を見出し，

それを自分もしてみたいと願うところに学びは始まります。子どもたちが何かを学ぶとき、けっして一人で学んでいるのではないのです。こうなりたいと憧れる相手や、一緒に学ぶ仲間の存在は無視できるものではありません。だからこそ、本書に登場する先生たちは、子どもたちが他者との関係を築くことをもっとも重要な課題として掲げ、そこにまずは全力を注いでいるのだと思われます。

4　コミュニケーションと他者性——実践からの示唆

2節で、「他者として出会うこと」と「コミュニケーション」の2つを、課題として残していました。この2つは、私たちが本書を通して伝えたい実践のエッセンスでもあります。本章を終えるにあたって、あらためて考えてみたいと思います。

（1）コミュニケーションの接続
①「わかり合うこと」がコミュニケーションのゴールか

一般に、自閉症の人々はコミュニケーションが難しいといわれます。彼らは、こちらの意図や思いをなかなか理解してくれないように思われますし、私たちも、彼らが思っていることや彼らの行動の意味を理解することが難しいと感じることはたびたびあります。だからこそ、彼らが他者とコミュニケーションをしやすくするために、カードを使ったり、トレーニングによってソーシャルスキルを身に付けさせたりするといった支援が行われてきました。

しかしあらためて考えてみると、コミュニケーションとは何でしょうか。私たちは、お互いによくわかり合うことがよいコミュニケーションだと考えています。そのような基準からすると、たしかに自閉症の人々はコミュニケーションが難しいということになるかもしれません。しかし、わかり合うことは、本当にコミュニケーションのゴールなのでしょうか。奥村（2013）は、「わかればわかるほど望ましいコミュニケーションである」という私たちの常識に異を

唱えています。たしかに私たちは、「わかり合う」ことを目指してコミュニケーションをしているように見えます。しかしながら、もしその目的が十分に達成され、相手のことが手に取るようにわかるならば、もはやコミュニケーションをする必要はなくなります。もし、自分のことが相手に100パーセント理解されたらと想像してみてください。それはとてもおそろしい事態なのではないでしょうか。隠しておきたい恥ずかしい秘密も、私がいま考えていることも、すべて相手に伝わってしまうということは、「私」というものがなくなることに等しいのではないでしょうか（奥村，2013）。

　そもそも、言葉というコミュニケーションの代表的な手段が、伝えたいことを完全に伝えられるものではないということは、多くの人がふだんから感じているのではないかと思います。思いが言葉にならないもどかしさを一度も経験したことがないという人はおそらくほとんどいないでしょう。発信者の意図が受信者に完全に伝わることがコミュニケーションだという想定の綻びは、ここにも顔を出しています。

②接続としてのコミュニケーション

　では、コミュニケーションをどのようなものだと考えればよいのでしょうか。それは端的に「接続していくもの」（ルーマン，1993）なのではないかと筆者は考えています。あるコミュニケーションが次のコミュニケーションに接続していく、それがコミュニケーションなのです。内田（2005）は、コミュニケーションの目的は、メッセージの正確な授受ではなく、メッセージをやりとりすることそれ自体であり、私たちは、理解を望みながら、理解に達することができないという宙づり状態をできるだけ延長することを望んでいるのではないか、と指摘しています。会話の途中で「あなたの言いたいことはもうわかった」と言われると、私たちはおそらくむっとするでしょう。逆に「もっと聞かせて。あなたのことを知りたいから」と言われるとうれしくなります（内田，2005）。前者はコミュニケーションを断ち切ってしまうのに対して、後者はコミュニケーションを継続させる発言だからです。

このように考えると，コミュニケーションが苦手な子どもの支援においては，本人がいかに正確に伝えたり理解したりできるようにするかよりもむしろ，いかにコミュニケーションを継続させていくかが重要になるのかもしれません。とすれば，大城先生の実践の意義があらためて理解できるように思われます。Gさん自身が急に，他者とコミュニケーションをとるための何らかの能力を身に付けたわけではありません。にもかかわらず，周りの人とのコミュニケーションが続いていくようになったのです。なぜなら，大城先生の媒介によって，周りの人たちとGさんがお互いの言葉や思いをうまく受けとめることができるようになってきたからです。最後のエピソードでも，Gさんは相変わらず，相手が不機嫌になってきたことにまったく気づかずに掃除を続けています。以前の2人の関係であれば，深刻なトラブルになったかもしれません。しかし，大城先生のちょっとしたうながしでGさんは友だちの変化に気づくことができ，相手の生徒もまた怒りをストレートにぶつけるのではなく，冗談めかして気持ちを伝えることができました。お互いにわかり合えたという経験はGさんと周囲の生徒とのあいだで確実に積み重なっていて，ちょっとしたことでは揺るがない「生きるかたち」を築きはじめているのです。

　ロボット研究者の岡田（2012）は，人間のコミュニケーションや行為を，「投機的なふるまい」と「グラウンディング」とのカップリングとしてとらえることを提案しています。これは，伝えたいメッセージを相手の心に正確に届け（発信），相手からのメッセージを正確に受け取る（受信）ことがコミュニケーションであるという，従来の考え方とは大きく異なります。私たちはどうなるかわからないまま，相手にとにかく何かを投げかけ（「投機的なふるまい」），相手もまたとにかくそれを何らかのかたちで受けとめる（「グラウンディング」すなわち「着地させる」）ことでコミュニケーションが生まれると考えるのです。対話とは，相手の受けとめ方次第でいつでも破たんしうる，いわば「命がけの飛躍」です（柄谷，1996）。逆に言えば，相手がどのようなものを投げかけてきたとしても，それを私たちがうまく受けとめることができれば，コミュニケーションは成立しうるということになります。そのことを強く実感できるのは，

赤ちゃんとのやりとり場面です。まだ言葉が話せない赤ちゃんも，にっこり微笑んだり，指さしをして見せたり，意味ありげなふるまいを絶妙な間合いで私たちおとなに投げかけてきます。そうしたふるまいがおとなの側のグラウンディングを引き出し，不思議にもコミュニケーションが成立しているように感じられてしまうのです。もちろんコミュニケーションはいつもうまくいくわけではなく，大きな誤解が生じてしまうこともあります。たとえば熱烈な片思いをしている人は，相手の何気ない一挙手一投足に，「自分のことが好きなのでは」と天まで舞い上がったり，逆に「嫌われてしまった」と地の底まで落ち込んだりするでしょう。たとえその人が，本当は自分のことを何とも思っていなかったとしても。

③子どもの行為を受けとめて投げ返す

　後藤先生や山口先生の実践において一貫しているのは，パニックや自傷行為のように，子どもが相手に何かを伝えようと明確に意図しているわけではないような行動をも，コミュニケーションすなわち「投機的なふるまい」としてとらえ，それを受けとめて投げ返すという姿勢です。子どもの意図がどうであれ，そのふるまいに応答を返すことで，結果的に，子どものふるまいをコミュニケーションにしてしまうのです。

　自閉症の人々は，相手の投げかけを受けとめて返すというその部分に，とくに難しさをかかえているように思われます。だからこそ，投げかける私たちの側にそれなりの工夫が求められます。そうした工夫の一つが，彼らにとってわかりやすいメッセージを出すということです。偏食の激しいEちゃんに対して，後藤先生は食べ物を一口分にし，それを食べ切ったら終わりにすることを試みましたが，それはその一例です。また，一度メッセージを出したら簡単に引っ込めないというのもう一つの例です。もし子どもの抵抗に根負けして課題を取り下げてしまったら，子どもの側から見れば相手からの投げかけが急に消えたことになります。コミュニケーションは接続せず，宙に浮いてしまうことになるのです。

このようにコミュニケーションを徹底し，接続させること。そのために，教師がよい受け手となり，投げかけ手となること。いずれもとてもシンプルであたりまえのことですが，それこそが，自閉症の子どもたちにとって何よりも必要な支援であるということを，本書の事例は示しています。

（2）他者として出会うこと
①他者としての教師，他者としての子ども
　コミュニケーションが生まれるためには，「他者」として出会わなければなりません。すでに述べたように，わかりきった相手とは，コミュニケーションをする必要がないのです。ここでいう「他者」とは，自分とは別の人間という意味での「他人」のことではありません。哲学的に厳密な議論を展開することはできませんが，直感的にいえば，自己とは絶対的な違いを有し，けっして自己の思い通りにはならない存在としての他者です。すでに一度取り上げましたが，後藤先生は第6章（p.127）に，後藤先生に出会うまでEちゃんにとって周囲の大人は自分の要求を実現するものとしての存在でしかなく，Eちゃんは結果的にひとりだったのではないかと考察しています。つまり，周囲の人々は「他人」であっても，「他者」になりえていなかったということです。そして他者と出会えなければ，たとえ物理的に他人と同じ空間にいたとしても，私たちは「ひとり」なのです。子どもが意図のぶつかり合いを経験し，それによって相手の意図の存在に気づき，交渉を余儀なくされるような他者として教師が出会うことによってはじめて，コミュニケーションの可能性が開かれていくのだと思います。

　「他者として出会う」ということでいえば，教師もまた，他者としての子どもに出会っているのかもしれません。通常，学校では多くの子どもたちは，おおむね教師が求める通りにふるまいます。もちろん，はじめは戸惑いや困難もあり，教師の側の援助や工夫も必要になりますが，ほとんどの子どもは次第に学校での適切なふるまい方を身につけていきます（たとえば，清水・内田,2001）。しかし，本書で紹介した子どもたちは，そもそも教師からのかかわり

をすんなりと受け入れてはくれません。そんな彼らに，私たちは圧倒的な「他者性」を感じずにはいられません。そのような子どもたちと出会ったとき，私たちはそのふるまいに意味を読み込もうと必死になります。どうすれば彼らに自分の思いが伝わるかを真剣に考えはじめます。このとき，言ってみれば私たちのほうが，彼らから学ぶ者になるのです。

②子どもから学ぶ者になる

　ここから，教師が子どもにとってどのような存在であるべきかについて，常識とは正反対の考え方が導かれます。通常は，教師は情報を発信する側であり，発信のしかたが上手な人こそがよい教師だと考えられています。しかし，あたりまえのことですが，教師がどれほどすばらしいことを言ったとしても，それがそっくりそのまま子どもに伝わるわけではありません。学び手は，学ぼうと思っていることしか学ぶことができないからです（内田，2005）。私たちは子どもという他者に，まず学ぶ者になってもらわなければなりません。そのためには，まず教師が子どもからの投げかけを徹底的に受けとめ，子どもから学ぶ者にならなければならないのです。

　あらためて考えると，障がいをもたない多くの子どもたちはなぜ教師にとって他者として現れることがない（少ない）のか，そちらのほうが不思議に思えてきます。自閉症の子どもたちの教育を考えることは，私たちがあたりまえと思っている通常の子どもたちの教育について問い直すことでもあるのです。

（3）家庭との連携

　最後に少しだけ，学校と家庭との連携について触れておきたいと思います。序章で述べたように，保護者が学校に求めるものが，教師がいま子どもに必要だと思うものとずれるということが，しばしば起こります。その背景には，保護者がもっているさまざまな知識や，学校とはこうあるべきという考え，子どもや自分の人生において何を重視するかという価値観などが影響しています。保護者の考えや学校に対する期待が教師の考えと大きくずれるとき，家庭との

連携が非常に困難に思われることがあるかもしれません。

　第Ⅱ部の事例を通して私が感じるのは，まず学校という場で子どもが変化することが何よりも大切であり，その変化を保護者と一緒に確認することが，連携の最初の一歩になるのだということです。先に，症状を形成されたものとしてみるという視点について述べましたが，当然ながら，それはけっして，その子の困った行動は家庭での養育のせいだと糾弾するためではありません。人との関係に難しさをかかえる子どもとの生活には，私たちの想像をはるかに超えて大変なことがたくさんあるのだろうと思います。ですから，はたから見ると望ましくないと感じるようなかかわりのパターンによって，なんとか家庭での生活が保たれているのかもしれません。そのことで保護者を責める資格は誰にもないはずです。ただ，家庭で一度作られてしまったパターンは，たといいくら本人たちが変えたい，変えなければと思っても簡単に変えることができないのだと思います。だからこそ，学校という場で新たな関係のかたちを作っていくことには，大きな意味があるのです。

〈引用文献〉

　麻生武・伊藤典子　2000　1歳と2歳——他者の意図に従う力・逆らう力　岡本夏木・麻生武（編著）　年齢の心理学——0歳から6歳まで　ミネルヴァ書房　pp. 63-101.

　浜田寿美男　2003　人が人と〈ともに生きるかたち〉　山上雅子・浜田寿美男（編著）　ひととひとをつなぐもの　ミネルヴァ書房　pp. 233-262.

　浜田寿美男　2009　障害と子どもたちの生きるかたち　岩波書店

　Kalish, C. W. 2006 Integrating normative and psychological knowledge: What should we be thinking about? *Journal of Cognition and Culture*, **6**, 161-178.

　柄谷行人　1996　探究Ⅰ　講談社

　ルーマン，N.　佐藤勉（監訳）　1993　社会システム理論　上　恒星社厚生閣

　岡田眞子　2003　コピィ遊びをする子の事例　山上雅子・浜田寿美男（編著）　ひととひとをつなぐもの　ミネルヴァ書房　pp. 103-115.

　岡田美智男　2012　弱いロボット　医学書院

　奥村隆　2013　反コミュニケーション　弘文堂

　清水由紀・内田伸子　2001　子どもは教育のディスコースにどのように適応する

か――小学1年生の朝の会における教師と児童の発話の量的・質的分析より　教育心理学研究，**49**，314-325.
トマセロ，M.　橋彌和秀（訳）　2013　ヒトはなぜ協力するのか　勁草書房
内田樹　2005　先生はえらい　筑摩書房
山上雅子　2003　まとめにかえて――関係性の障害と生活世界　山上雅子・浜田寿美男（編著）　ひととひとをつなぐもの　ミネルヴァ書房　pp.219-230.

第Ⅲ部
特別支援教育をめぐる4つの「謎」

第Ⅰ部，第Ⅱ部では，4名の先生に実践を報告していただき，それに対するコメントというかたちで，とくに先生方がどのような意図をもって子どもにかかわっていたのか，そのかかわりにはどのような意味があったのかということを中心に議論してきました。
　第Ⅲ部では，先生方の実践の背景となっている特別支援教育の現状や問題について，2人の研究者（麻生・東村）が4名の先生とともに話し合っていきます。事実についてのたんなる情報提供にとどまらず，そうした現状に対するそれぞれの先生の考えや，実践報告ではあまり触れられなかった教師としての戸惑いや迷いなど，かなり深いところにまで突っ込んだ話になっているところもあります。ただし，過去に受けもった子どもや保護者の例など，個人が特定される可能性のある発言については，議論に大きな影響がない範囲で変更を加えています。
　ここでは，以下の4つのテーマ＝「謎」を設定して話し合いました。
　最初のテーマは，「よい先生／悪い先生とは」です。ここでは，保護者の考える「よい先生／悪い先生」と，教師が考える「よい先生／悪い先生」との違いが明らかになります。先生方の経験談から，「よい先生」とは何よりもまず同僚の教師や保護者とコミュニケーションをしっかりとれる，つまり「対話」ができる先生なのではないかということが次第に明らかになってきます。しかし，そうした対話を困難にする要因が存在するということもわかってきます。それは，教師や保護者がともにとらわれている，「こうあるべき」という固定観念の鎧です。
　2つ目のテーマは，「特別支援教育では何を育てるべきか」です。卒業後の生活を見据えたとき，学校教育の12年間で，障がいのある子どもたちに育てるべき力とはどのようなものなのでしょうか。単

純に「あれかこれか」でいえば，まずは人と一緒に過ごせる「社会性」を育てることを重視すべきなのでしょうか。それとも，たとえ障がいがあっても教科学習や基礎学力の習得に力を入れるべきなのでしょうか。子どもたちが卒業後に入所する施設の職員の意見や保護者の要望など，異なる考えが錯綜する中で，どちらがよいかを決めることは非常に困難です。議論の中から，学びには3つのレベルがあり，子どもの実状に合わせたレベルを考えていくべきなのではないかという方向性が見出されます。

　第三のテーマは，「特別支援教育はインクルージョンに反するか」です。特別支援教育は，そもそも，障がいのある子どもを同年齢の子どもたちから分離することなく，特別な支援を受けながら地域の学校でともに生活することを理念として始まったものだと私たちは理解しています。しかし現実を見ると，特別支援学校に通う子どもはむしろ増えており，当初の理念に完全に逆行しているように思われます。特別支援学校は「必要悪」なのでしょうか。それとも，特別支援教育の理念自体が，障がいのある子どもたちの現実に即したものではなかったのでしょうか。先生方のお話から見えてくるのは，地域の学校でインクルージョンを実現することが非常に困難であるという現状と，一見インクルージョンと矛盾する特別支援学校こそが，本当の意味でのインクルージョンへとつながる道なのかもしれないということです。ただし，たんに子どもを特別支援学校に通わせればいいというわけではありません。子どもたちがまず特別支援学校の中で仲間を作れるようにサポートすること，そして学校の外や卒業後に障がいのない人々と出会いともに過ごせるような場を，地域に生み出すことが求められます。

　最後は，「障がいの軽い子どもたちを特別支援学校でどう支援するか」です。ここでは，少し前まで「軽度発達障がい」と呼ばれて

いた，知的障がいがないか，比較的軽い子どもたちへの支援について取り上げます。こうした子どもたちは，本来は特別支援学校の対象ではないようにも思われますが，特別支援学校を選ぶ子どもや保護者が増えているのも事実です。本書は障がいの重い子どもたちが中心で，このテーマの直接の対象となるのは第8章のGさんの事例だけですが，軽度の子どもたちは重度の子どもたちにはない特有の困難や問題をかかえています。その一つが，自己認識のもちにくさです。そうした子どもたちにとって必要なのは，じつは，乳幼児が親と日々交わしているような身体的な接触であり，子どもの年齢にかかわらずそのようなかかわりを深めることができることが特別支援学校の強みであるという可能性が明らかになります。

　いずれのテーマに対しても，私たちのほうから，「こうすればよい」という解決策や「これが正しい」という明確な答えを提示できているわけではありません。各テーマは，学校教育制度全般やそれぞれの地域の事情とも絡み合っており，そもそも正解がすぐに見つかるようなものではないのかもしれません。しかし，問題がどこにあるのか，その所在を明らかにし，現時点での私たちの考えをみなさんにお伝えすることで，特別支援教育に関する議論がより活発になり，いっそう深まっていくことを期待しています。

第10章
よい先生／悪い先生とは

1 通常学級と特別支援学校は何が違うか

　麻生　それでは最初のテーマに入っていきたいと思います。支援教育に向いている先生と向いていない先生というのはありますか？　後藤先生は，特別支援学校（以下「支援学校」と表記する）で35年間教師をされてきたわけですが，同僚として一緒に仕事をするときに困るなあという先生はおられるのか，それとも，なんとかみんなでカバーしてやっているのでそれほど気にならないのか。保護者がダメ先生だと批判する先生と先生サイドから見たダメ教師は，また視点が違いますか？　もしかしたら，保護者から見て悪い先生は，じつはよい先生ということもあるかもしれません。今までの体験からお話しください。

特別支援学校の基本は「チーム」

　後藤　それぞれの見方があるので，ここにいる全員に聞いていただいたらいいと思うのですが，いわゆるダメ先生っていうのは，正直なところそんなにたくさんはいないと思います。とくに支援学校の基本はチームですから，積極的に行く人と控えめな人とか，それぞれの役割みたいなものができてくるんですよね。いろんなタイプの教師がチームでやっているのでバランスがとれる。だから，あからさまにダメという人はそんなにたくさんはいないと思うんです。個別に見ると，たとえば専門性が足りないと親から批判されるとか，やる気がないように見えるとかということはあるかもしれませんが，あまり多くはないと思います。

ただ，チームでやっているので，そこになじめない人はやっぱり厳しいです。そういう方はいますね。たとえば，合議してやっていくということが基本にあるので，話し合いができることはすごく大事だと思うんですよ。話し合ったけど勝手にしちゃうというのは論外ですし，話し合いに参加できないというのも厳しいものがありますよね。そういう方は，たくさんはいないけど，全然いないということではないですね。

東村　でも普通は，学校の先生はクラスを一人で見ますよね。昔の「学級王国」ではないですが，先生とはそういうものだと思って教師になった人にしてみたら，こんなはずじゃなかったとなったりしないんでしょうか。チームであれば周りに頼れるというういい面はありますが，自分の思い通りにやれない部分もあるのではないでしょうか。人と協力して一緒に考えてやっていく能力って，教員養成の中でどれほど求められるのかなと，ふと思ったんですが。

後藤　だけど今，少なくとも支援学校においては，そんな昔みたいに学級王国なんていうことは多分ない，ないというか無理ですよ。成り立たないです。

通常学級の「鎧」を捨てられるか

山口　通常学級であっても，今はそうだと思います。たしかに，教師に求められるものが，通常の学級の担任をもっているときと支援学校に変わったときとでは，ずいぶん違うなあとは思いました。私が通常学級をもっていたのは一昔もふた昔も前なので，一人で自分のクラスをもって，そのクラスをきちんとまとめて，言葉は悪いですが1年間分のカリキュラムをこなす，みたいなところが求められていたと思います。自分としてはそこに圧迫感も感じながらやったんですが，支援学校に変わって，後藤先生がおっしゃるように，支援学校ではいかに人と協調しながらいいものを作り出していくか，一緒に仕事ができるかというようなことが大事で，そこからずいぶん違うんやなとは思いました。

「ダメな教師」の話ではないんですが，特別支援学級（以下「支援学級」と表記する）にしても支援学校にしても，もし，特別支援教育に向いている先生と向いていない先生があるとしたら，私自身が感じた両者の違いは，支援学級や

支援学校をもったときに，通常学級での「鎧」をバサッと捨てられるかだなということです。小学校では文字を教える「べき」とか，チャイムが鳴ったら座る「べき」とか，何時間目が始まったらこうする「べき」，給食の時間はこうする「べき」，みたいな学校特有の文化がある中で，私がこのときもっていたFちゃんは全然その流れに乗っていけない子だったので，いかにそうした「○○すべき」を1回リセットして，その子にとことん合わせたところからスタートできるか，という感覚がありました。だからその「鎧」を，「小学校の教師です」っていう鎧を1回壊すつもり，くらいの感覚でしたね。通常学級をもっていたときは，その「○○すべき」に追われていたというか，はめこまれていたというか，そんな気がします。養護学校の中であっても，「○○すべき」というところはね，もちろんありますけど。

　後藤　今のお話は，すごくわかりやすいと思います。

2　学校のルールと教員による考え方の違い

学校のルールをどう教えるか

　麻生　次のテーマの話題に入ってしまうかもしれませんが，通常学級では，椅子に座ってなくちゃいけないとか，教室をうろうろしてはいけないとか，黒板をちゃんと見ましょうとか，先生の話を聞きましょうとか，たくさんたくさんルールがありますよね。通常学級の先生はそれでみなさん苦労されていると思うんですけど，今は幼稚園でも，幼小連携とかで，「椅子に座っていられる子を育てましょう」みたいになっていますね。そうやって，子どもが椅子に座っているというようなことにあまりにも焦点化されたりすると，先生はすごく大変になってくると思うんですね。支援学校でも当然，子どもたちにちゃんと身につけてほしいものはあるでしょうし，たとえば後藤先生は後藤先生なりのルールはもっておられますよね。それと，いま山口先生が言われた「いったん捨てる」というか，ただ捨てるだけではなくて捨てた上で新たに作り直すという方向もあるとは思いますが，そのことをどう考えればいいのか。つまり，山

口先生もいったんは捨てるけど，では全部なしでいいかというとそうではなくて，その子に合わせた，その子に適応可能なルールを入れていくわけですよね。とはいえそれを，子どもに押し付けるように「椅子に座っていなさい」と言うのとは違うかたちで入れていくというのは，ものすごく難しいことです。高橋先生は，そうした規範性みたいなことにどう立ち向かっておられるんでしょうか。そのあたりの，学校のルールみたいなことはどう考えておられますか？

高橋　椅子に座るというのも，考え方はいろいろあって，まずは椅子に座ってから学習が始まるという考え方もあるし，学習の結果として椅子に座れるようになるという考え方もあるわけですね。状況にもよりますし，子どもによってはどちらから入るほうがいいということもあります。だから一概にその方法をこちら側だけで決められないところもあるんだけど，本来であれば，状況から制約されるのではなくて，その子どもの状態とか実態から設定されるべきものだと思います。そういう見方ができる人たちが集まっていれば，個々の子どもに応じたかたちが成立するんですけども，「座ってくれないと困る」ということが先にあると，なんとかしなくてはと先生たちががんばってしまって，かえって子どもが混乱するということもあると思います。またそれをうまく進めるための技法とか環境設定の仕方などもいろいろ生み出されて，それなりに成果が出ている部分もあるんだけど，本質的には「辛抱しなさい」という学習になってしまうようなところがあります。辛抱する力を育てるだけの学習になっていいのかという問題ですね。

　子どもは理解さえできれば自分で座りに行くわけですけれども，理解できていないのに「座りなさい」となってくると，お互いに大変ですよね。とくに困るのが「式日」なんです。卒業式とかね。もっともわかりにくい，もっとも混乱しやすい状況で，もっとも座っているということを求められるわけですよね。そこで座れなかったら困るから，座るためのトレーニングをするということになってくると，ちょっと本末転倒なところもあるかなあと思います。でもそれを求められるので，ひそかに横で手をつないだり，目立たないように気持ちをそらしていったり，そういう手法を使わないといけない場合もあります。

教員同士の考え方の違いと継続性

高橋 先ほど後藤先生が言われた「チーム」というのはたしかにその通りで，チームでうまくまとまってかたちができてきたら，困った先生というのはほとんどいなくなると思うんですけれども，チームによっていろんな考え方があるので，そのチームではどうもうまくいかないという状況も出てくる。クラスとか，学習グループとかの集団によって，やっぱりうまくいく，いかないっていうのはあるかなと思います。

保護者の方からよく聞くのは，一番困るのが休む先生。教員が「あ，困るなあ」と思うのが，子どもの学年が上がるときに，前学年の担任がやっていたことと，次の学年の担任がやっていることがずいぶん違うというようなことが出てくるときです。たとえば前の学年の担任は，お母さんの言うことをとにかく聞いて，聞いて，それに対応しようと努力してくれたとお母さんは言うんですね。でも自分が担任をもつと，やっぱりできることできないことがあって，無理なことを無理ですと伝えようとすると，「前の先生はしてくれたのに」ということになってくる。教員同士の温度差や違いなんかが出てくると，困ったもんだなあということになるかなと思いますね，はい。

麻生 今のところは，すごくリアルなことが出てきたと思うんですね。一つは，先生方のやり方の問題ですよね。ものすごく端的に言えば，TEACCH（ティーチ）をやっている先生の後にそれをやらない先生や TEACCH に反対の先生が来ると，保護者も担任もどっちも困りますし，逆もそうですよね。そういった先生のあいだの考え方の違い，高橋先生のいう「継続性」について，

（1）TEACCH……Treatment and Education of Autistic and related Communication handicapped CHildren の略で，ノースカロライナ大学（米国）のショプラーによって開発された自閉症療育プログラム。基本的な理念は，自閉症の人に合わせて環境を整え，情報の提示方法を工夫したうえで社会適応と共存の努力を求め，そのために必要な援助を生涯発達にわたって行うことである。本来は，地域における包括的プログラムであるが，日本ではその技法的な部分だけが取りだされ，療育や教育の中で使われる傾向がある。またその使い方も，都合よく解釈しているのではないかという批判もある。私たちは，包括的プログラムとしての TEACCH そのものではなく，そうした日本特有のゆがめられた用いられ方に対して批判的な考えをもっている。

大城先生はどうお考えですか？　保護者からの批判には，先生にスキルがないということもあるようですが。あるお母さんが言われたように，「TEACCHのやり方も知らずによく支援学校の先生をやっているな」ということにだってなりえるかもしれません。

　大城　「継続性」……そうですね，私の学校はできて8年目で，私は低学年が長いんですが，やっぱりそこはすごく重要なところで，低学年で大事にしてきたことを高学年でどう引き継いでもらうか，高学年で大事にしていることにどうつなぐかというのは，よくしゃべります。低学年から高学年に送るときに，「この子の障がいについて，ここまではお母さんにしゃべっています」とか，「低学年で二者関係を作ることをがんばってきて，それがおうちでもこんな姿で現れていることについて，家庭とも共通認識をもてるようになりました」のように伝えておくと，高学年の先生はそれを受けてやってくださる。そこでガチャガチャしないような配慮はしていますし，学部研究(2)などで話しこんできたことで，低学年で大事にしていることはこうだよね，みたいなことが共通の認識になってきているかなと思います。

　具体的に私が苦労するのは，子どもが療育からこっち（小学部）にくるときです。「療育ではTEACCHをやっていたのに，小学部ではやってくれないのか」みたいなことにならないように気をつけています。かなり丁寧な説明が必要で，うちは大きい学校になってしまって何クラスもあるんですけど，低学年のクラスではどこもかなり早い段階で「○年生の○○ちゃんは今どんな状況か」という情報交換をしています。足並みはなかなか揃えきれませんけど，こういう方向でやっていこうかという大枠は，クラスを越えてしゃべったりしますね。

（2）学部研究（会）……小・中・高等部の学部ごとに授業研究やテーマ別の研究・研修を行うこと。毎月定期的に行われることが多い。全学部が一緒に行う研究や研修は「全校研究（会）」と呼ばれ，学期末や夏休みなど長期休業中に行われることが多い。

「こうあるべき」ではなく子どもから出発する

後藤 高橋さんの話ともかかわりますが、山口さんが言われたように、「こうあるべき」というところから出発されると、親も、教師もそうですけど、やっぱり厳しいものがあると思っています。さっき療育教室の話も出ましたけど、「療育はこうあるべきだ」、「発達障がいの子どもさんにはこういう支援をすべきだ」と言われてしまうと、子どもの様子を実際に見ながらはじめようとしている私たちは困ってしまいます。支援学校においても、「特別支援教育はこうあるべきだ」というようなことをかたくなに思われていると、困ったことになることが多いように思います。

麻生 信念をもたれていたりとかね。

後藤 そう、いわゆる信念ですね。もちろん、信念は信念でもっていてもらったらいいと思うし、われわれもそういう意味では、もっていると思いますけれども、特定の指導法などにこだわってしまわれると困ったことになります。思い通りの指導ができないことはいっぱいありますが、指導法にこだわりがあると、うまくいかなかったときに指導法自体が悪かったとは考えず、「やり方が悪いんだ」となるようです。もっと精緻にやれば、あるいはもっと上達すればというように、反省が全部そこに向かってしまうので、子どもとのずれが解消されないという悪循環に陥ってしまうことになります。

僕は今回あらためて高橋さんの報告を読み返してみて、じつはあんまり自分のやり方と変わらないんじゃないかと思ったんです。基本的に高橋さんのスタンスというのは、子どもの側からの視点がずれないことですね。たとえばうまくいかなかったとしても、やり方が悪かったと反省するのではなくて、つねに、この子とのあいだで何が起こっているんだろうという反省の仕方をされています。うまくいっても「ほんまにこれでいいのか」と自問する。つねに「子どもから視点」です。

ただ、今ここで話題になっている困った先生の場合は、他と調整しようとしないので、言ってみれば技法までも固定化してしまうんですよね。信念の部分だけだったら誰しもあることだけど、信念に裏打ちされた技法（かかわり方）

までが固定化されると、子どもや他の先生との関係がぎくしゃくしてしまうということがあるように思います。支援学校の場合はチームですけれど、支援学級の場合は、そういう意味ではもっと色濃く担任のスタイルが現れるので、このあたりが親御さんの言われる「先生のあたりはずれ」とかかわっているのかなと思います。ただ、この「あたり」「はずれ」という言葉はもう少し具体的に中身を吟味する必要があると思っています。

3　親と教員のずれをどう解消するか

親が評価する先生、批判する先生

麻生　東村さんの方から、保護者から見た「困った先生」というか「はずれの先生」についてちょっと話してもらえますか。お母さん方から出てくる先生に対する不満ということで、今の先生方の話を補足するというか、反対側から言うと、どうでしょうか。

東村　たとえばベテランの先生だと、今までこういうやり方を自分はやってきて、それでうまくやってきたんだからこうするとか、この子は知的障がいだからこうした方がいいという信念みたいなものをもっていて、お母さんの方が「いや、そうじゃないんですよ。うちの子にはこういうことをしてほしいんです」と言っても聞く耳をもってくれないというような話を聞きました。あとは、「僕は（私は）通常学級をもちたかったのに、なぜ外されてここに来たんだろう」という感じのやる気のない先生もいるとも言われていました。お母さんたちは学校の事情に詳しくて、いろいろ情報交換をしているんですが、先生は小学校間で異動しますよね。一人のお母さんが「あの先生、あそこの学校に行ったんやね」と言うと、その学校に子どもを通わせているお母さんが「うわ、うちに来はった。あー、もう今年1年は捨てた」みたいな言い方をされることもありました。ベテランであればいいと思っているわけではなくて、むしろ講師で来た先生とか、たまたまそこに回されてしまったという先生の方が、がむしゃらにいろいろやってくれたり、お母さんが「こうしてほしい」と言ったらそ

の先生なりにすごく考えてくれたりして，もしかしたらピントがずれていたりするかもしれないんですけど，その姿勢がとにかくありがたかったという話も聞きました。

　あるお母さんが「この先生がよかった。あたりやった」と言っていた先生は，たぶん中学校だったと思うんですが，知的障がいの子どもさんで，そういう子にとっては数学とか算数はある段階からかなり厳しくなりますよね。でもその先生は，その子が将来社会に出ていくにはこれだけのことはやっておいた方がいいと考えて，パソコンを教えてくれたり，計算をさせてくれたりしたそうです。この話はその子がすでに成人して働いているときにお母さんから聞いたんですが，そういうことが社会に出ていくうえですごく役に立ったとお母さんは思っているし，まずそれをしてくれたということ自体をすごく評価しておられましたね。

　少し話がずれるかもしれませんし，もしかしたら今はかなり変わっているかもしれないんですが，私は15年ぐらい前に療育施設に通っていて，そのときに施設に対するお母さんたちの批判の声を聞いたことがあります。とくに言われていたのは，「療育といっても，何をやってくれているのかわからない」ということでした。その施設では何かの手法には特化せずに，遊戯療法を昔からずっとやってこられていて，私はそこに意味がないとはまったく思わなかったんですが，お母さんたちからすれば専門性がないと感じられたようです。指導員もとくに何かの資格があるわけではなくて，福祉出身の方もおれば，保育の方もおればというような感じで，療育に関する専門性が感じられないということですごく批判しておられたんですね。

　ですから，もしかしたら逆に保護者の側が，特別支援教育とはこうでなければいけない，療育はこうでなければいけない，というものを植え付けられてしまっているところがあるのかもしれないなと思います。これは，大城先生の話とつながる気がします。その一方で，たまたまなにかの方法がぴったり合ってずっとやってこられた人は違うかもしれませんが，ある時期からお母さん自身も，そういう手法では無理なんだなということにどこかで気づいていくのでは

ないかという気もします。○○法ではなくて，その子に合わせた何かをやるしかないんだと気づいていく人もいると思うんですが。

「陰の専門家」の存在

　　後藤　そういう鎧みたいなものをね，まとってしまった親御さんを，教師もそうですが，言ってみれば補強する専門家がいるというのも事実です。そうした鎧に力を与えている専門家がいる。そういう専門家が，もう一方の専門家である教員を攻撃することで自分の優位性を保つというような，まるで専門家が足を引っ張っているような現実があるように思います。そこが，われわれからするととても腹立たしい。無用に保護者と教員の関係をこじらせる原因を作ってしまっている。教員は絶対に保護者の敵になってはいけませんから，本意ではなくても保護者の思いを受け入れざるをえないことがあります。そういうかたちで，特定の方法論が勢力を広げてきたようなところがあったと思います。親御さんたちは，たとえばお医者さんや大学の先生が言っているから正しいと信じて，だからこうでないとダメなんだって，その鎧を補強してしまう。

　東村さんが言われた施設は，療育をやっている，指導員は保育士さんですよね。それって全部専門じゃないですか。それなのに，一部の専門家が専門性に優劣をつけている，あるいはつけるようにふるまっている，そういうふうに感じることがありますね。そうやって専門性を振りかざすところから始めるのではなく，目の前にいるこの子がどうなのか，その子が将来生きていくときに本当にそれが大事なことなのか，そういうところから保護者とちゃんと話ができているかということがすごく大事だと思います。

　先ほど，保護者視点と教師視点でのよい先生と悪い先生という話がありましたが，やっぱり親と対立する先生は，とりあえずは，親にとっていい先生にはならないですよね。親の言うことを聞いてくれる先生がいい先生だし，先ほど言ったように親の後ろからいろいろ吹聴する専門家がいるわけですから，専門家のお墨付きをもらった意見に同調してくれる先生がいい先生だということになりますよね。

でも，本当にそれでいいのかって思うのです。養護学校が義務化されて35年以上たちました。そこで蓄積されたノウハウというのは，やっぱりすごいものがあると思います。とくに進路にかかわっては，たとえばシステムをそろえました，人をそろえましたというだけでは，おそらくカバーできないようなノウハウです。たとえばどういう力を学校のあいだに育てておくことが将来社会に出たときに必要なのかというようなことを，不十分だという批判はあるにしても，養護学校は35年以上の歴史の中で貯めてきています。

そういう知見を支援学校の教員はしゃべるわけですが，いわゆる専門家に傾倒した親御さんが言うことと一致しないときがあるんですね。子どもさんの状態像の理解の仕方なんかでも，大切にしているところがずれていることがあります。また，子どもの能力を過剰に高いと思っておられたり，あるいは逆に子どもの無能感ばかりを強調されたり，ということもあります。教員と親御さんが具体的な子どもの姿から「なるほどそうや」となれないときに，不全感が生じてしまう。親御さんが傾倒する専門家が特定の方法論を強く勧める場合，それが親御さんと教員との関係を不和なものにする方向に作用してしまうことが少なくありません。その方法に則らないことの不安が，親御さんの鎧をより強固なものにしてしまうからです。転校した親御さんもいますよ。「ここにいたら私らの思うことをやってもらえない」と言って。高橋先生のところにもおられますか？

高橋 います，います。

後藤 そうですか。やはりどこも同じようなことがありますね。それで転校したその子どもがどうなったかというと，より配慮が必要になっていたりするので，転校したことがはたしてよかったのかどうか……という感じです。ですからその辺のことを吟味しないと，いい先生，悪い先生ってなかなか一口に言えないところがあるのかなあと思うわけです。

「ずれ」を前提にして共有の糸口を探る

麻生 反対に，すごくいい先生というのは，保護者とずれることを前提にし

ているんじゃないですか？　後ろにいる専門家のことはちょっと別にすると，お母さんが自分の子どもを見積るときと専門家が見積るときでは，やっぱりずれますよね。基本的に，子どものことを正確に見積れる親というのはほとんどいなくて，低く見てしまったり，高く見てしまったり，期待が大きかったり，いろいろしてしまうと思うので，ずれることを前提にして，そのずれを解消する努力をする先生がいい先生なのかもしれませんね。ただどうやってそのずれを解消するかというときに，それぞれの先生の考え方があるのかなと思います。その辺りを聞かせてもらえますか？　大城先生はどうですか？

　大城　はい。私は低学年をもっているので，親御さんがわが子をどう見ているのかを知っておくことは必須です。入学までの面談の機会や一日入学などで保護者と接するときは，子どもの実態だけでなく，親御さんがどんな方で，子どもとどんなふうに向き合っておられるのかも知ろうとします。それを踏まえたうえで，家庭訪問のときに，お母さんがその子の育ちをどういうふうにとらえていらっしゃるのかをじっくりと聞きとるように心がけています。

　たとえば，「療育教室とか園で過ごされた最後の2年間で，お母さんが一番いいなあと思ったことはなんですか」と質問すると，「周りの子とちょっと遊べるようになったのがうれしかった，そこが一番」と言われる人もいるし，「どれだけやっても字が書けなかった」ということを言われる親御さんもいます。そんなふうにとらえているお母さん，お父さん，家族なんだということ，そこをまずはしっかり知ることですね。それがわかったうえで，どうするか考えていく。本当は地域の小学校に行かせたかったという親御さんであれば，それを受け止めたうえで，「養護学校ではもちろん子どもに合ったことをしますが，お母さんの思っておられることとは少し違うかもしれません。でも，お母さんが望んでいることを全部切り捨てているわけではけっしてないんですよ。養護学校ではまずここから大事にしようと思っているんです」と伝えていく。そのために，担任同士でとにかく話し合います。

　お母さんがどんなに字を覚えさせたいと言われていても，たとえば自閉症のお子さんで，歯磨きをさせてくれない，爪が切れない，耳掃除ができないとい

う課題があれば，入学して少し経てばわかりますよね。そうしたら，「歯磨きをまずどうにかしましょう」，「身体を触られるのがイヤそうね。そこからとりかかっていきますね」とか，お母さんと話せる糸口を探します。パーンとコミュニケーションを打ち切られないように努力しながら，とにかくお子さんが学校で楽しそうにしているとか，学校でがんばっていても無理はさせていないから，おうちに帰ってもとくに荒れることはないとか，そういう事実を積み上げていきます。

そしていよいよお母さんが慣れてこられると，たとえばPECS（ペクス）[3]はやってくれないのかとか，特定の方法論の話題になることもあります。そういうときには，「お母さんはどうしてそれをしたいと思っているの？」，「それはどういうときに要るんやろうね」と尋ねてみます。教師と関係がとれていたり，お子さんのことを受けとめられている親御さんだったりすると，「ああ，考えたこともなかった」，「しないとあかんと思っていた」と気づかれて，うまくいくケースも多いですね。1年生のあいだは難しくても，2年，3年とやっていくうちに「ここに来てよかったな」と思ってもらえるところまで，親御さんと関係をとりながらじっくりやるようにしています。

麻生 子どもはどこかで絶対に伸びてくるから，それをうまく，ですね。

大城 そうですね。お母さんに伝わるような言い方を探して，お母さんと共有できるようにしていく努力を，1年生ではとくにやる感じですね。

ずれを修復できなかったケース

麻生 いま大城先生が言ってくれたことって，すごくわかりやすい答えですよね。いい先生ってなんだろうと言うときに，まずはお母さんとずれていても，そこでしっかり話をして，パイプがつながるようにもっていくことができる先

（3）PECS（ペクス）……Picture Exchange Communication System（絵カード交換式コミュニケーションシステム）の略で，自閉スペクトラム症やその他のコミュニケーション障がいをもつ子どもと成人にコミュニケーションを自ら発するように教えるための，絵カードを使ったユニークな代替コミュニケーション方法。

生というのは，かなりいい先生ですよね。最終的にお母さんも「すごくいい先生だ」と言うかどうかはわからないけど，きっと悪い先生とは言わないよね。だから，ダメ先生ではないことは確かだ。

　大城先生の今のお話について，それぞれちょっと補足していただけますか。後藤先生も保護者とずれることは必ずあると思うんですけど，ずれた場合にどうやってそこをつなごうとしていますか？　3，4年とか高学年になってから担任をもたれて大変なこともあるだろうし，ずれてしまって修復できなかったケースだってあると思うんですね，経験が長いぶん。

　後藤　はい，高学年であっても大城さんが話されたことと大きくは変わりません。方法論の前に子どもの具体的な姿を話し合って了解し合えたら，一緒にがんばりましょうとなれることがほとんどです。ただ，中には手を取り合えずに転校された方もいます。残念ですけれど。

　麻生　その場合，さっき話されていた「背後の専門家」の存在を感じますか。

　後藤　それはつねに感じていましたね。そういう人たちは，「こういうやり方をしなかったらこの子はダメになっちゃいますよ」って脅すわけですよ。ダメになるよりは，ダメにならない方を選ぼうとするのは当然です。転校されたお母さんは，「それがほんとにいいかどうかはわからない。だけどいいって言われている，それに賭けたい」って言われたんです。

　麻生　ああ，お母さんがね。

　後藤　はい。後でやらなかったことを後悔するよりは，結果がどうなるかわからないけど，今はよいと言われている方に，自分たちが思っている方に行きたい，と言われました。それはもう，はっきり言われました。「ここにいたら，なんぼ言ってもあなたはやってくれないから」と。私たちとしては，親御さんのお話を聞きながら，今の子どもさんが力をつけてきている具体的な様子と将来の展望も丁寧に話したつもりだったんですが，受け入れていただくことはできませんでしたね。

とにかく親の思いを聞く

麻生 高橋先生はどうですか。お母さんというか保護者とずれた場合，どうするか。今までの経験から，ずれに困ったとか，転校されたとか，いろんなことはありましたか。

高橋 そういうのはない，かな（笑）。どちらかと言えば，最初はあまりこちらから意見を言うことはなく，とりあえず，思いをどんどんどんどん聞いていく。大概聞いていると，そんなにおかしなことや不合理なことを言う人はいなくて，なるほどなあと納得できることがたくさんあるから，とりあえず僕は保護者の言っていることを納得したうえで進んでいきたいなとは思っています。それに，ちゃんとこちらが納得すると，向こうもこちらの言っていることを受けとめやすくなるのかなという感じがあります。

自閉症の傾向のある子どもさんがいたのですが，お母さんがその子にかかわるのを拒否するんですね。「もう部屋でおとなしくしておいてくれたらいいですから。私もしんどいんです」と言われるんです。そこで「しんどいんです」ということを否定してしまうと，お母さんはこちらの思いを受け入れにくいかなと思うから，「お母さんのしんどさはそうですよね。まあ無理しないでください。学校でやれることは学校でやりますから」みたいな感じで，その人のスタンスのところから進んでいくということがまず必要かなと思います。やっぱり親御さんはけっこうしんどいやろうなあって思うんですね。学校で，2，3時間見るのとは違って，一日中そういう子の相手をしているわけやから。まさに大城先生が言われたみたいに，とりあえずはしっかり受けとめる，聞く，ということですよね。

聞くということは，その子にとって必要な情報を得ることでもあるから，マイナスにとらえて聞くんじゃなくて，その中から何かプラスになるような材料を探していくというかたちで聞いていくと，手がかりになることをいっぱい教えてくれたりするので，そこはけっこう大事かなと思います。手がかりになりそうなところをお母さんと共有しながら，じゃあこの辺を見ていきましょうかというふうにしていくと，お母さんの方も，自分が気づいている部分でもある

ので，入りやすいのではないかと思います。

4　必要なのは「時間」と「余裕」

「よい先生」とは親の思いを受け止める先生

　麻生　このテーマは，いちおうオチもついたのかなという気がするんですが，要するに，お母さん側から見て悪い先生とは，端的に言えば，話が通じない先生。私の思いを聞いてくれない先生。そういうのがダメ先生。逆にいい先生とは，保護者の話を聞いて，その情報を活用して，子どもの教育に生かしていける，そういう先生が基本的にいい先生なんだろうなあということですね。

　大城　そういう先生って少ないんでしょうか？　たしかにそう言われたら，お母さんの不満の根底には，自分の思いを全然聞いてもらえていないという気持ちがあったのかなと思います。思いが叶ってその通りやってくれるかどうかではなくて，そもそも聞いてくれていないと感じていたのかなと。でも親の思いを受け止めようとしている先生もけっこうたくさんおられると思うのですが……。

　麻生　それは山口さんに答えてもらったらいいんじゃないかな。先生の教育にかかわっておられるわけだから。

親も教師も時間をかけて成長していく

　山口　先生を教育している立場からということではないんですが，私自身，小学校で勤めていたときの保護者とのかかわり方とは違って，支援学校に変わってみると，小，中，高等部とある中での親御さんの変化というか，親が親になっていく過程というものがあるんやなと感じました。小学校のときは，担任している1年間，2年間が終われば「はい，次」と子どもたちを送り出していて，6年生で卒業したら目の前から姿が見えなくなるわけですけど，支援学校では，小学部を卒業しても同じ敷地内に中学部や高等部があるので，ああ中学部ではこんなことをしているとか，高等部ではこういう姿になって，卒業後は

こういうところに行くんやなって，子どもの姿ももちろん見えますし，親御さんもまたこんなふうに変わっていかれるんやなというところが，自分の中ではすごくおもしろいというか，小学校と違うところやなって気づかされました。

　Ｆちゃんのことで言えば，小学校で担任をもっていたその子が，そのあと支援学校に変わって，高等部で大きくなった姿を見たんですね。その子もですが，親御さんのその子への思いも変化していて，高等部の先生に対しても，私に言われていたときとはずいぶん違う言い方をしているなと思いました。たぶんいろんなことを受け入れたり，言葉は悪いかもしれないけど，ある部分はあきらめたりしながら，親は親として子どもを受け入れていく。それにはすごく時間が必要で，私たちの立場からは簡単に「障がい受容」とか言いますけど，そんな短い時間に，たとえば小学校に入ってきた段階でもうできているものではもちろんないですよね。とくに自閉の子なんかは，2，3歳まではひょっとしたらそうではないかもしれない，普通の子どもかもしれないと思いながら，そのあと2年か3年でもう小学校に入ってくるわけです。もしかしたら追いつくかもしれない，大学にも行けるんじゃないかと思っている小学部の1年生の親と，高等部になってから会う親では，ずいぶん姿が変わっているんだなと思います。だから，私たちは担任として，そのときそのときの親の話をじっくり聞いて関係を作るということももちろん大事だけど，親が今どういう時期を迎えておられるのか，その親が親として変わってく中で今はどのステージにあるのかということを考える必要があるのではないでしょうか。

　今，私は，教育センターで初任研から10年経験者研修までのステージ研修を担当していますが，教師が教師として成長していくプロセスがあって，今はそのプロセスの中のどのステージにいるのかということが大きくかかわってくると思っています。（教師も親も互いに）時間をかけて成長していく，というところが一つのポイントなのかなと。その時点ではわかり合えているとか，この先生は嫌いとか，あのときはもう本当にひどい目にあったとか思っていても，時間をおいてみると，じつはでも，あのとき後藤先生が言っていたのも一理あったな，みたいなことを親御さんが思っていたりするかもしれないので。

第Ⅲ部　特別支援教育をめぐる4つの「謎」

「余裕」がもてない現状

　後藤　やっぱり，ここでの一つのテーマは，さっき話に出てきていいなあと思った「鎧」だと思います。「べき」というか。「べき論」が先行するかどうかというところがすごく大きいと思います。

　以前研究会で，ある施設の職員さんが，指導員に対する訓練方法みたいなものを紹介してくれたことがありました。そのときの話ですが，なぜその方法になるのかというと，職員が変わっていく中である水準を維持しようと思ったら，そういう方法論を使わざるをえないと。使うことである程度の水準が維持できるというわけです。昔だったら，先輩が後輩を教えるとか，山口さんが話されたように，時間をかけて教師が教師になっていくみたいなことがあったと思いますが，今はなかなかそれが許されない。原因を環境因に還元してしまったらいけないかもしれませんが，教員の多忙化がある。たとえば昔であれば数人の子どもをみていたらいいだけだった支援学級が，定員いっぱいになってきているという状況の中で，簡単に言えば先生が疲れてしまっている。それに今は，したい研修というよりは，しなければならない研修がすごく多いですよね。

　山口　滋賀県では，初任，2年，3年，5年，10年とあります。

　後藤　それが全部，しなければならない研修としてあるんですよね。そういうことがやっぱりある種の負担になっているような気がして，自分のスキルを，他の人としゃべりながら，あるいは教えられながら，自分のペースで高めていくみたいなことがすごくやりにくくなっていると思います。自分自身に余裕がなければ，当然相手を受け入れるというのも難しくなってくるし，ましてや一方的に要求されたら，もう守るので精一杯になってしまうというのは，なんとなく想像はつきますよね。いくらベテランでもやっぱり構えます。思い入れの強い親御さんに面と向かうときはなおさらです。相手の話を聞くのはいいけど，聞いた以上はしなければならないという強迫感みたいなものもありますしね。それに支援学校の場合は，個人ではなくて，チームとして，クラスとして受けるわけですから，そんなに簡単に「お聞きしたようにしましょう」と言うわけにもいきません。支援学級だと自分でやっていくわけですけど，やれることと

やれないことというのは当然あります。それこそ，一人ずつ個別に見てくれなんて言われても無理なことですから。その辺の折り合いをつけていくときに，やっぱり双方に余裕がないと難しいという気がします。高橋さんの報告にも「余裕」という話が出てきますよね。余裕がないと何事も難しくなる。

　高橋　気持ちに余裕がないとね。

　後藤　報告では，気持ちの余裕を子どもとのあいだにどう作っていくのかということが，けっこう大きなポイントだったということになっています。まさにそういうことは，すべてにあてはまるように思います。

　麻生　まあ状況としてはね，なかなか大変になってきているというのが，背景にあるような気がしますね。

第11章
特別支援教育では何を育てるべきか

1　人と一緒にいられる力

麻生　そろそろ次のテーマに移りたいと思います。高等部が終わったら，子どもたちは社会に出ます。障がいをもっている方も社会に出てからの人生の方が長いわけですし，学校に行っているあいだはある意味で手厚く保護されているところもありますが，学校を出ると大変なこともいろいろあると思うんです。ですから，学校に行っているあいだは何を育てているのか，卒業後に何が必要なのか，そのあたりの先生方のビジョンというか，お考えを聞かせてもらえたらと思います。では，まず大城先生からお願いします。

安心して人と一緒にいられること

大城　私が新任で養護学校に勤めたときに後藤先生が初任担当で，先生としての入門期を育てていただいたんです。そこで，低学年の子どもたちには，認知面での発達の違いを問わず，どう人とつながるのかという学習がいちばん大切なんだと学びました。「座っていなさい」ではなくて「座ってお勉強したら楽しいよ」と伝えること，「大人っていうのは新しい世界を提供してくれるよ」，「そんなに無茶なことは言ってこないから安心していいんだよ」，「無茶に思えることもじつはたいしたことなかったりするんだよ。助けてあげるから乗り越えてごらん」，「学校は楽しいところで，やりがいもあるんだよ」ということを低学年のうちになんとか知ってもらおうとすることが大事なんやというのを最初に教えてもらって，なるほどなあと思ったんです。

そこからしばらく小学部にいて，そのあと高等部にポイッと行ったら，今から思えばすごくラッキーだったんですけど，ここに報告させていただいた自閉症の子（第4章のDくん）が高等部にいて，彼を担任することになったんです。小学部のときにこういうことが大事やと思って育てた子どもが，実習に行って作業所に勤めるというところを，まざまざと見ることができました。あるとき作業所の方が，「何ができるとかどんな仕事ができるとか，それは作業所で教えるからどうでもいいです」とおっしゃって，それよりも「みんなといて楽しいとか，学校より手が薄い中でどうやって大人をつかまえてやりとりしようとするかとか，みんなと一緒にいるときに自分が今どうすればいいかを考えることのできる，集団性（社会性）のある子に育ててくれたらええんや」ということを言われたんです。どんなに数がわかって，字が書けて，おしゃべりができても，目を離すとピューッとどっかに行ってしまうとか，ちょっと気持ちがこじれたら困ったことをしてしまうとか，みんなとは違うスケジュールや決まった方法，決まった環境でしか行動できませんというような制約の多い子は困る，ということを聞かされて，ああ，小学部の低学年で大事にしていたことは，進路の選択の際にかなり大きな力になるんだなと思ったんですよ。

本当は，進路のことがわかったうえで，低学年で大事にすることを考えるのが筋なのかもしれないけど，私自身の学びとしては，小学部の低学年で大事にしてきたことが，高等部に行ったときに，ああこれがやっぱり大事なんやって体感できたっていう順番だったんです。まだしゃべれない子とか，どうしてもネジを最後まで締めないとダメで途中で止めるということがわからない子とか，困っているときに「助けて」と言えない子であっても，その子なりになんとか机を叩いて大人に気づいてもらおうとすれば，職員さんが「困ってるんやな」って意図を汲んでくれる。そうやってその子なりのやりとりが成立する状況であれば，進路に困らないし，その先もやっていけるなということを，実習で身をもって感じるんです。あ，大丈夫やって。だから，学校ではとにかく集団性，対人性というのを大事にして，その場の関係の中にどう自分の身を置いて，そこで安心していられるかという部分を育てていきたいなと思いますね。

その子どもに合った生き方を身につけること

麻生 高橋先生，お願いします。

高橋 ずっと昔，僕は作業所作りとか施設作りに携わっていたことがあったんです。子どもたちの行き場所を作ってあげないことにはと思って，ずいぶん力を注いでいたんですね。そんなときに出張で，東京で施設作りをしている人たちと一緒に宿泊したんだけど，そこでえらい怒られたんですね。教師は教師のやるべき仕事があるでしょうと。それはそれで一理あるかなあと感じて，それからは教師って何なんだろうって考えるようになりました。身体は一つしかないのに，就学前のこと，学内のこと，地域のこと，卒業後のこと，全部に対応するなんてことはできない。じゃあ今自分がやるべきことはというとやっぱり子どもたちの教育であって，そこで何を教えるのかというと，いま大城先生が言われたようなところが一番の根本になるかなと思います。

集団の中で楽しめるようになれば，その子の人生もずいぶん変わったものになると思うんだけれど，いかんせん自分たちが見ているのは課題のある子どもが多くて，それがスッとできるのであれば特別支援はいらないわけです。子どもがうまく適応できて，楽しめるようにしていくためには，その子に合わせた力のつけ方を考えていかないといけないだろうなと思う。知識を学ぶだけではなくその子どもがよりよく生きていくための生き方を身につけていくことが，特別支援の中ではとっても大事なことなのかなと。その生き方っていうのは子どもによって違うから，その子どもの状況とか実態に合わせて生き方を考え，それに合わせて指導内容を組み立てていくということが必要なのかなと思って，今はそういう流れでやっています。

麻生 集団の中で楽しむことができるというのは大城先生と一緒だけど，それが難しいんだと。個々の子どもにはいろいろ困難があるので，それに応じた「生き方の方法」を考えていくというのが高橋先生のお考えですね。山口先生はどうですか。

自分を好きであること

山口　そうですね。やっぱり人と一緒に過ごすことが苦ではなく，そこにいられることが大事かなと思うんですけど，形だけではなく本当にそういうふうに思えるのかというところはあるので，難しいとおっしゃるのもわかります。人といられて楽しいとか苦にならないというのは，自分も自分でいていいんだというか，自分で自分が好きというか，自分はそんなに悪くないと思っている，その土台があるからこそかなと思います。自分の好きなことがあって，でもそればかりではなく，それ以外のところでも人とのチャンネルをもって，人のことが好きで，自分のことも好きであってほしいなと。あとはやっぱり，自分の生活のことがある程度できるとか，元気で健康で過ごせるということも，養護学校で小学部のときから大事にしてきている部分なのかなと思います。

麻生　自分を好きであってほしいっていうことと，身辺自立の面ですね。鋭いご指摘だと思います。後藤先生，お願いします。

「分かち持ち」という自立のかたち

後藤　はい。若いときにある先生から聞いたエピソードで，知的な力としてはほとんど同じぐらいの2人の子どもが，卒業して同じ職場に行ったそうです。一人の方は，お昼のときにみなさんにお茶を注いで回るけれど，もう一人の子は，上げ膳据え膳の生活をしていたのか，ドーンと座ったままだったそうです。結局，時間が経つと，その座っているだけの子は，やっぱり職場の中で不適応というか，他の社員さんに支えてもらえなくて続かなかった。でも，もう一人のお茶をついで回っていた子の方は，社員さんたちに受け入れられて，自分の役割を担いながら続けられたという話でした。

それからもう一つ，その先生がよく言われていたのは，あいさつです。「おはようございます」が言えるか言えないかでずいぶん違うという話です。僕も若かったので「え，そんなこと？」と思って，それだけを聞いていると「愛される障がい者」みたいな感じじゃないですか。60年代の障がい児教育（特殊教育）においては，がまん強く，言われたことがすぐできるとか，いつもにこ

こして返事ができることを指導の目標にしてきた。しかし，近江学園(1)では実践の中からそれはやっぱり間違いだったと気づいた，というようなことを，僕は学生だったころに教えられていたわけですよね。だから，この話を聞いたときに，そこと結びついてしまって，要するに，都合のいい障がい者を育てるということになるのか，みたいに思ったことはありました。

でも仕事を重ねていく中で，それは愛されるとか愛されないとかそういうレベルの話ではないとわかってきて，いま大城さんが言ってくれたように，人と一緒にいることが苦にならないというか，楽しいというか，あるいは人の中で活動できる力があるかないかということが，やっぱり仕事とか社会に出ていくときにはすごく大きなことなんだな，と思うようになりました。

障がいのある人の自立とか社会参加というと，一般的には，なんでも自分でできるみたいなイメージがありますよね。行動療法(2)なんかだと，たとえばレシピを見て自分でラーメンが作れるとか，服をたたんで片づけられるとか，そういう生活スキルみたいなものが獲得されれば自立できる，みたいな発想があるように思います。自分の力で「できる」ことがすごく強調されている。でも，それだと障がいの重い人には自立なんてとうてい無理という話になるんですね。

それなら，その人たちは社会のお荷物なのかというと，それもどこか違うような気がして，僕は「分かち持ち」という言い方をするようにしたのですが，誰もが一人では生きていけないわけで，いろんな人に助けられながらやり繰りしている。「助ける―助けられる」という関係をベースにすれば，分かち持ちの多寡があって個としては不十分であっても，関係性においては自立している

（1）近江学園……1946年に糸賀一雄氏らによって滋賀県大津市につくられた，障がい児の施設教育の草分け的存在。
（2）行動療法……広い意味をもつ言葉であるが，ここでは主に，応用行動分析学にもとづく積極的行動支援の意味で使っている。子どもの不適応行動を予防して早い段階に修正を図り，生活していくうえで有用かつ適応的な行動・技能を習得させ，継続するように援助する。問題行動を「状況要因と直前のきっかけ→子どもの行動→結果」というかたちで分析し，たとえば，状況要因に対しては，子どもの体調やスケジュールを整える，子どもの行動には代替行動を教えるなど，それぞれに対して介入方法を工夫することにより，望ましい結果が得られるようにする。

と。お互い様の自立ですね。だから,「いや」と言えるとか,「困ってます」と言えるとか,別に言葉で言わなくても,それこそ困ったときに誰かのところに行って袖を引くだけでも,横に行ってちょんと座っているだけでもいいと思うのです。人を頼りにすることができるとか,その人がいることで他の人がちょっとホッとできるとか,そういうことも,一緒に生活していくというか,自立していくということの一つのスタイルなのではないかなと思うようになりました。

　本人のスキルを高めていくことだけをどうにかするというよりは,一緒にいられるとか,「ちょっと手伝ってよ」と言ったときに手伝ってくれるとか,あるいはこっちが困ったときに寄ってきてくれるとか,そういう関係性みたいなもの,一緒にいることの心地よさ,あるいは安心感みたいなものを互いに実感できるようなありようというのを,卒後のある種の自立の姿として思い描いてもいいのかなと思います。その上で,低学年,小さいときにさかのぼったらどうなるかと考えると,人は面白いことやってくれそうと思えるとか,集団の中にいて居心地がいいと感じられるとか,基本的な生活習慣であるとか,あるいは僕らは「学習の構え」という言い方をしているのですが,何かを見せられたときにふっとそこに集中できるような力なんかをまず大事にしていって,そこに上乗せできる力を,その人なりに積み上げていったらよいのかなあと思うようになりました。

2　数や言葉をどう教えるか

数や文字は教えないのか

　麻生　いま後藤先生やみなさんが言われたことに,あえて逆らった方が面白いと思うので言いますが,ダウン症の妹さんがいる女性の研究者がいて,彼女の研究のもともとの出発点は,養護学校では数をちゃんと教えてくれていない,算数教育をやってくれていないという不満だったんです。ダウン症の子であっても,やはり数は大事なんじゃないか,と彼女は思っている。普通学級では,

読み書きができたり理科がわかったり，学問的なというか学習の楽しさがあるのに対して，養護学校では，料理を作ったり畑の世話をしたり，生活に密着したことはいろいろやってくれるけど，文字や数は，最初から軽く見られてしまっているんじゃないかと。たしかに数がわかったからってどう役に立つかなんて言えないかもしれないけれど，学校に行っているあいだにそういうものを学ぶことは，やっぱり人間の教育として必要なのではないかというのが彼女の説なんですね。たしかに，作業所の人たちは，数がわかっていようが言葉がわかっていようがどっちでもいいと言うかもしれない。でもだからといって，学校までもが，数はまあどっちでもよくて，人と仲良くやれる子にさえなれば作業所で苦労しませんよ，と言うのはどうなのか。「それは教育ですか？」ということですよね。保護者にしてみたら，「学校の先生は，うちの子はどっちみち言葉はわからないと思って，字も教えようとしてくれない」と憤慨したり，「うちの子は，本当は漢字をもっと覚えられるんじゃないか」といわゆる勉強的なことを期待されたり，というようなことはあるんじゃないですか，東村さん。

　東村　あると思います。

　麻生　そういう親御さんの意見に対してどう考えるか，それぞれ聞かせていただけますか。数や言葉や文字の教育が卒業後にどう関係しているのか，あるいはそんなものは必要ないという極論になるのか。いくらやっても数や言葉がわからない子がいることは確かだと思うんですけど，どんなに障がいが重い子であっても，その子なりに，たとえば1と2の区別ができるとか，どちらがたくさんあるかわかるとか，いろんなレベルがありますよね。そういうことも含めて，大城先生，どうですか。

学ぶ「タイミング」が大事

　大城　はい。先に（第10章）出てきた鎧の話に関係しますが，学校だから数を教えなければならない，どの子にも教科的な指導を，ということになると，やっぱり子どもがしんどくなることがあるので，タイミングを見計らっている

というところが大きいかと思います。本当に今この子は文字を入れるとおもしろいタイミングなのか，便利なツールとして言葉を使えるかどうか。言葉が出る前だったら，やりとりすることのうれしさがわかるとか，自分でジェスチャーをいっぱい作り出しているとか，ノンバーバルなレベルでそういうのが十分あるなら，言葉も学んでくれるかなと思います。文字の場合も，ちょっとなぞり書きをしているとか，文字を気にしているとか，そういうのがあるかどうか。その子がいま学びたがっているのかという子どもの状況を見極めてからでないと，どうしてもやらされるものになってしまって，せっかく生まれるかもしれない意欲をつぶしてしまう危険性がある。それはよくないので，見計らっているところがあります。

　ただ，「今は見計らっているんだよ」ということを，お母さんやお父さんにちゃんと話すということは，とくに低学年では大事にしています。おうちの方が，1年生になったら名前ぐらい書けないと困ると思っておられるような場合は，「今の子どもの姿から出発しましょう」ということを，丁寧に話すようにしています。年齢にも関係があるのかなと思うので，高学年になったら挑戦させてみたいというような思いはありますが，とくに低学年のうちは，時期を十分に見計らうようにしないとと思っています。

　高等部になると，子どもにもよると思うんですけど，それまで地域の中学校とかであまり教えてもらってこなかったから，養護学校に来て，それこそおはじきを使って足し算することから始めて，繰り上がりがわかるようになってうれしいっていう子は，いるにはいるんですが，本当に少ない。私が出会った子の多くは，むしろそれまで機械的にいろいろやらされてきて，勉強は面白くないという感じでしたね。それなら計算機を使う練習をしようかとか，そっちの方が子どもの生きる力になりそうだなと思いました。「俺買い物できへんし」と言う子に「いや，できるよ！」と言ってそうしたツールを導入してみるとか。ただその辺りの見極めも，高等部は難しかったなというのはあります。

　東村　それまでの学校の中で，わからないのに無理やりやらされてきたから嫌になってしまっているということですか？

第11章　特別支援教育では何を育てるべきか

大城　お勉強とはそういうものだって，考えずにただパターン的に解いていたりとか，九九をそらで言えるけど，たし算の十の繰り上がりができなかったりとか。

麻生　それもさっきの研究者が文句を言っていたんですが，九九はできたりするんですよね。それなのに，お菓子を3つずつ分配するということができなかったりする。だから，数の理解を学校で教えていないというより，教えているけど機械的に，いわゆるドリルの易しいものをやって，とにかくマルがとれるような教育をしていて，本当の意味での数の教育とか言葉の教育をしていないということなのかもしれない。教科教育をしていないというのは，そういうドリルをしていないという意味ではなくて，数を覚えることの喜び，たんなる生活スキルではなく2と3は違うんだとわかるとか，同じ数ずつ配れるようになることの楽しさを，考えてくれていない先生が多いんじゃないかと，そういう批判だと思うんですね。でもそれは，一人ひとり違うから難しくて，一斉に九九を教える方が簡単なんだけど。高橋先生はどうですか？

認知特性を見極めて「向き合う力」を育てる

高橋　学校ではやはり教科・科目の学習というのが基本にあって，でもそれがうまくいかないというところから，知的障がい特別支援学校の教科が生まれたり，自立活動が入ってきたりと，教育課程上ではそんなふうになっているんです。特別支援の必要な子どもというのは，やっぱり難しいんですよね。たとえば数を覚えるとか文字を書くということにしても，たんにスモールステップにしたり，繰り返し練習したりすれば覚えていけるわけじゃない。その子のもっている認知特性とかいろんな要因が重なって，学習がうまくできない状況がある。では，うまくできるようにするにはどういう力をつけないといけないのかと分析的に考えて，課題設定をして，そこへつなげていくというのが，いま自分たちがやっている教育なのではないかなと思っているんです。

まずその子が文字を覚えることにどれだけの意味があるのか。それから文字を覚えるために必要なこととして，位置感覚とか，空間知覚とか，視点の理解

とか，その子がまず解決しないといけない課題がある。認知面だけではなくて，指示理解面や環境も影響しているかもしれない。いろんな要因を考え合わせて，一つひとつ解決していくことによってその子どもが課題と向き合う力をつけていく。そういう「向き合う力」というのは，その子どもにとって大きな力になってくると思います。逆に，そのために書くとか読むとか，そういうものを題材として使うこともあります。系統的にわかりやすく整理されていたり，指導内容としてまとまっていたりするので，子どもにとってもできたときの成果や理解のプロセスがわかりやすいからです。そこから子どもが自分で考える力，気づく力，向き合う力を育てていくということが，汎用性につながるのかなと考えているんですけど。

　麻生　かなり抽象的に語られたところがありますが，具体的に個々の子どもに，もちろんみんな違うから一概には言えないとは思いますが，どういうふうに自分で考える力とか向きあっていく力を育てるかというところが，本当に難しいと思うんですけど。

　高橋　たとえば文字を書くということには運動的な面もありますよね。運動的なもの，精神的なもの，認知的なもの，いろんな要素がかかわってはじめて，こういう線が引けるようになる。その子どもの認知的な発達はどうなのか，指示的な面ではどうなのか，そういういろんな要素をまずは考えて，なぜうまくできないのかを明らかにして，それに対応するために具体的にどうするかを考えるということが一つです。

　汎用性というのは，たとえば線をなぞるという課題をしますよね。なぞり書きをすることによって，見る力とか目と手の協応の力が育つ。それが子どもの力になっていくと，今度は日常生活の中で，たとえばカーテンを最後まで閉めることができるようになるとか，同じような力を発揮できる場面や生かせる場面につながっていくのかなと思うんですね。もちろん，文字を覚えるに越したことはないんだけども，覚えられないからやらないのではなくて，覚えるという目標に向かって，その子どものレベルに応じたことをやっていくと，それそのものが子どもの力になり，子どもがいろんなことに向きあっていく力とつな

がってくるのかなと思います。

　麻生　僕の想像なんだけど，きっと高橋先生は一対一で，子どもにすごく丁寧にかかわられるんだと思うんです。高橋先生のやり方は，言葉で言うとなんか普通のことみたいに聞こえちゃうんだけど，そうじゃないですよね。ドリル学習でなぞり書きができるようになったらカーテンが閉められるとかそういう話ではなくて，後藤先生は，大城先生もそうですが，子どもにスプーンで食べさせるときに，駆け引きというか阿吽の呼吸というか，そういうことをやっておられる。それと同じことを高橋先生もなぞり書きなどでされるということかなと。

　高橋　まあそうですね。

学習に「おもしろさ」は必要か

　麻生　基本的に学校でやるのは教科だから，やっぱりなぞり書きができなちゃいけないとか，言葉や数がわかってもらわないと困るというふうになると，子どもはしんどくなったり面白くなくなったりすると思うので，子どもたちにやる気にさせるには，面白さなんかが必要になる。普通，学校ではあんまり面白さなんて考えてないと思うんですよ。よほどすぐれた先生はね，おもしろく，子どもを乗せてやれると思うんだけど，普通学級の場合は子どもたちの方も勉強はせなあかんと半分思っていますよね。勉強する構えみたいなものは比較的あるから，割とスムーズにいくのかなと思うんですけど，支援学校の子どもって，学習しようとする構えがそんなにできていないですよね。その子たちに，字を覚えていこうとか，数がわかるようになろうということをするにはすごく工夫が必要で，そのへんの工夫は，なかなか親御さんにも伝えにくいけど，あるんだと思うんですよね。でも「なんで楽しくやってくれないんですか」と文句を言う親御さんはおそらくいなくて，「なんで字を教えてくれないの」とか「なんで数がわかるようにしてくれないの」と言われる。それにダイレクトに答えて，とにかく名前だけを書かせるようにしようみたいにやっていくと，支援学校はおもしろくなくなるし，そもそも学習意欲のない子に訓練しているこ

第Ⅲ部　特別支援教育をめぐる4つの「謎」

とになりますよね。

高橋　僕の意見はちょっと違って，お母さんが子どもに字が書けるようになってほしいと言われたら，実際僕も同じように思うと思うんですね。だから，じゃあ，この子がいま文字を書くためにはどんなことが必要なのかを相談していく。落ち着いて座れないような状態なら，とりあえずは座って机に向き合えることが必要ですね，鉛筆が持てないということであれば持つ力が必要ですね，というふうに，その目標に向かって，どう組み立てて，力をつけていったらいいかを一緒に考えていくことが大事かなと思っています。そこまでいくのは難しいかもわからないけど，最初からこの子には無理ですとは言わずに，あるステップのところを目指して向かっていくと子どもに力がついてくるし，たとえば椅子に座るとかペンを持つとかそういうことがいろんなところで役に立つのかなと思います。

麻生　あえて反論すると，京都の支援学級で長年がんばってこられた村上公也先生(3)という方がいるんですが，その先生のやり方を見ていると，高橋先生の言うことはわかるけど，ちょっと違うんじゃないかと思います。違うというのは，実際に高橋先生がされていることに対してではなく，話されていることに対してですけれども。というのも，村上先生は，子どもののせ方がめちゃくちゃうまいんですね。ある意味遊びにしてしまっていて，遊びなんだけど，実質としては，高橋先生がおっしゃるように，目と手の協応とか机に座るというようなことをされているんです。だけど，その持っていき方が，それをやるために工夫しているようには見えない。子どもは違う方に関心があってやっているんだけど，それをするためには座っていないといけないから座っている。なぞり書きをしているんだけど，なぞり書きをするためにしているんじゃなくて，

---

(3) 村上公也先生……1953年生まれ。京都教育大学美術科卒業。京都市立小学校特別支援学級で31年間担任をもつ。ワイワイクラブバンド代表，行動美術協会会員。ユニークな教材を用いた独特の指導論は，その遊び心の豊かさやアート性で高く評価されつつある。具体的な実践内容や独創的な教材については，『キミヤーズの教材・教具』（村上公也・赤木和重〔編著〕，2011年，クリエイツかもがわ）などの書籍や論文にまとめられている。

他の何かをするためにはこれをやっておかないと次のことができないので，しょうがないから一生懸命やっているというように，子どもがそれ自体を目標としていないようなやり方が得意なんですね。高橋先生も実際にされているときは，そういうやり方をされているんじゃないかと思うんですけどね。

高橋　たしかにおもしろく学ぶことができれば，効率的に身につくでしょうし，学ぶ意欲にもつながっていくと思います。ただ，私自身はいろんな学びの必要性も感じているので，課題や学びの内容によってはあえて静かに取り組むとか，作業として淡々と取り組むようなこともあります。あえて座ることを意識させることもあります。また遊びにするとテンションが上がってしまって，かえって学習が進まないこともあります。ただ，基本的には子どもがおもしろいと思えること，おもしろいと気づけるような学びを目指していきたいと思っています。

学習に対するイメージにずれがある

麻生　山口先生はどうですか。

山口　地域の学校で支援学級をもっているときは，まだやっぱり鎧を脱ぎきれなくて，どうしても子どもに教えたくなるんですよね。教えないとあかん，教えるべきじゃないか，というプレッシャーみたいなものも感じていました。ただ私が担任していたFちゃんは，かなり重度だったので，そこにはなかなかのらない子でした。それがスタートだったんです。そのあと支援学校に変わってみると，Fちゃんよりもう少し障がいが軽い方がおられたんですが，支援学校ではあまり数，言葉，文字といったことから迫らないという現実があるんやなとわかりました。小学部では，とくにしませんというようなところがあって，私としては逆に教えたくなってしまうこともありました。地域の学校にいるあいだはやらないとあかん，やらないとあかん，だったのが，支援学校に行った途端に，どんな子であってもあまりやりませんというのがベースにあって，誤解を招く言い方かもしれないですけど，数とか言葉に対するアレルギーのようなものが支援学校の先生の中にはあるのかなと感じたこともあります。そうい

うことを言うと，それよりももっと大事なことがあるでしょうというかたちで全部返されるような場面が多くて，これはどう考えたらいいんやろうなと思っていた時期もありました。

　ただ，保護者が，数をやってほしいとか文字指導をやってほしいとか言われるときの算数教育とか言葉の指導と，支援学校の中で数や言葉をいかに子どもたちの本当の力にしていくか，そのためにどういうふうに教育活動に取り入れていくかと考えるときのそれとでは，イメージしているものがまったく違っていて，親御さんが「数もやってほしいのに，支援学校にいたらしてもらえない」と言われるのは，やっぱり自分が受けてきた教育の中での数の指導がモデルになっていると思うんです。本当は一見そうは見えないような砂場遊びや生活単元学習(4)の中で，子どもたちの数や言葉というのは育まれているんだということが，何年かいるうちにわかるようになってきたのですが，そういうことをたぶんこちらが説明しきれていない部分があると思うので，この辺りは大事に伝えていかないといけないことなんだろうなと思っています。

　私はどちらかというと，今は支援学校でも，親の要望に応えて，ドリルではないにせよ教科的なことや，数も文字もやったらいいんじゃないという傾向にあるかなと思うんです。生活単元学習とか遊びの中で子どもたちの生活や思考の流れに沿って学習し，そこに数や言葉の必要はあるんだっていう，手ごたえのある実践は減ってきているような気がするので，その辺はこちらもきちんと言語化して，説明していく必要があるんじゃないかと思っています。

　後藤　養護学校が義務化されて以降，かなり重度の人が学校教育の中に入ってきたので，(生活)単元学習そのものもなかなか成立しにくくなっている。

（4）生活単元学習……学習の題材を身近な生活の中に求め，「単元」というまとまりをつくって取り組む学習のこと。たとえば料理をするときに，何を作るか，どんなものを準備するかという話し合いから始まり，必要なものを買いに行って揃え，実際に作って，最後にやってみてどうだったかというまとめをするというように，起承転結のある一つの流れとして学習活動を行う。季節や行事を題材にすることもある。子どもも主体的に学習にかかわり，教科的な内容を含めて学んでいく。知的障がいの子どもたちの指導のかたちとして昔から取り組まれている方法である。

やっぱり単元学習っていうのは基本的に，子どもがわかって，興味をもって，主体的に活動することで力が身についていくという考え方だと思うんですけど，子どもが興味を示してくれないと単元自体が成り立たない。同じように「遊びの学習」というのがあります。低学年が「遊びの学習」で，高学年が「生活単元学習」ということになっているのですが，それがさっきの批判なり，何をやっているかわからないという意見につながっていくのでしょうね，おそらく。

3　生きる力につながる学びとは

言葉や数の学習と将来の生きる力

　麻生　まとめとして後藤先生にお聞きしたいんですが，最初に大城先生から，人とどうつながっていくかとか，頼れる大人を見つけられるとか，そういうことがありました。それから山口先生がおっしゃった，自分のことをちゃんと好きであるということ，そういうことは私もすごく大事だと思うんです。けれども，学校を出た後のこと，また学校における教育ということを考えたときに，やっぱり言葉と数というのは保護者にとって気になるところだと思うので，これをどう教えるのか，そしてそれは学校を出た後といかなる意味で関係しているのか，というところを考えておきたい。作業所の方はもしかしたら「あまり関係ない」と言われるのかもしれませんが，支援学校の先生はそうではないと思うんです。しかし，さっき山口先生がおっしゃったように，支援学校の中ではもっと大事なことがあるということで，言葉や数が若干軽視されていないだろうかという気もします。逆に大事にされるとなったら，今度は急に，小学校なみにバンバン教えて，「もう教えるのがカリキュラムですから」と，わかろうがわかるまいがとにかくやってしまう，みたいな教育になりかねない。

　言葉というのが，一番中心的なところかなと思うんですが，それについてどう考えておられるのか，またそれが将来生きる力とどう関係していると考えておられるか。その辺りはいかがですか？

第Ⅲ部　特別支援教育をめぐる4つの「謎」

学びは「他者とのかかわり」を介して成立する

　後藤　先ほどから論議を聞いていて，やはり難しいものだとは思います。研究会で僕らが実践を発表して，「ちょっといい結果が出ました」みたいな話をすると，浜田先生が，「(子どもの伸びていく力を) 捻じ曲げなくてよかったね」，「邪魔をしなくてよかったね」と言われることがしょっちゅうあるんです。そういう意味でいうと，僕自身がやっぱり人の育ちの「順序性」というか「一般性」というか人はどの子も同じ筋道をたどって育っていくという，全障研あたりでも言われたことですが，そのことを信じている部分があります。障がいというのは，それが何らかの要因によって遮られたり，本来こうあるべきところがうまくそうならなかったりというような状況だというイメージをもっている。ですから，言ってみれば本来子どもが伸びるようにわれわれがどう支えていけるかという姿勢で臨もうと思っています。

　教科的なものであろうと，基本は同じ学ぶということですよね。学ぶというときに，僕はどうしても「他者の作用」というものがいると，他者からのはたらきかけが必要だと思っています。だから，低学年のときに人との関係をしっかり結べるようになることを大事にしています。そのときに，言葉でのコミュニケーションだけじゃなくて，ノンバーバルな部分，さらにいうと表情みたいなものが，人とつながっていくときにはすごく大きな要素になると思います。関係性がある程度いい感じになってきたときの子どもの様子の変化として，経験的には表情が豊かになるということがあると思っています。表情が豊かになってきた子どもというのは，かなりこちらと疎通性のある関係がとれるように

（5）浜田先生……奈良女子大学名誉教授の浜田寿美男氏のこと。1947年生まれ。京都大学文学部卒業。専門は発達心理学，法心理学。ピアジェ，J.『知能の誕生』(谷村覚・浜田寿美男（訳），1978年，ミネルヴァ書房) の訳者，『自白の心理学』(2001年，岩波新書) の著者として著名。現象学の影響のもとに人間を発生的にゼロから捉え直し，子どもたちの日常の育ちを重視するユニークな視点は，日本の発達心理学に大きな影響を与えてきた。私たちが所属している京都発達臨床研究会の発起人の一人でもある。
（6）全障研……全国障害者問題研究会の略。1967年に結成され，障がい者の権利を守り発達を保障する活動を続けている。障がい者，家族，教職員，保育者，指導員，障がいにかかわるさまざまな専門職，研究者，ボランティアなどが参加し，各都道府県に支部がある。

なってきていると言っていいように思います。そうなってきた子どもは，たとえば「こうやってごらん」とか「ああやってごらん」というはたらきかけに応じてくれる，あるいは「一緒にしようか」と言ったら一緒にやってくれるようになる。そうなったときにはじめて，子どもは「学ぶ」ということができるかなと，学ぶための基礎的な要素が整ったかなあと思う。そこで何を教えるか，生活のスキルなのか，いわゆる読み書き算なのか，というのは次の問題だと思うのです。まず学ぶためにはそういう人とのかかわりがちゃんとできて，こちらからのはたらきかけを受け止められるということが，すごく大事なことのように思っています。

　だからこそ，低学年のあいだに，あるいはそれまでに，かかわりをちゃんともてるようにする，子ども自身がこちらのはたらきかけを受け入れられるようにする。そこでやっとね，やったことを褒めてもらえるとか，オッケーと言ってもらって本人もこれでいいんだと思えるようになる。そうして次になぞり書きをするなり，何かを作り上げるなりということがあって，「先生，これでどうや？　オッケーか？」，「いいよ，上手やな」と，こうして「学び」というものが成立すると思うのです。

理想は本質を理解する主体的な学び

　後藤　ただでも，それは本人にとっての成就感とはちょっとずれていると思うことがあります。先生に褒めてもらってうれしい，先生がマルをくれたらオッケー，それでどんどんやりました，というのは，養護学校の学びの中でもまあまああるような気がします。次の課題は，子どもが自分の中に一つの抽象的な目標を設定できるかどうかということだと思うんです。線のなぞり書きでも，先生に言われてやるんじゃなくて，自分の中でうまいことできたなということが手ごたえとしてある，そうやって積み上げることができる，というのが次のステップだろうなと。ここがなかなかね，正直に言って養護学校に来る人の中では難しいような気がします。けれど，やっぱりそこを目指さないとあかんかなと思っているんです。実際，わずかですが自分で目標をもてるようになった

子もいましたので，知的な力との関係もありますがまったく無理なことでもないと思っています。

　他者関係ができていない人で，でもちょっと力のある人だと，字を書いたりしますよね。そういう子が何人もいますが，筆順がはっきり言って無茶苦茶なんですね。それに，なかなか直らないんです。だから，ひらがなはまだなんとかなっても，漢字に進めないんです。

　何が言いたいかというと，教えられたことを学ぶ，あるいは人のやっていることを自分に引き写して学ぶというスタイルができていない人は，見て了解できるかたちだけを真似てしまうので一見できたようになるのだけれど，できたことがなかなか次につながっていかない。そういう学びではだめなんじゃないかと思うんですよね。ドリルの計算なんかでも，とっても不思議な計算の仕方で正しい答を出す子がいます。ある子は，引継ぎで文章題ができませんと言われたんですけれど，いわゆる国語力がないんです。でも賢い子やから方略は見つけるんですよ。「あわせて」だったら足し算，「ちがいは」だったら引き算やなとか。

　麻生　キー（鍵）になる言葉を手がかりにしているんですね。

　後藤　はい。キーワードでやっているわけですから，本質が理解できているわけではなくて，テストをしたら点数はとれましたみたいなことになってしまいますが，それはまったく学びではないと思うんですよね。できればその本質を理解したうえでの学びにしたい。でもそこは僕らの問題やと思いますけれど，すごく難しい。やっぱり教員の側に力がないというのがひとつあると思う。

日常生活で「使える」学び

　後藤　ただ，ひとつ思うのは，僕は工業高校の出身なんですね。工業高校というのはね，難しい数学はあんまりしないんですよ。だけど実際の工業製品では，いろんな計算式から導き出される結果が使われていてどうしても必要なので，「応用数学」というのがあったんですね。難しい理論はともかくとして，これはこういうふうにしたらこうなるという数学があったんです。「実用数学」

というか。僕はあんまりおもしろいとは思わなかったのですが，そういう考え方そのものはおもしろいと思いました。

　だから養護学校の高等部とかで，いよいよ社会に出ますというときに，たとえば字が読めないよりは読めたほうがいいし，就労のためには電車にも乗れるほうがいい。お金をちゃんと払うことができれば自分で買い物にも行ける。いろいろがんばったけど理屈はどうしても理解できませんでした，ということはあるかもしれない。でも，社会に参加していくときにこの場面ではこういうふうにすればいいということがわかれば暮らしやすくなることもある。たとえば行き先の地名を，記号でもいいから駅員さんに言えたら切符も買えるわけで，そういういわゆる実用数学とか実用国語みたいなことは，けっこう養護学校でも考えています。この子はこれができたらなんとかなるだろう，みたいなところで線引きをする。僕は片方で，そうやって割り切って取り組むことが必要な場合もあるかなと思っています。

　僕らもやっぱり本質的にどう子どもがわかるかを大事にして，子どもが「あああおもしろい。先生そういうことやったんか。やっとわかったわ」というところまでもっていきたいと思います。ただそれには，子どもの生活経験があまりにも不足していたりとか，そういう因果関係のようなものを発見することが日常生活の他の場面ですごく少なかったりする。

　このあいだ研究会で僕が発表させてもらったときに，ある施設の先生が，「養護学校の中では，自己肯定感を高めるためにわりと『できた，できた』とやっているようだけど，それはいかがなものか」と言われました。むしろ，できなかったときにどう立ち直っていくのかというところが，社会に出たときにすごく大きな問題になってくると。養護学校を出た人はずっと「できる，できる」と言われてきて，まあ言ってみれば有頂天になっていて，できないときにはすぐにへにゃっとつぶれてしまうと言われたんですね。僕は，学校で学ぶことのよさは試行錯誤ができることだと思っています。失敗してもやり直せばいい。失敗をした子どもが自分で立ち直っていくことを支えるのもまた学校の役割であって，失敗を乗り越えての成就体験を重ねられるということがけっこう

大事だと思っています。
　僕らの思いとしては，教科の中で，間違ってもただ「間違った一」で終わるのではなくて，なんで間違ったんやろうというところまでいってほしい。だけどそういうところにもっていくには，正直なところちょっと力量不足かなとは思いますね。読み書き算というのは教科の非常に象徴的なものですが，他の学習でも指導案がしっかりと練られていて，「できる」ためのお膳立てがしっかりされている。行動療法なんかまさにそうでしょう。お膳立てがきっちりとされていて，スモールステップを踏みながらできることを積み重ねていき，最後は「できた」で終わりましょう，となっている。でも，本当にそれでいいのかなと思います。さっき山口さんが言われたように (p.224)，単元学習とか日常生活の中でちょっと失敗して，行き詰まって，そこを正しながら，ああ，これでよかったんだっていうふうに，生活体験が重ねられていくということが基本にないと，教科の中での学びもきちんとした学びにはならず，それこそ点数をとるための技術にしかならないという気がします。

先生と二人三脚での学び，自分の腑に落ちる学び，実用の学び

　麻生　ちょっとまとめますと，学習をしていくためには，まず教える先生と生徒の関係をちゃんと育てないと，「じゃあがんばってこれやってみよう」とか「ここおもしろいからやってみないか」というようなことができない。それはあらゆる学習において必要なことで，そこで何を学ぶかというのは，なぞり書きであろうと料理をつくることであろうとかまわないけど，それがなければ学習そのものが成り立たない，ということが一点。逆にいえば，そういう関係ができていると，褒めて褒めてという形で子どもにある種の学習を成立させることができるし，それは養護学校においてもかなりうまくいっているんじゃないかということですね。
　もう一つ，望ましいのは，やっぱり子どもが，数というのはこうやって使うんだとか，「みっつ」ってこういう意味だったんだと子ども自身が腑に落ちる学びをすることですね。この字が書けるようになりたいとか，この字を覚えて

第11章　特別支援教育では何を育てるべきか

　僕はうれしいとか，自分で目標をもって自分でよしと言えるような学習を当然求めたいわけです。それは支援学校の子どもには非常に難しいものがあって，ここをパスできることは少ないかもしれない。ただもし，こういう自分で学べる力で言葉や数にたどり着けて，それを喜びと感じられたら，教育の一番大事な部分はできていて，それは将来にわたって，数や言葉じゃないところでも使えるかもしれないし，そうやって獲得された数や言葉は，きっと生きた力になるだろうと。

　最後に3つ目として，卒業するまでにそこまでいけない子どももいるけど，その場合にはさっきの実用国語，あるいは実用算数というかたちで，駅でとにかく切符が買える，どこかに行けるというところを目指す。そういう3つのレベルのようなことを，後藤先生がうまくしゃべってくださったと思います。

第12章
特別支援教育はインクルージョンに反するか

1　特別支援学校の存在意義と課題

特別支援学校は矛盾する存在なのか

　麻生　では，次の話題に移ります。支援学校というのは，それなりにがんばっていると思うんですが，「インクルージョン」という観点からするとどうなのか。保護者の方がなぜ支援学校を嫌がるかというと，まず，地域の学校に通えず，スクールバスに乗って遠くの辺鄙な場所に行って，障がいのある子ばかりと出会わなければならない。健常の子どもたちと一緒に自由にのびのびやれたら，他の子からもいろいろなことを学べるはずなのに，言葉のない子や歩けない子の中にいたら，わが子の弱いところがさらに弱くなってしまうんじゃないか。支援学校には専門の先生がたくさんおられるのはわかるけど，健常の子どもたちに囲まれてもっと刺激の多いところに行かせたい，ということなのではないかと思うんです。

　素朴にインクルージョンということを考えると，支援学校は存在自体が矛盾しているようなところがある。本当は，普通学校と支援学校が同じところにあれば，専門の先生もいっぱいいて，ちょっと困った子がいたらすぐに相談に乗ってもらえるし，障がいがあっても力のある子は通常学級の授業も聞きにいったりできて一番いいんじゃないかと思うんですけど，制度上はそうなっていないし，当分そうなりそうもない。

　話を元に戻すと，矛盾しているからといってすぐに支援学校をなくすわけにはいかないし，批判しても始まらないところもあるので，支援学校が存在する

という前提でインクルージョンをどう考えるのかを検討していきたいと思います。かつては，なんとしてでも地域の学校に障がいのお子さんを通わせるという親御さんの運動がたくさんあったけど，今はちょっと下火みたいですね。むしろ今の流れは，支援学級ではうちの子の能力をちゃんと見てもらえないから，支援学校に行かせるという方向ですね。軽い自閉症の子どもでも自分から支援学校の方がいいと言うとか，妙に支援学校が人気になっているとも言えますよね。インクルージョンと3つの学校・学級の関係について，どうしたらいいかという理想よりも現状をどう考えているか，聞かせてください。

子どもに合った集団を用意できる

　大城　障がいのある子どもたちを，他の子どもと違う場所に囲いこむことがいいとは全然思ってないんですけど，幼稚園や保育園では，補助の先生がついて同年齢の子と一緒に過ごしていますよね。そのときのお子さんの様子と，思い切って養護学校の小学部に来てくれた後では，表情が全然違うという子は多いんです。たとえば卒園式にがんばって出ましたとすごく喜んでいらっしゃる親御さんでも，その子の育ちを肯定的にとらえていても，やっぱり園ではしんどかったんやなと感じられるようです。小学部に入ったら，パーッとのびのび楽しそうにしているからうれしいと言ってくださる親御さんはけっこういます。そういうときに，やっぱり同じぐらいの力の子どもたちの集団が組めることのメリットはあるんだなと思います。

　それから，たとえば発達年齢が1歳半から2歳ぐらいのクラスにいる子が，最近は字も書くし，数字にも興味が出てきたし，次は3年生になるから，ちょっと（発達年齢）3，4歳ぐらいのところに入ってみるとか，来年この子をどこの集団に入れようかと考えるときに，お試しで先生と一緒に違うクラスに入って1日2日過ごしてみようとチャレンジするということが支援学校ではできます。そしてその挑戦の様子について，さまざまな観点から教員間で話し合います。その子なりに，僕はじゃんけんができないのに周りはじゃんけんができる友だちばっかりやったと気づいてへこたれそうになることがあるな，とか。

そのときは，またいつか高学年くらいで，あるいは中学部くらいでそちらのグループに行けるといいね，今はちょっと待とうというように，その子の勉強の面だけじゃなくて自我の育ちみたいなものも含めて判断します。そういうことができるのが，私の学校は人数が多すぎて大変ですけど，同じような力の子どもが一定数いることのメリットでもあるのかなと思います。その子がいかに自分の力を出しきって，のびのび育って，安心して失敗ができるか，そういう集団をどう用意するかというところに，エネルギーを使えるところはメリットかなと思います。

　たしかに養護学校に来ると，地元の子ども会とかには行っていない子が多いですが，親御さんとも連携がうまくいったケースでこんなことがありました。発達年齢が1歳半から2歳ぐらいのクラスにいて，グーッと対人性が育ってきた子だったんですけど，あるときお母さんが「公園デビュー」をしたんですね。子どもが補助付き自転車に乗れるようになったから，ちょっと公園に行ってみましたって。そうしたら，年長から低学年ぐらいの女の子がジャングルジムで遊んでいて，うちの子も入りたそうにしていたので「行っておいで」と言ったら，言葉は一切交わさないんだけども，一緒に上ってキャッキャキャッキャ言って遊べました，って言われたんです。それを聞いてすごくほっとするというか，そういうことも視野に入ってくるんだなと思うと，もうちょっと地域での広げ方みたいなことも考えていけたらいいですし，養護学校の中で完結していてはダメだなと思います。

　もう一つは，高等部で発達年齢の高いクラスをもっていると，やっぱり中学校までが大変やったんやろうなと，子どもも担任の先生も大変やったんやろうなと思うことがあります。

　麻生　中学まで大変だったというのは，普通学級でということですよね。

　大城　支援学級であっても，です。そういう子たちは，養護学校に来ると，周りの子が自分と似たようなできなさをかかえていたりするので，ほっとしたり，僕はこれでええんやなと思えたりする。「えー，無理」と言いながら生徒会長に立候補するとか，落選してもそれはそれで受けとめられる，そういう育

ちができるのは，自分と似たような力の子がいるからかなと思います．それから，他の子の車椅子を押すのがすごくうれしいという子も多いです．自分も誰かの役に立てるという思いをもてたり，できない自分だけでなく自分のよさを見つけられたりする，そういう環境を用意できるのは，支援学校のいいところではあるかなと思います．

麻生 まあ，それだけ外が大変ということですね．いくらインクルージョンといっても，地域の学校で踏んだり蹴ったりだと，養護学校が保護区みたいになるということですよね．高橋先生はどうですか？

「一緒にいる」ことがよいとはかぎらない

高橋 うちの娘が幼稚園のときに，知的障がいのある自閉症の子どもさんがいたんですが，一緒にお遊戯をしているのを見ていても障がいがあるなんて全然わからない程度だったんです．うちの子はお遊戯が下手で，その子の方がまだうまいなと思うくらいでした．幼稚園ではわりと普通に生活しながらやっていたんだけれど，その子が小学校の支援学級に入ったんですね．たまに参観に行って見ていると，先生たちは，その子の後を追いかけることしかやっていないんです．何かやってパニックになったらもう授業ができなくなってしまうとか，専門的な対応が何もできないままとにかく後追いして1日を過ごすということを繰り返していくうちに，だんだんその子が変わってきて，異食が始まり，自傷が始まり，勝手にいろんな家に上がり込むというように問題がどんどん広がっていって，結局どうしようもなくなって5年生ぐらいで支援学校に転校したんです．でも急に環境が変わったものだからそこでも適応できなくて，結局施設に入らざるをえなくなりました．お母さんはやっぱり，なぜ小学校へ入学させたのかと今でも悔いておられますね．

だから，一緒にいるというだけではだめで，預かる以上はその子どもに対する責任をもたなくてはいけないし，責任をもつためには，それなりの体制が整っていないと無理だと思うんですね．先生たちは一生懸命やっているんですよ．ものすごく一生懸命なんだけど，その子には伝わっていなかったり，逆にマイ

ナスになったりすることもあるわけで，専門的な研修を受ける機会もないままそういう状況へ落ちこんでしまっているという現状は変えていかないといけないと思います。とはいえ，支援学校の中でも十分に研修を受けられる環境があるわけではないから，それが支援学級になってくるともっと厳しいわけですよね。そこのところを対応できないままで「はい，じゃあ，お願いします」と任せていくことの無責任さというのは，僕は無視できないなと思っています。きちんと対応できるような研修なり，組織なり，システムなりを作らないといけないだろうと。

　もちろん，支援学校というものが必要なく，地域の中で生活していけるというのが一番理想だと思うんだけども，今その子たちをポンと切って，そのまま地域に返していっていいかと言ったら，とてもとてもそんな状態ではない。奈良でも，地域の支援学級の先生たちを集めて研究会をやっているんだけど，とにかく学べる機会がないし，情報も支援学校ほど入ってこないし，その状況の中で何をしろと言うのかというところがあるから，まずシステムとか制度から見直していかないと，簡単にはできないなと思います。それから，僕は肢体不自由の学校にいるけど，今は圧倒的に医療的ケアが必要な子どもが多いわけです。気管切開しているとか，胃ろう⁽¹⁾の子，導尿⁽²⁾のある子。そういう子どもたちが，はたして，一般の学校の中にポーンと入っていっていいのかということもあります。

　ただ，それを思い切って実践したお母さんもいます。その子は気管切開をしていて，首も座っておらず，吸引⁽³⁾も必要だったんだけど，お母さんはその子を一般の小学校に通わせたんですね。その子を見てもらうことによって，他の子どもたちが育っていく部分はたくさんあるし，その人たちがこの子を育てることにもなるということで，大反対を受けながらあえてそこへ行ったんです。そ

---

(1) 胃ろう……胃に管を通して直接栄養を入れること。
(2) 導尿……尿道を通して膀胱に管を入れ，尿を体の外に導き出すこと。
(3) 吸引……咳をして自分で痰を出すことができない場合に，吸引器を用いて痰を吸い出すこと。

の子は3年生ぐらいで亡くなったんですけど，お葬式にね，何千人と集まったんですよ。お通夜から小学生が次から次にやってきて，ずっと子どもが絶えないような状態なんですね。障がいのある子の存在がこれだけの子どもたちに影響を与えるということは，やっぱり無視できないものがあるなと感じます。

　だから，一緒にいることが障がいのある子どもにとってどうなのか，健常の子どもたちにとってどうなのかという視点で深く考えていくということは必要だし，障がいのある子どもへのメリットを考えるのであれば，合理的配慮が十分になされなければならない。そこのところができない状態で進めていくことの怖さはあるかなと思います。確実にそちらの方向には向かっていっているんですけれども，これは簡単ではないなと。

　麻生　確実に障がいのある子どもたちのメリットを考える合理的配慮をする方向に向かっていってくれていたらいいんだけど，そこは向かっているんですか。

　高橋　文科省は向かっているんですよ。ただ現場がそこに向かっているかどうかわからない。

　麻生　お金が出ないですからね。まだまだ大変ということですね。山口先生はどうですか。

特別支援学校の専門性と閉鎖性

　山口　支援学級をはじめてもったときは，一生懸命にはやるんだけれども，今までの通常学級のノウハウしかなくて，でも教師根性はあるのでかかわりすぎて失敗したり，やることがマイナスになっていたりもしました。専門性のない中でやっていかないといけなかったあのときが，今振り返れば一番つらかったなと思います。そのときに，私は支援学校の方に，体験をさせてくださいということでFちゃん（第7章）と一緒に年に3，4回は行っていたと思います。当時もっていたクラスは子ども（Fちゃん）と一対一で集団がなくて，その子がいやと言ったらもうその活動は終わり，1日ももう終わり，みたいな日が何か月か続いたときもあったんですけど，支援学校にいくと集団があるので，そ

の流れに乗ってなんとなく動いたり参加したりという姿もありました。そういう姿を親御さんにも伝えて，見てもらって，というようなことで，親御さんも徐々に変わっていかれたのかなと思う部分もあります。そこで私自身が支援学校の先生に教えてもらったことはすごく大きかったなと思うんです。もう本当に，すごく助けてもらったと思います。

　ただ一つ残念なことは，支援学校の先生は地域から専門家というふうに見られていて，保護者の方も「養護学校の先生が言わはったことやから」みたいな感じで，私のようにポッと支援学級の担任になった者の言うことよりやっぱり養護学校の先生の言うことのほうがね，と言われるんですね。それから，支援学校にアドバイスをもらいにいっても，そういうシチュエーションは支援学校の中ではなかなかないからとか，立場と学校のシステムが違うからというようなことを言われて，かえって違いをはっきり意識させられて，支援学級の担任はやっぱり孤立しているなあと卑屈になったりもしました。そういう時期もありましたけど，やっぱり支援学校の先生がもっている専門性はすごいなと思っていました。

　私はちょうど特別支援教育に変わる少し前に支援学校に転勤したんですね。それで養護学校の中はどんなふうに変わるんやろうって期待していたんですが，あんまり変わらなかったなというのが正直なところで，特別支援教育は支援学校の外で起きているんだなと感じました。通常の学校の中でどういうことが起こっているかとか，支援学級の先生がどういうふうに思っているかというようなことは，支援学校の中までは届かないんだな，それで教育相談とかコーディネーターをしている人は通常の学校にどんな助言をしにいっているんだろうと興味はありました。支援学校の中の者が，外で起こっていることをあまり知らないんじゃないかというのは今もちょっと感じていて，支援学校だけが置いていかれるっていうことにならないだろうかという危機感を私はもっているんですけど。

2 制度に頼らないインクルージョンの可能性

現場と乖離した制度やシステム

　後藤　話は少し変わりますが，ぜひ言っておきたいのは，インクルージョンというのは，ものすごくお金がかかるだろうということです。地域の教育資源を充実させることの方が，支援学校に集約していくよりはるかに費用がかかると思います。しかし現実は，かなり裏腹になっている気がしています。いま支援学校が大規模化しているという話が出ましたけれど，いわゆる学校教育法でいうところの設置基準というのが支援学校にはありません。校舎の面積等を定めた基準がないので，想定された定員を超えて大規模化する傾向が続いています。それには，さっき大城さんが言ったようなメリットももちろんありますが，施設設備面の条件整備が追いついていないということも一方ではあります。教員の数に関しても，学校規模が大きくなるほど，相対的に少なくなります。

　特別支援教育では，通常学級に在籍する支援を必要とする子どもも対象となることで支援教育の間口がかなり広がったと思います。ただ「一緒の教室で学んでいます」というだけではない，障がいのある子にとっても障がいのない子にとっても意義あるインクルーシヴ教育を実現するためには，適切な支援が可能になるような体制づくりがまずは必要だと考えます。しかし，予算的な裏付けが十分になされていないのもまた事実だと思います。

　支援学級も，特別支援教育以前とはずいぶん変わって，子どもが定員8名フルにいて，しかも学級が複数あるということが珍しくなくなっています。在籍する子どもの多様化も進んでいます。各学校は特別支援教育コーディネーターを校務として位置づけて，コーディネーターが特別支援教育の窓口になり，校内外の調整や関係機関との連携をはかることになっています。つまり，学校全体で特別支援教育を支えることになっている。しかし実情としては専任を配置するのではなく，支援学級の担任や教務主任・教頭が兼務していることが少なくありません。役割と責任が大きいにもかかわらず，他の仕事との兼任で多忙

化に拍車がかかっています。組織上の体裁は整っているけれども運用面ではかなり無理がある。教育現場がこうした実情をかかえた中で，インクルーシヴ教育というのは現状ではかなり難しいのかなと思ってしまいます。

　さっき山口さんが言われたように（第10章，p.207），学校というところは先輩から後輩へ指導技術を伝達しながら新たな技術を生み出すという自主的な学びと創造のサイクルを維持していく必要があると考えています。こうした自律的なサイクルが損なわれると何があるかというと，教育委員会などが主宰する研修が花盛りになって，「○○法を学びましょう」みたいなことになってしまっているというのが僕の印象です。インクルーシヴ教育を支える資源が地域の中にどれだけあるかというときに，環境整備と自律的な教員育成の視点は外せないと思っています。

　それから高橋先生も触れていたと思うのですが，医療的ケアにかかわる問題があります。看護師が対応する必要がある医療的ケア対象の子どもはスクールバスに乗れないので，親御さんが送ってきています。そういう子どもたちがスクールバスに乗れるよう，あるいは親が送らなくても通学できるようにということがやっと具体的に展開してきたのがここ3，4年の滋賀の状況です。同じ支援学校の中でも，医療的ケアにまつわる課題は多いように思います。しかも医療的ケアの子どもたちは増えてきている。

　高橋　多いですね。

　後藤　だからインクルージョンを考えるときに，医療的ケアの子どもたちの問題が置き去りにされないようにしないといけないと思います。

　高橋　本当に実現しようと思うとお金がかかりますね，間違いなく。

インクルージョンへの新たな道

　後藤　現状でインクルージョンと言われても，正直言って，僕なんかは具体的なイメージがもちにくい。ものすごく乱暴に言えば，養護学校を解体して子どもを全員地域に戻せ，ということを制度としてやることは簡単だと思いますけど，障がいのある子どもたちの教育権はどのように保証していけばよいかと

考えるととたんに難しくなる。交流教育なんかでもそうですが，インクルージョンというのはやっぱり対等でないといけないと思うのです。自分で言えない子どもの場合には，ちょっと偉そうだけれど，一番かかわっている親やわれわれが代弁者になって，教育権を守っていかなければいけないと思います。今の小・中学校の関心事の中心は学力向上といじめで，そのために多くの時間を費やしている。そんな普通教育と特別支援教育との対等なインクルーシヴ教育とはいったいどのようなものなのか，具体的にどのようなイメージをもてばよいのか，すごく難しい課題だと思います。

麻生 今の後藤先生の「インクルージョンと言われても正直イメージがもちにくい」というのはすごく直接的な，いいセリフのような気がします。でも，親御さんにとってみたらインクルージョンってすごく大きなテーマだと思うんですよね。制度的な改革なんてとても無理だけど，小さくやれることがあるかどうか。小学校の交流はたしかに問題もあるだろうけど，まだ可能ですよね。それから大城先生が言われた，養護学校に通うことで地域の公園にデビューをする子がいる。たまたまだろうけど，そういうあたりで何か少しでもね，いいことがあればいいんだけど。

後藤 以前担任していた子が，「僕ね，地域の学校とどっちに行こうか悩んでいたんだ。だけどね，こっちに来てね，よかったと思っているの」と話してくれました。当時お母さんは，弟の小学校入学に際して，お兄ちゃんを支援学校にやったことが本当によかったのかとすごく悩んでおられたのですが，この言葉に救われた思いだったようです。高等部にも支援学校に来てよかったと言ってくれる生徒はけっこういます。

大城 たくさんいますね。そういう子のオンパレードです。

麻生 なるほど。あ，ここ来てよかったなって。

高橋 肢体不自由でも，中学部からとか高等部からくる子にはそういう子がいっぱいいますね。

後藤 これまでは友だちがいなかったけれど，ここに来て友だちができたとか。これまでは話せなかったけれど，みんなの前で話せるようになったとか。

そういう子どもたちがたくさんいます。対等に付き合える仲間というのが大事なんだと思います。

麻生 そういう子が地域の学校で周りの健常の子と一人で交渉して，疎外されずにやっていくというのは難しいじゃないですか。むしろ養護学校のようなところがあって，子どもたちのグループができて，健常の子たち4人のグループと一緒にキャンプに行くとか，そういう方が交わりやすいですよね。4人と4人くらいで，うまく2つの文化が出会うみたいなほうがよほどインクルージョンかもしれないですよね。

インクルージョンについては，現状のままではイメージがもてないということだったけど，養護学校に通って，まずその中で卒業後もつながる友だちや先生とのネットワークを作って，その関係を支えや媒介にしてインクルージョンを実現していくという道はあるかもしれないですよね。そうして卒業後に，健常の人たちと交流したり，一緒に何かをやっていけたりするような場を作るほうが，お金もかからずできるかもしれないし，そういうインクルージョンというのも「あり」かもしれないですね。

第13章
障がいの軽い子どもたちを特別支援学校でどう支援するか

1 自己認識を深めるためのかかわり

発達障がいの子どもに特有の困難

　麻生　最後のテーマは，知的障がいがほとんどないか非常に軽い，発達障がいのお子さんについてです。軽度の子どもと重度の子どもとでは，支援のあり方はずいぶん違ってくると思うんですが，今まではどちらかというと重度の方に当てはまるような話をしてきました。軽度の子どもたちが高校を卒業して社会に入っていくときには，診断名をもらい配慮されるのか，それとも診断されず配慮もなされないのか。後者だと，たんに人との関係をとるのが下手なだけということになるかもしれない。そうすると，何をやらせてもなんだかちょっと変わっていて，使いものにならんと思われてしまう危険性もある。大城先生は，彼らの卒業後のことを考えたときに，どういう支援が可能だと思いますか？

　大城　はい。こう言うと身も蓋もないんですけど，Gくんのケース（第8章）では，私は彼にとっていったい何の役に立ったんだろうと思っています。小学部の子だとかなりダイナミックな成長を見せてくれますが，高等部のお子さんは言ってみればすでにけっこう出来上がっている状態です。中学校まで「僕なんか死んでしまえばいいんだよ」みたいな思いを毎日噛みしめながら生きてきて，ポッと高等部に入って「なんで僕はこんなところに来たんだ」，「僕は障がいはないんだよ」という思いをかかえている子に，何が伝えられたかなとか，

第Ⅲ部　特別支援教育をめぐる4つの「謎」

どんなことを成長と認めていいのかなっていうとあんまり自信がないんです。

　ただ，報告の中でも書いたように友だちとの通訳になったり，進路先とのやりとりの中で彼がこうやって生きていってくれるといいなということを伝えたり，彼の力にはなろうと努力はしました。今も仲間は彼のことを慕っているというか，親しみをもっていて，「遊びに来ないかな」とか言って電話して，飲み会に呼んでくれることもあります。友だちに好かれているというか，仲間として認めてもらっている。ただ彼自身についていえば，学校を卒業してしまうと，作業所でも失敗するとすぐにくじけるというような弱さをやっぱりもっているみたいで，そこは育ちきれなかったかと思うことは多いです。

　Gくんの場合は知的障がいも，軽度ではあるけどあったんです。でも中には，検査をすると12歳とかいう結果がポーンと出てしまうようなお子さんもいて，そういう子に関して他の先生ともよく話していたのは，自己認識の持ちにくさについてです。何を根拠に自分はできないと思っているのかというところがないまま「俺はダメだ」と言う子がいます。逆に，養護学校に来てなんか楽しい，自分はなんでもできるという有能感をもっていて「私，アパレル会社に勤めます」と言う子もいて，「え，なんだって？　どうしたら実習を組めるかな……」となることもあります。

　その子たちにしても一緒だなと思ったのは，どんなにお勉強ができても，かけ算ができて，国語の読解もある程度できて，漢検に合格できても，聞く耳がもてない子は難しい。別にそれほどひどい不適応を起こしているわけではないんです。時間割を見ればすることがわかるし，何を準備するかもわかるし，課題にも拒否的ではないんだけど，肝心なところで社会的な意味を共有しきれない。本人なりにわかっていることはいろいろあるけど，私たちが大事だと思っていることが十分に伝わらない。たとえばわからないことはわからないって聞くことが大事だといくら言っても，言葉ではわかっていても結局身にならないということがあります。本当の意味ではわかっていないのに，「わかってるわ」で終わらされてしまう。作業がここで止まってしまったら聞きましょう，失敗したら聞きましょう，ということが具体例として蓄積するだけではなくて，本

当にわかるということ。私たちが伝えていることの意味を探ってくれる，そういう意味で聞く耳をもってくれているかどうかが大きいなと思うんですね。

身体的なかかわりを徹底する

　大城　でも，そこがまず前提にあるというのは，低学年のときの障がいがもっと重くて言葉がなかった子と一緒じゃないかと思って，これがいいかどうかわからないんですが，耳かきや歯磨きの仕上げをさせてもらうというところから始めました。高等部の男の子に，こんなことするのはちょっとどうなんだろうと思いながら。磨けていない部分が赤く染まる薬を使って「ほら磨けてない」と見せてあげると，「あ，ほんまや」と納得して磨かせてくれる。そうやってノンバーバルなところでつながることもけっこう大事なのではないかと思って，息を合わせるとか，「せーの」で一緒に何かをもつとか，知的な能力が高いハイクラスの子なのにこんなことからするのかみたいなことも積極的に入れていって，とにかく先生と一緒にいて，先生が提示していることや先生の言葉の意味を理解することに値打ちを見出してくれるようになってもらいたいと思っていました。そういうところまでもっていかないとまずいという意識はあるんですが，卒業が見えているので時間との戦いという感じで，私も試行錯誤でした。

　ただそこで最後まで難しいと思ったのが自己認識です。私の言うことに聞く耳をもってくれるようにはなっても，やっぱり自分のことはわからなくて，「何で僕ばっかりこんなに物を壊すのか……」となってしまう。「どうせ僕はすぐ壊すから」ではなくて，その対策を先生と一緒に立てようというところにもっていき，そこから自己認識を深めていこうと取り組んでいました。関係がとれていると，「おかしいよなあ，なんで昨日も箸が折れたんやろうなあ」と一緒に考えて，対策を立てることができるし，どうも僕は不注意だとか，あいつはそれほど壊してないのに僕ばっかりだな，みたいなことが本人から出てくると，「先生もおかしいと思っているんだけど」としゃべっていく。次第にこちらの指摘にも耳を傾けてくれて，ああそうか，僕の弱点はここなんやな，で

もその弱点は自分を台無しにするものではなく，いいところもいっぱいあると気づいたり，先生はどうやら力になってくれるらしいということが少しずつわかってきたりする。「僕はめっちゃキレやすいんやな」とわかれば，「キレやすいのはわかった。じゃあ，どうしたらいい？」という話ができる相手がいることがすごく大事だなと思っていました。その子は一般就労を目指して，卒業後はジョブコーチもついて，自分の衝動性とか不注意さ加減もわかろうとするまでにはなっていたんですが，結局ちょっとしんどいということで，就労継続支援B型の作業所の方に行きました。でも，力は十分に発揮して頑張っています。

麻生 今の大城先生の話は，自己認識の難しさがあるので，そこに一緒に寄り添って考えて，それを対象化するということでしたね。

大城先生のやり方が面白いのは，言葉で言っているようでそうではないというところですね。言葉でいくら，人の言うことをちゃんと聞きなさいとか，信頼できる大人がいるよ，心配しなくていいよ，失敗しても大丈夫だよと言っても，空転する可能性が高いと思うんです。知的な能力が高いから言葉の意味は理解できるかもしれないけど，それが自分の行動を律するものにはならないと思うんです。だから3年間という短い期間で，とにかく対面して，身体から身体へメッセージを伝えていく。そこが大事なところですよね。

大城 そうです，はい。

麻生 言葉は豊富だけれど，届かない。だから届くようにどうやってその言葉を肉体化するか。

大城 そうですね。だからほんとにノンバーバルなところ，それをあえて一緒にするということです。爪切りとか，歯磨きとか。実際，磨けていない子が多いんですよね。親も，そんな年になって仕上げ磨きなんかしないですよね。ある程度できる子だと思っているし。でも，実際にはできていないんですよ。なので，まあちょっと磨かせなさい，やるのが当たり前なんだから，みたいな感じです。

「自我の育ち」が課題

後藤 それを受け入れるということは，青年期のプライドが育ってないとも言えるね。普通はあるじゃないですか，そんなことされるのは嫌だという感覚が。

大城 簡単には受け入れられないですよ。でもたしかに知的障がいだけの子は，そういう感じですね。軽度の発達障がいをかかえた子も抵抗はしますが，そういうプライドじゃなかったかもしれないですね。

後藤 発達障がいの子の場合は触られることがいやという直接的な拒否みたいなもので，そんなことをされるのは恥ずかしいという意味での抵抗ではないような気がするのですが。

大城 口では「恥ずかしい」と言うんですが，知的障がいだけのお子さんの恥ずかしがり方とはどうも違うなという気がします。ADHDで少し自閉傾向もあるかなというお子さんや，軽い自閉症だなというお子さんがいましたけど，そういう子たちは，本当に恥ずかしいのかなと思うことがありました。だから，今思えば，「高校生とか関係ありません。するものです」ということで踏み越えやすかったような気もしますね。知的障がいだけの子は，説き伏せるのに時間がかかる。それが必要ですという説明も，恥ずかしくないという説得もちゃんと要る。

後藤 そういう自我，「私」みたいなものがちゃんと成り立っていないような感じですね。

大城 そうですね。やっぱり知的障がいだけのお子さんとは，ちょっと質が違いますよね。知的障がいで，中学校までなんとか地域でがんばってきたお子さんは，高等部の3年間ですごく伸びることが多いです。生徒会に立候補して，1年生では書記になれなくても2年生で生徒会長を狙うとか，学級委員をするとか，私はこれが苦手やけどこれは好きだからがんばる，これはできるとか，目に見えて大変な苦しみ方もするけど寄り添いがいもあって，グンと成長してそこまでいくと思うんですけど，軽い発達障がいのある方の場合は，そういうふうにするのは難しい。とりあえずどう他者を示すか，というところまでかな

あと思います。

2 乳幼児期に必要な体験をやり直す

「先生」の存在の大きさ

　麻生　だから発達障がいのある人にとって，先生というのはすごく大事なんじゃないかと思うんですけどね。卒業後のケアということで言うと，仮説なんだけど，たとえばGくんであれば，大城先生が相談できる場所として，心の中にあるというか実際にあるというか，それが重要なんじゃないかなと思います。ハンス・アスペルガーは自身の論文の中で（石川，2010），自閉性精神病質（いわゆるアスペルガー障害）の子どもには，治療的療育というか，医者の権威を借りて上から目線でバシッとほめたりけなしたりする，そういう父性的な強さみたいなものが必要だと指摘しています。大城先生は，医者ではないし権威的ではないけど，お母さんみたいに一緒にやってくれて，でもダメなことはダメですとビシッと叱るという，そこも怖いお母さんみたいな感じで，そういう関係性は，いったん刷り込みができるとおそらく続くんじゃないのかなと思うんです。卒業した子がそういう他者をはたして職場とかで見出せるかというと，その子のことをよくわかり，教育的な配慮をしてくれて，かつ上司としてバシッと「だけどここはこうしろ」という親分肌的な人がいたら別だけど，そうでもない限りは難しい。だから支援学校の中で人間関係を作っていくことの意味は，やっぱりすごく大きいのかなと思います。普通の学校以上にね。普通の学校では，教えられた先生のことは抜きにして，自分は何を学んだとか，何が育ったと考えますよね。恩師というのは一応あることにはなっているけど，まあないよりはましというぐらいです。支援学校の場合は，そういう先生と出会えることが，一番のサポートなんじゃないのかなという気もするんです。

　大城　ただ今回の報告（第8章）で挙げた子は，卒業後に，私に電話をしてくるというようなことは難しかったんです。学校の枠を越えて，卒業後も力になりたいと思っていますが，なかなか思うようにできないことも多いです。卒

業生の集いとか，成人の集いとか，そういう行事に来てくれたときには，会うとまるで昨日卒業したかのような感じになって，その場で関係が復活することもあるんですけどね。

地域の学校では見逃されてしまう

　後藤　インクルージョン（第12章）ともかかわるかもしれないですけど，学力的にはそんなに低くないという人は当然，地域の小学校に行っていたりするわけですよね。そこでは，学校という機能から考えたら，人とのかかわりがどうこうという以前に，やっぱり勉強ができるかできないかというのが一次的になってしまうような気がするんです。本人もそれに応えられるわけやから，人とのかかわりの部分がわりにスルーされてしまう。学級の中でトラブルがあったりすればまた違うんでしょうけど，あまり目立たない子で運動がちょっと苦手ぐらいの話だったら，そういう対人性の部分はほとんど顧みられることなく，学年が進んでいくということはあるんじゃないかなと思う。中学校までは何とかもちこたえたとしても，高等学校に行くと，自分で通わなければならないし，青年期特有の友だちとの関係の難しさが露骨に出てきて友だちともうまくいかない。学力的には問題ないので高校には入るんですけど，そこでうまくいかなくて，休学とか停学になり，最終的に養護学校に来るというケースもあります。高1で養護学校に来る子は，中3までに不適応を起こしていたり，非社会的・反社会的な行動が目立っていたりして，行くところがないので養護学校に来ている。養護学校で大城先生みたいな先生と出会ってはじめて，自己認識が十分じゃないということが露見しているわけですが，もしそういうことが小さいときからちゃんとできていたら変わっていたかもしれない。

　麻生　なるほど。山口先生はいかがですか。

　山口　今のお話をお聞きしながら思い出していたのは，通常学級をもっていたときのことなんです。今思えば，たしかに発達障がいの子どもがいたな，と。大城先生が高等部で，大人は頼れる存在なんだよと対話することを大事にされていたとおっしゃっていましたが，私が小学校の高学年で通常学級をもってい

るときにそういうメッセージを発することができていたかというと，たぶんできていなかったと思います。そういう視点がまったくなく，対話するというよりは，指示を出すとか，その場を動かしていくとかが中心で，子どもの日常的な質問に答えることはあっても，そこでその子に向き合って対話してじっくりと一人ずつかかわるということはできていなかった。そう思うと，発達障がいの子だけではなく，通常学級にいるあらゆる子が本当はそういうものを求めているだろうし，しんどい状態にあるんだろうなと。自分が学級担任として，子どもと豊かな人間関係を築く相手としての大人という立ち位置に立てたかというと，かなり難しい状況だったし，自分はできていなかったなという反省があります。

乳幼児期からやり直す──特別支援学校だからできること

　大城　私は思うんですが，たぶん健常のお子さんは，そういうことを親とやってきているはずなんですよ。育ちの中で，1歳や2歳のときに，「いいこいいこ」してもらったり，「たかいたかい」してもらったり。軽度の発達障がいのあるお子さんは，健常の子が小さいときにやってきたようなところが難しいお子さんだったんじゃないかなと思うんです。

　麻生　親がやろうとしても難しかったんだと思いますよ。しなかったわけじゃなくてね。

　大城　そうなんです。育てにくいお子さんだったからこそ，そこをやろうという気持ちでした。親御さんも，今までかかわってこられた先生方も，やろうとしても難しかった。それだけ知的な能力が高いと，療育教室にもかかっていないんですよね。乳幼児期に発見されず，小学校でも，高学年になってちょっと走り回るようになってきたとかいうレベルだと見つけてもらえないので，そこからやり直すということができない。だから高等部でそこからやろう，本来は2，3歳の子にやるようなことをやろうという感じでした。

　麻生　あることをするには，ある体験が必要で，健常の子どもはちょうどいいときにそういう状態になるから必要なかかわりが与えられやすいですけど，

障がいをもっている子どもっていうのは、チャンスを失ってそういう体験が一切なしで青年期まできてしまう。要するに「いないいないばあ」をやってもらったときは全然おもしろくなくて、それがおもしろくなるぐらい心が育ってきたときには、こんなでっかいやつにそんなあほなことできるかと誰もやってくれない、ということがあるわけですよね。

　大城　Gくんも、高1のときはかなり暗くて、誰も相手にしないけど、一人でいないいないばあをやっていました。一人で隠れて、「先生、僕どこにいるかわかるかい」とか言って。丸見えなんですけど。

　麻生　それがおもしろい時期があるんだよね。

　大城　そうなんです。そこで、あ、今はそれがやりたいのねって引き受けることができるのは、養護学校のよさかなと思います。人手が地域の学校よりはありますし。ただそこを引き受けるのに力がいるなという感じはします。普通にかかわっているとやっぱり素通りしてしまうので。

　後藤　本当は乳幼児期にもっと濃密にそういうことをやって過ごせれば一番いいのでしょうが、それがなかなかできない。保育園なんかでちょっと気になる子どもが話題に上がってくることがあるんですが、小さいあいだはそんなに目立って変じゃないんですよ。細かく見ていけば、ただ横に座っているだけだったりして、じつは友だちと遊べていないんだけれども、問題になってこないから、そういう時期もスルーしてしまうことになるような気がする。今日の話を聞いていると、やり直す機会はいっぱいあったはずやのに、どうしてスルーしてきたのかなと。でもそれが現状ですよね。

〈引用文献〉
　石川元　2010　二つのアスペルガー症候群——成立の歴史を辿り直す①　アーリア系小児神経科医ハンス・アスペルガーとユダヤ系心電図心音図専門医レオ・カナー　発達, **121**, 113-118.

終　章
専門家とマニュアルを越えて
── 子どもの不思議に向き合う ──

麻 生　　武

1　特別支援教育の「専門家」？

　特別支援学校や特別支援学級の先生方の実践報告を読ませていただき，その先生方のお話をじっくり聞かせていただくといった機会は，今回の書物の企画ではじめて経験したことでした。今回この書物に収録した座談だけではなく，それ以外にも，共同編集者である東村さんと，計20時間近く先生方にインタビューし，お話をうかがってきました。つくづく感じるのは，後藤先生，高橋先生，大城先生，山口先生という，4人の先生方が正真正銘の特別支援教育の専門家だということです。この書物に掲載された先生方の実践報告や座談での発言からだけでも，先生方がじつに豊富な経験とさまざまな障がいや発達に関する実践的な知恵やスキルをたくさんもっておられることがみなさんにも感じていただけると思います。しかし，こう書いて，少し迷いを感じることが一点あります。それは，先生方を「特別支援教育の専門家」とみなしたことです。「専門家」という言葉にどこか違和感があるのです。
　後藤先生が，給食を食べようとしないＥちゃんにスプーンを差し出し「これだけ食べてみ」などと対峙しているシーン（第6章）や，高橋先生がスクールバスの中で興奮しはじめたＢくんを懸命に観察しているシーン（第2章）や，大城先生が高等部のＧさんの耳掃除をしているシーン（第8章）や，山口先生がＦちゃんと一緒に山登りや料理を始めたシーン（第7章），そういった具体的なシーンを思い浮かべるとき，先生たちを「特別支援教育の専門家」と呼ぶ

ことに，何か躊躇を感じるのです。「専門家」という言葉は，「専門家」と「非専門家（素人）」とのあいだにはっきり線を引いてしまう言葉です。「素人は口を出すな，ここは専門家に任せろ」。たしかに，そういった台詞がふさわしい領域もたくさんあると思います。けれども，私には，後藤先生が専門家だからEちゃんの前に身体をはって立ちはだかった，高橋先生が専門家だからBくんがバスのエンジンで興奮していくのに気づけた，大城先生が専門家だからGさんの耳掃除をするスキルとアイデアがあった，山口先生が専門家だから，Fちゃんと山登りができた，とはとうてい思えないのです。4人の先生たちのやっていることを，「専門家」の仕事や領分として，「非専門家（素人）」である多くの人々の生活や関心領域から切り離してしまってはならないように思うのです。先生方はある意味「ふつう」のことをしているのです。その「ふつう」をすることがとてつもなくすごいことなのですが，それは，子どもたちに対する大人の「ふつう」のかかわり方に他ならないのです。子育てや教育というのはそのような領域なのではないでしょうか。発達支援や育児支援や教育支援の場に，はたして「専門家」という存在がありうるのか，また必要なのか最後に考えてみたいと思います。

2　専門家とは何か

　専門家とはいったいどのような存在なのでしょうか。専門家には必ずもっぱら得意とするその対象領域があります。また，専門家はその対象領域に関して豊富な知識や技術をもっていなければ，その名に値しません。専門家は，その領域の対象に関して，価値判断を伴うアセスメントをする力も要求されます。そしてその対象に操作的にはたらきかけて，その対象の価値を高めることが専門家の目標だと言えるでしょう。

　養老孟司さんと作家で工学博士の森博嗣さんが，対談（2015）で「一般人は科学技術に対してどう接するべきか」といった話題について次のように語っていました。両人とも，科学技術の分野に関しては，「専門家を信頼してその意

見を聞くのが最善だ」と語っています。たしかに，原子力発電所の安全性や脆弱性に関しては素人知識では的確な判断はできません。まず信頼すべき専門家の意見を聞くのが最善だし，それしかないというのは，きわめてもっともなことです。癌の治療にしても，やはり信頼すべき専門家に聞くべきでしょう。祈祷や民間療法をいの一番にもっとも信頼できるものとして頼るのは，好ましいことではないように思います。自然科学や科学技術の分野では，専門家が誰かはっきりしています。また，染色や工芸や芸術の分野や，農業，漁業，林業においても，専門性がはっきりしていると言えるでしょう。

　現在では，そうした専門性の一部がマニュアル化され，工場的な管理体制になり，必ずしもその仕事の従事者が対象領域の専門家とは言えなくなっている状況もあるかもしれません。大手の建築会社には，もはや昔の大工さんのような専門家はおらず，マニュアルに従って〇〇工法で組み立てる現場の労働者しかいなくなっているといった側面もありますが，同時に設計・施行や，物質管理流通の新たな専門家が生まれているのも事実です。

　科学技術や産業の分野では，ある特殊な技術をもった専門家の存在と，その技術のマニュアル化はある意味，表裏の関係にあります。専門家ではない者が，その仕事の専門性を発揮するために必要なのが，そのスキルのマニュアル化です。熟練者でなくとも，未熟者がその仕事を何とかこなすためにこそスキルのマニュアルが必要なのです。専門化していた熟練工のスキルを，マニュアルではなくプログラム化してロボット機械に移し替えるといったことも現在の産業社会では広く行われていることです。

3　教育現場にも「専門家」は存在するか

　では，教育現場にも「専門家」が存在し，その技術のマニュアル化といったことが行われているのでしょうか。これはあらためて問うまでもないことかもしれません。今日の教育の現場で「マニュアル化」が進んでいることは，多くの人の知るところです。先生たちの研修会では，どうすればよい授業ができ，

子どもたちを引きつけられるのか，その「マニュアル」を求める声がとても強いのです。どうすればよいのか，その手続きを具体的にわかりやすく教えてほしいというわけです。教育の現場にはさまざまな「専門家」がいます。中学校や高等学校の数学・理科・英語・国語・社会といった教科を考えるならば，それぞれの教科担当者は「専門家」であり，かつその中にその教科を教えるのが抜群に上手な「専門家の中の『専門家』」と呼ばれるような人がいて，その教員の「教え方」が「マニュアル化」されているのだと思います。しかし，はたして本当に彼らは「専門家」なのでしょうか。そしてその技術は「マニュアル化」可能なのでしょうか。

　職人の工芸品や，農業や畜産業の産物は，すべてある種の商品です。商品は，ある定められた基準で測られ，その価値が客観的に判断されます。よって，「専門家」の能力も，その「専門家」が生み出した商品の価値で測定することが可能です。またどの「マニュアル」がすぐれているのか，同様に計量化可能です。「専門家」が存在するところには，その技術を未熟者に伝えるスキルの「マニュアル化」が存在するのです。「専門技術」と「マニュアル化」の関係は，「稀少的な先端技術」と「その陳腐化による普及」の関係にあると言ってよいでしょう。その対象はつねに人間が操作加工するにふさわしい物質的対象です。生き物や自然物もそのような視点から見れば，物質的対象の一種に他なりません。

　では，同じように，高等学校の数学の先生を「高校数学教育の専門家」，同じく英語の先生を「高校英語教育の専門家」とみなしてよいのでしょうか。先に，「専門家とは何か」を述べた際に，私は「専門家は，その領域の対象に関して，価値判断を伴うアセスメントをする力も要求されます。そしてその対象に操作的にはたらきかけて，その対象の価値を高めることが専門家の目標だと言えるでしょう」と書きました。この定義から考えると，アセスメントの判断基準がはっきりしているのであれば，数学や英語の先生を「高校数学教育の専門家」や「高校英語教育の専門家」とみなしてもよいはずです。たとえば，クラスの生徒たちの模試における数学の平均点，あるいは，TOEICの得点をア

ップさせるという点において，すぐれた先生を「専門家」とみなすというわけです。「専門家」とみなすには，評価される活動領域がはっきりしており，評価基準が明確である必要があります。私が，子育てや保育や教育の分野に「専門家」という言葉がしっくりこないと思うのは，活動領域を明確にして，そしてそこに評価基準を設けることが，子育てや保育や教育の分野を歪めてしまう危険性を感じるからです。

　私は，子育てや子どもの教育に「専門技術」や「そのスキルのマニュアル化」といったことは本来存在しないと考えています。そもそも，子どもを育てたり教育したりするのに，「子豚の品評会」のように商品の価値を計量化する一定の価値基準が存在しません。よって，その価値基準を達成する測度で測られる「専門家」なるものも存在しえないと思っています。もちろん，模試における数学の平均点，あるいは，TOEICの得点を評価基準にするのであれば，そこに「専門家」が存在することを認めるのにやぶさかではありません。子育てや教育の目標を，東大に合格する子どもを育てるという「子豚の品評会」と同様の商品化水準に設定すれば，「3人の子どもを東大医学部に入学させた」母親は，子育ての「専門家」になります。また，たくさんの東大入学者を育てた教育者も教育の「専門家」になります。そして，彼らの書いた「子育て本」や「教育本」がいわゆる「マニュアル本」になるというわけです。

4　教育の現場に「専門家」が不要な2つの理由

　私が「専門家」と「マニュアル化」に違和感を強く感じるのは，「子育て」「保育」「幼児教育」「特別支援教育」にかかわる領域に関してです。専門性のある知識やスキルがこの領域には存在しないとか，不必要である，と主張したいわけではけっしてありません。この領域に「専門家」を設定することに関して，2つの危惧があるのです。一つは，「専門家」という概念が，「非専門家（素人）」との差別化，両者の分断を前提にしている点です。2つ目は，それが，専門性の評価基準の設定やその計量化を含意している点です。

（1）「専門家」と「非専門家（素人）」との分断

　座談（第10章, p.200）の中で，後藤先生は子どもたちの親御さんの背後に「専門家」がいて，「正しい教育方針」などを強く指導されるため，ときとして，その「正しい教育方針」に従わない教師とのコミュニケーションが難しくなると語っていました。後藤先生は，背後の「専門家」に強い不信の念があるようです。一部の「専門家」が，子どもたちの生きている現場をかんがみずに，「専門家」であることを盾に自分の考え方を保護者に押しつけていると感じているようです。「専門家」であると自覚することは，「非専門家」に対して，事態の改善に有効と思われる方略や手法を積極的に指導する義務や責任を感じることです。後藤先生の言及している背後の「専門家」なる人も，おそらくそのような責任感で子どもの保護者にあれこれ指導しているのでしょう。問題は，「専門家」であると自覚することの怖さです。「非専門家」に対して責任を感じると同時に，ある種の優越感を感じる怖さです。子どもという生きた存在のあり方をどうこうできる「専門家」など本当はいないはずなのです。「専門家」であると思うことは，「できないこと」をあたかも「できる」と思いこんでしまったり，またそのふりをしたり，「非専門家」にそのように信じさせてしまう危険性が高いと言えるでしょう。「非専門家（素人）」側からすると，「専門家」と称される人物と出会うことは，問題をすべて「専門家」に委ねてしまい，自分の責任を回避し，自分で考えることを放棄してしまう危険性に接近することに他なりません。

　私は，特別支援教育や初等教育や保育の現場は，子育ての現場とよく似ていると思っています。子育てには「専門家」は存在しません。子育てや教育は，大人なら誰もがかかわってしかるべき領域なのです。教員と保護者とのあいだに，「専門家」と「非専門家」とを分断する壁は存在しません。両者は広い意味での子育ての共同事業者なのです。後藤先生が指摘していたように，大学の研究者や医者だけでなく，ある意味，子どもにかかわる皆が"専門家"なのです（前項で述べた，「マニュアル化可能な知識や技術を有し，その実践の価値や成果を客観的かつ量的に測定できる」という意味での「専門家」と区別するため，ここ

では"専門家"という表記を用います)。

　まず子どもの養育者は，誰よりもその子どもを知っている"専門家"です。保育士も，特別支援学級の先生も，特別支援学校の先生も，みんなそれぞれ"専門家"です。それは，対象の子どもについて，それぞれの角度からよく知っているという意味の"専門家"です。大事なのは，その子どもを知るたくさんの"専門家"が知恵や知識をもちより互いにコミュニケートし合うことです。子育てや子どもの教育の問題は，誰か「専門家」に任せればよい領域ではなく，誰もが"専門家"になって知恵を出し合う領域なのだと思います。4人の先生方の実践はまさにそのようなものであったと思います。

(2) 子どもを計量的に評価可能な操作対象とみなす危険性

　子どもの教育に関連した領域に，いっさい「専門家」が不要かというとそうではありません。上手に興味深い教材をつくる「専門家」や，鉄棒の逆上がりをうまく指導する「専門家」や，子どもに対する医療的処置の巧みな「専門家」や，楽器の指導の「専門家」は現に存在すると思います。これ以外にもたくさんの「専門家」が存在していると思います。そのような領域には，その「専門」の技術や成果を評価する誰もが納得できるある意味客観的な評価尺度が存在します。逆上がりができるかどうか，ピアノのある曲が弾けるかどうか，またそれが上手かどうかについては，おそらく評価の不一致はないでしょう。問題は子どもの全人格，子どものコミュニケーションや対人関係がトータルに問題になる領域に関して，「専門家」というあり方は認めがたいということです。なぜなら，そこでは，子どもとその子にかかわる教員や保育者との人格的交流が，もっとも子どもの成長を左右する要因となっているからです。子ども一人ひとりの人格や個性は，対応する人の人格や個性によって，じつに異なった様相を見せます。同じ年齢の同じ程度の言語能力の自閉症の子どもといっても，じつにさまざまです。

　たしかに，その子の障がいの程度や認知能力を測定するさまざまな尺度は存在します。また，自閉症に関する学問的なさまざまな情報が日々生み出されつ

つあります。しかし，それらを知ったからといってけっして人は「専門家」になるわけではありません。「専門家」というのは，それらの測定された評価尺度に関して，ある具体的な操作や手法を施すことで，その評価を意図的に改善できると自認する人たちのことです。反面そのせいで，「専門家」は「専門家」である限り，そのような評価尺度という色メガネでしか子どもを見られなくなる危険性があります。評価尺度それ自体が悪いわけではありません。また，ある具体的な操作や手法を施すこと自体が悪いわけではありません。それらはおおいに活用すればよいのです。問題は，「専門家」という存在が宿命的にもつ視野の狭さです。それは「専門性」を発揮しようとすることが，とりもなおさずある特別な「まなざし」で子どもをとらえようとすることだからです。それに対して，ふつうの先生や親は，日々の生活の中で子どもの実存を肌で感じて，その中で子育てや教育を行っているのです。「非専門家（素人）」が日々身体で暗黙にとらえていることが，「専門家」には一番見えにくいのです。その意味で，私たちは外から制度的に規定される「専門家」という鎧を脱ぎ捨て，4人の先生方のように，内からみた熟達者としての“専門家”を目標にして子どもたちの生きているフィールドに入っていく必要があると言えるでしょう。現生人類には約20万年の歴史があります。ヒトはきわめて未熟で生まれ，子ども期が非常に長い存在です。私は，子どもの周囲の誰もがある意味「先生」だった，また「保育士」だったと思うのです（麻生，2007）。教育や子育てや保育の「専門家」などなしに，人類はここ100年ほど前まではなんとかやってきたのです。誰もがやってきたこと，おそらく誰もがやれてきたことを「専門家」の仕事にしては非常にまずいと思うのです。

5　目の前の子どもからの出発

子育てや子どもの教育の目標は何でしょうか。親や先生たちが必ずしも明確に意識しているわけではないと思いますが，巨視的に考えれば，目標ははっきりしています。それは私たちの文化を継承する次世代を育てることです。それ

は子どもが単独で行えることではけっしてありません。それは，次世代の一人ひとりが，前後する世代の仲間たちと一緒になって，共同でなし遂げなければならないことです。そのためには，社会性やコミュニケーションの力，生活における身の振る舞い方を身につけ，さまざまな技術や知識などを継承する必要があります。しかし，一人ひとりの子どもが同じようにそれをすべからく身につけなければならないわけではありません。私たちは互いに依存し合って生きています。互いに依存し合いつつ，その力の総和として，次世代が私たちの文化を継承してくれることが重要なのです。とはいえ，一人ひとりの子どもが，最終的に社会のどのような一員として生き，その役割を果たし，また自分をどのように位置づけていくのか，親にも先生にもけっして見通すことのできないことです。次の世代のことを最後まで見通すことは，原理的に不可能です。

　まず，最初に目の前に子どもがいるのです。未来がどうなるのか誰にもわかりません。子どもたちにあるのは，「いま・ここ」の世界です。子育てや教育で一番大切なのは，「いま・ここ」に充実した「学び」があり，人との充実したコミュニケーションがあることです。子どもたちは，昨日できなかったことが今日できる可能性を毎日感じているはずですし，またそう感じてほしいというのが，子どもに接する周囲の大人たちの願いでもあります。私たち大人は，子どもたちに，身体が成長する喜び，身体能力やスキルや知識が伸びていく喜び，コミュニケーションの扉が開かれ，人の世界の輪がだんだん広がっていく喜びをしっかり感じてほしいのです。そのために，後藤先生は，Eちゃんにスプーンを差し出しつつ「これだけ食べてみ」と対峙し，高橋先生はスクールバスの中で興奮しはじめるBくんを愛情深く見つめ，大城先生は高等部のGさんの耳掃除をし，山口先生はFちゃんと一緒に料理を楽しんでいるのです。それらの活動は，未来の何かのためになされているのではありません。そのときそのときが，先生と子どもたちとの「学び」と「コミュニケーション」の充実した場になっているのです。よき未来のために「今を我慢する」のではなく，「今を充実させる」ことが結果的によき未来を招き寄せるのです。これは浜田寿美男さんがいつも強調していることです（浜田, 2005）。これは，当たり前と

言えばじつに当たり前のことです。今，人と楽しくコミュニケーションできずに，未来に人とコミュニケーションできるようになるはずがないのです。今，心から遊び学べることが，未来にも遊び学べる力を呼び寄せるのです。後藤先生も，高橋先生も，大城先生も，山口先生も，子どもたちと対峙し，彼らとの真剣勝負のコミュニケーション（パニックだって子どもとのコミュニケーションです）を心から楽しんでいるのです。それはすごいことです。簡単に誰もがまねできないことかもしれません。しかし，それを「専門家」だからだとけっして言ってはならないのです。なぜなら，それを口にしたとき，私たちは彼らと自分たちとのあいだに壁を作り，私たちが先生たちと同じように子どもたちと交流できる可能性を自ら閉ざしてしまうことになるからです。目の前にいる子どもという不思議な存在に向き合うときに，どのような豊かで驚くべき未知の世界が拡がっていくのか，私たちも4人の先生たちに倣ってさらに探究を続けていけたらと願っています。

〈引用文献〉

麻生武　2007　発達と教育の心理学　培風館

浜田寿美男　2005　子どものリアリティ　学校のバーチャリティ　岩波書店

養老孟司　2015　文系の壁——理系との対話で人間社会をとらえ直す　PHP新書

本書の第1章～第4章，第6章～第8章は，季刊誌『発達』の連載「人との関係に問題を持つ子どもたち」(《発達臨床》研究会) にて掲載された事例報告に加筆修正したものです。初出は以下の通りです。なお，序章，第5章，第9章，第10章～第13章，終章は書き下ろしです。

・第1章…『発達』第86号（連載第28回「A君の激しい自傷行為を音楽で緩和する」），2001年
・第2章…『発達』第126号（連載第68回「泣き叫びの激しいAくんへの取り組みについて」），2011年
・第3章…『発達』第120号（連載第62回「呼名に"ハイ"と応じるようになったAくん：小学一年生A児の一年を振り返る」），2009年
・第4章…『発達』第94号（連載第36回「「ゴー」お母さん，明日はこんな勉強をするんだよ：T君の一二年間」），2003年
・第6章…『発達』第83号（連載第25回「「イヤイヤ」から"ピース"へ」），2000年
・第7章…『発達』第109号（連載第51回「"ここが居場所だよ"：小学校障害児学級でのAさんの事例」），2007年
・第8章…『発達』第112号（連載第54回「「ぼく，友だちと何を話していいか，わからないんだ」：対人関係にぎこちなさを抱える高等部Aさんのケース」），2007年

《執筆者紹介》

東村知子（ひがしむら・ともこ）編者，序章，第9章，第10～13章
　奈良学園大学奈良文化女子短期大学部幼児教育学科　准教授

麻生　武（あさお・たけし）編者，第5章，第10～13章，終章
　奈良女子大学理系女性教育開発共同機構　特任教授／奈良女子大学　名誉教授

髙橋　浩（たかはし・ひろし）第1章，第2章，第10～13章
　奈良県立奈良養護学校　教諭

後藤真吾（ごとう・しんご）第3章，第4章，第6章，第10～13章
　元・滋賀県立特別支援学校　教諭／現・びわこ学院大学教育福祉学部　講師

大城德子（おおしろ・のりこ）第4章，第8章，第10～13章
　滋賀県立野洲養護学校　教諭

山口有子（やまぐち・ゆうこ）第7章，第10～13章
　滋賀県総合教育センター　研修指導主事

《編著者紹介》

東村知子（ひがしむら・ともこ）
京都大学大学院人間・環境学研究科博士課程修了
博士（人間・環境学）（京都大学）
現　在　奈良学園大学奈良文化女子短期大学部幼児教育学科　准教授
主　著　『あなたへの社会構成主義』（訳）ナカニシヤ出版，2004年
　　　　『コミュニティのグループ・ダイナミックス』（共著）京都大学学術出版会，2006年
　　　　『音楽アイデンティティ——音楽心理学の新しいアプローチ』（共訳）北大路書房，2011年

麻生　武（あさお・たけし）
大阪市立大学大学院文学研究科後期博士課程単位取得満期退学
博士（文学）（大阪市立大学）
現　在　奈良女子大学理系女性教育開発共同機構　特任教授
　　　　奈良女子大学　名誉教授
主　著　『身ぶりからことばへ』新曜社，1992年
　　　　『ファンタジーと現実』金子書房，1996年
　　　　『子どもと夢』岩波書店，1996年
　　　　『乳幼児の心理』サイエンス社，2002年
　　　　『発達と教育の心理学』培風館，2007年
　　　　『「見る」と「書く」との出会い』新曜社，2009年

発達支援の場としての学校
——子どもの不思議に向き合う特別支援教育——

2016年2月25日　初版第1刷発行　　　〈検印省略〉

定価はカバーに
表示しています

編著者　　東　村　知　子
　　　　　麻　生　　　武
発行者　　杉　田　啓　三
印刷者　　田　中　雅　博

発行所　　株式会社　ミネルヴァ書房
607-8494　京都市山科区日ノ岡堤谷町1
電話代表　(075)581-5191
振替口座　01020-0-8076

©東村・麻生ほか，2016　　　創栄図書印刷・藤沢製本

ISBN978-4-623-07583-6
Printed in Japan

書名	判型/頁数	本体価格
関係性の発達臨床──子どもの〈問い〉の育ち 山上雅子・古田直樹・松尾友久／編著	Ａ５判／242頁	2500円
発達支援　発達援助──療育現場からの報告 古田直樹／著	Ａ５判／208頁	2200円
からだとことばをつなぐもの 麻生　武・浜田寿美男／編著	Ａ５判／248頁	2200円
ひととひとをつなぐもの 山上雅子・浜田寿美男／編著	Ａ５判／280頁	2400円
よくわかる臨床発達心理学　第４版 麻生　武・浜田寿美男／編	Ｂ５判／264頁	2800円
年齢の心理学──０歳から６歳まで 岡本夏木・麻生　武／編	Ａ５判／256頁	2800円
〈子どもという自然〉と出会う 　　──この時代と発達をめぐる折々の記 浜田寿美男／著	四六判／220頁	2000円
私と他者と語りの世界──精神の生態学へ向けて 浜田寿美男／著	Ａ５判／276頁	2500円
発達相談と援助 　　──新版Ｋ式発達検査2001を用いた心理臨床 川畑　隆・菅野道英・大島　剛・宮井研治・笹川宏樹・ 梁川　恵・伏見真里子・衣斐哲臣／著	Ａ５判／216頁	2400円
学校を「より楽しく」するための応用行動分析 　　──「見本合わせ」から考える特別支援教育 武藤　崇／監修　坂本真紀／著	Ｂ５判／232頁	3000円

季刊誌　発達
１・４・７・10月　各25日発売
　Ｂ５判／120頁　本体 1500円
乳幼児期の子どもの発達や，それを支える営みについて，幅広い視点から最新の知見をお届け！
「人との関係に問題をもつ子どもたち」（《発達臨床》研究会）ほか，好評連載中。

ミネルヴァ書房

http://www.minervashobo.co.jp/